KB260629

웹 직업다모여라

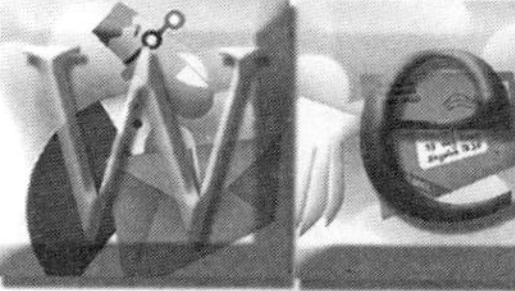

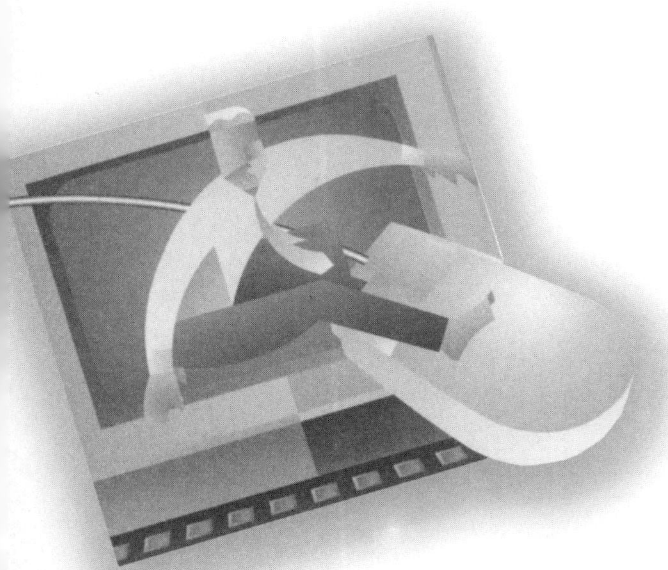

웹 직업 다 모여라

김나영 지음

평민사

글을 시작하며

21세기는 정보화 시대라고 합니다. 그 정보화 시대를 이끈 주역, 단연 인터넷이라고 할 수 있지요.

인터넷은 오래 전부터 우리 주위에 익숙한 환경은 아닙니다. 어느 날 갑자기 다가와서는 그 장점을 하나씩 보여주면서 생활을 인터넷 환경으로 바꾸어 놓더니 이제는 대부분의 사람들이 인터넷 없이는 살 수 없는 환경으로 바꾸어 놓았으니까요.

일에서, 놀이 문화에서 이제 인터넷이 없으면 맥없이 손놓고 있을 사람들이 많아졌습니다. 생활의 많은 부분을 인터넷에 의존하며 살아가는 사람들이 점점 늘어나고 있는 거지요.

이렇게 인터넷 환경이 우리 주위에 가득 차면서부터 인터넷에 관련된 직업들도 점점 늘어나고 있습니다. 처음에는 웹 마스터라는 생소한 직업을 가진 사람들이 하나 둘 눈에 띄더니, 이제 주위에서 제법 많은 사람들이 웹 디자이너, 웹 PD, 웹 프로그래머 등의 명함을 들고 다닙니다. 또 어느새 벤처기업이 우리 시대 유망 직종의 하나로 손꼽히기까지 합니다.

뿐만 아니라 웹에 관계된 직업은 날이 갈수록 늘어나고 있습니다. 웹 세계가 발달하면 발달할수록 그에 필요한 일은 점점 많아질 것이기 때문에 당연한 결과이지만 이 정도의 성장으로는 성에 안 차다는 듯이 앞으로도 그 분열을 계속할 듯합니다. 물론 그에 따라서 웹 세계로 뛰어드는 인력도 점점 많아질 거고 앞으로 벤처기업에 대한 사람들의 열망은 한동안 계속될 듯 합니다.

인터넷 관련 직업이 이렇게 많아지고 보니 도대체 그 각각의 직업이 하는 일들이 무엇인가에 대한 정확한 이해가 필요해졌습니다. 웹 직업도 의사나, 교사나, 운전사처럼 그 이름만 들어도 하는 일이 언뜻 떠오른다면 얼마나 좋겠습까? 하지만 웹 세계에는 이름만 듣고서는 고개를 몇 번씩 갸우뚱거릴만한 직업들이 많다 보니까 어느 정도의 정보가 필요해지기 시작했습니다. 그래야 그 일에 대한 전망을 잡을 수 있을 테니까요.

아직 웹 직업이 그 정확한 자리를 잡지 못한 상태이기 때문에 여기저기서 듣는 말로 이해하기에는 자칫 더 혼란스러워지기도 합니다. 결국 하는 일을 보면 거의 비슷한 직업인데도 각각 달리 부르기도 하고, 같은 이름으로 불리면서도 다른 일을 하는 직업도 있으니까요. 또 웹 직업에 대한 설명을 해준다고 하고서도 제대로 된 설명이 아니거나, 수박 겉 핥기 식의 설명을 하는 곳도 많이 있었구요.

그래서 웹 직업에 대한 정확한 구분과 이해를 위해서 이 책을 썼습니다.

무턱대고, 공부한다는 생각으로 웹에 관련된 직업 하나 하나를 다시 알아보고 글을 써나가 보니까 어느새 한 권의 책이 만들어졌습니다. 되도록 이해하기 쉽게 썼고 아주 작은 분야까지 조사했기 때문에 웹에 대해 익숙하지 않은 분들도 어렵지 않게 읽어나가실 수 있을 것입니다.

이 책이 웹 세계에 첫발을 딛으려는 분들께 많은 도움이 되기를 바라고, 책을 읽으신 분들이 이를 계기로 웹 세계의 유망주로 우뚝 서게 되기를 바랍니다.

미숙한 글임에도 불구하고 출판을 결심해 주신 출판사 여러분

과 한성 인텔리전스 식구들에게 고마움의 인사를 보내고 윤태완 씨, 엄일룡 씨, 김기태 씨, 박선영 씨 외 인터뷰에 응해 주신 많은 분들 그리고 도움 주신 분들께도 이 책을 빌어 진심으로 감사의 마음을 전합니다.

그리고 이 책과 함께 세상의 빛을 보낸 우주에게 가득한 사랑과 고마움을 전합니다.

김나영

차 례

웹 안의 건축가

I

홈을 만드는 마이더스의 손
웹 마스터

홈 메이크업 아티스트
웹 디자이너

홈을 짓는 건축 설계사
웹 프로그래머

홈과 홈 사이에 다리를 놓자
웹 서버 운영자

홈을 지키는 문지기
웹 어드민

홈의 모든 것
웹PD/웹 기획자

1. 웹마스터 (홈을 만드는 마이더스의 손)

인터넷이 언제부터 이렇게 중요해졌을까?

생각해 보니까 그렇게 오래 된 것 같지는 않네요. 94년도만 해도 자료를 찾기 위해서 연합 통신을 뒤지고 신문을 하나하나 읽었던 일이 생각나는 걸 보면 말이에요. 생각해 보면 참 멍청해 보이기만 하지만 그때는 가장 최선의 방법이었답니다.

그런데 요즘은 인터넷 없이는 살 수 없을 것 같지요. 자료 하나 찾으려고 죽어라 신문 기사 하나하나 눈 빠지게 읽고, 피 같은 시간 써가며 밤새우지 않아도 원하는 자료가 눈 한번 깜짝 하는 사이에 모니터를 가득 메우는 시대에 살고 있으니까요. 정말 어느 광고에서 나온 말처럼 인터넷이 세상을 바꾸고 있는 것 같습니다.

그런데, 인터넷이라는 것이 어느 우주 안드로메다 별에서 뚝 떨어져 내린 UFO가 아닌 바에야 누군가 인터넷 세상을 이끄는 주역이 있을 텐데… 과연 누굴까요?

물론 많은 사람들이 있겠지만 인터넷 공간을 메우는 주역으로 단연 웹 마스터를 꼽을 수 있습니다.

(1) 웹 마스터란…

master의 사전적인 의미가 뭘까요?

master란 주인, 군주, 지배자라는 뜻을 가지고 있고, 거기서 조금만 더 아래로 내려가 보면 장인, 명인, 자유 자재로 다루는 사람이란 뜻을 가지고 있습니다.

그러니까 웹 마스터라 하면 단연 웹의 주인, 웹의 장인, 웹을 자유 자재로 다루는 사람, 웹의 전부를 책임지는 사람이라고 할 수 있습니다. 하지만 개념만을 정리하는 것은 이렇게 간단할 수 있을지 몰라도 하는 일에 대해서는 한마디로 설명하기가 어렵습니다. 웹의 전체를 책임진다는 것이 절대 간단할 수 없거든요.

홈페이지가 만들어지는 과정을 한번 생각해 보지요. 요즘은 각종 홈페이지 마법사가 있어서 이렇게 저렇게 따라가다 보면 홈페이지 하나 갖는 건 식은 죽 먹기로 쉬워졌지만 이렇게 취미나 재미 삼아서가 아니라 기업의 홍보 수단이나 사업 수단으로 홈페이지를 제작 운영하려고 한다면 아주 많은 과정을 거쳐야 합니다.

처음부터 살펴본다면 일단 홈페이지를 왜 만들어야 할까부터 시작해야 하고, 세부적인 내용을 잡아야 하고, 프로그램을 짜야 하고, 서버를 점검해야 하고, 디자인을 해야 하고, 코딩을 해야 하고….

그렇게 홈페이지가 다 만들어졌다고 해서 할일이 다 끝나는 걸까요? 아이를 낳는 것보다 키우는 게 더 중요하다고 일단 세상에 내놓은 홈페이지를 잘 키우기 위해서는 그 이후에 할일이 더욱 많아집니다. 내용 up-date 시켜야지, 이용자들의 질문에 답해 줘야지, 혹시라도 새로운 디자인 있으면 디자인 up-grade 시켜야지, 해야 할 일을 말로 하자면 정말 끝이 없을 것입니다.

이 모든 일을 웹 마스터가 다 담당해야 하는 겁니다. 웹 세계의 숨은 주역, 웹지기라는 말이 절대 아깝지 않지요?

하는 일이 그렇게 많아서야 어떻게 다 하겠냐고 질문할지 모르지만 이 모든 일을 웹 마스터가 해야 한다는 건 불변의 진리입니다. 그러니까 아무나 하는 일이 아니지요. 하지만 이쯤에서 웹 마스터의 엄청난 영역에 놀라는 분들에게, 나 같은 미약한 존재는 절대 꿈도 꾸면 안되는 일이구나 낙심하시는 분들에게 희소식 하나 귀뜸해 드리지요. 웹 마스터는 한 사람이 하기도 하지만 점점 일의 영역이 분화되어 있다는 사실!

웹 마스터의 의미 변화

웹 마스터라는 개념이 우리 나라에 들어온 것은 그리 오래 되지 않았습니다.

초기의 웹 마스터, 그러니까 웹 마스터 1세대라고 할 수 있는 그 때는 웹 서버를 관리하고 프로그래밍을 하는 시스템 관리자를 의미했습니다. 주로 기술 부분을 관리했었지요. 그러다가 점차 웹 시장이 중요해지고, 웹에 대해 전문적인 교육을 받는 사람들이 생기면서부터 웹 마스터의 영역이 기술 관리에서 사이트 전체 관리로 넓어지게 되었습니다. 이때를 마스터 2세대라고 할 수 있지요.

2세대 웹 마스터들은 이전에 하던 서버관리와 프로그래밍을 하는 동시에 디자인 작업까지 맡아 하면서 사이트를 혼자서 좌지우지하게 되었습니다. 하지만 새로운 밀레니엄을 책임질 문화로 인터넷이 부각되고 컨텐츠에 대한 기대도 커지면서부터 더 이상 웹을 혼자 책임지는 것은 불가능해졌지요. 제아무리 유능하다고 해도 신이 아닌 사람인데, 능력뿐만이 아니라 절대적 시간까지 부족해지는 현실에 부딪치게 된 것입니다. 그래서 이때부터 웹 마스터의 영역이 점차 분화되기 시작해서 새로운 웹 직종이 등장하게 되었습니다. 웹 기획자, 웹 프로그래머, 웹 디자이너, 웹 엔지니어 등등 많이 들어보셨지요? 그 모든 직종이 모두 웹 마스터라는 아버지를 두고 있는 사이좋은 형제들이랍니다.

현재의 웹 마스터는 이렇게 다양한 직업으로 설명될 수 있는 팀의 개념으로 이해되고 있어요. 그렇기 때문에 요즘은 팀 안에서 웹 마스터라고 하는 경우는 대부분 사이트 운영을 담당하는 사람을 말합니다. 개념이 '웹 운영자'로 변하고 있는 것이지요. 하지만 아직까지도 혼자서 웹의 모든 것을 책임지는 웹 마스터가 많이 존재하고 있고, 웹 기획자건, 웹 엔지니어건 뭉뚱그려서 웹 마스터라고 말하는 곳도 많습니다. 어떤 회사를 찾아가서 "여기 웹 매니저가 누구에요?"라고 할 때, 정작 웹 매니저 일을 맡고 있는 사람조차도 눈 멀뚱멀뚱 뜨면서 쳐다보고만 있는 경우도 많으니까요. "전 웹 마스턴데요"하면서 말이지요.

또 같은 이름의 웹 직종이라고 하더라도 이 회사와 저 회사에서 하는 일이 다른 경우도 있습니다. 어떤 곳에서는 웹 PD가 전체 기획부터 관리하는 총감독인 반면에 어떤 곳에서는 웹 PD가 인터넷 프로젝트 매니저(IPM) 아래에서 섹션을 책임지고 구축하는 일을

맡기도 합니다. 또, 기술에 중점을 두는 곳에서는 웹 어드민이라고 하기도 하고 디자인에 중점을 두는 곳에서는 웹 매니저라는 이름으로 부르기도 합니다.

하지만 정체되어 있으면 곧 뒤처져 버리는 요즘 시대에 웹 직종이라고 가만히 있지는 않겠지요. 서로 뒤죽박죽 엉켜있는 실타래 같은 웹 직종의 개념이 점차적으로 자기의 자리를 잡아가면서 분화되고 있고 앞으로는 더욱더 전문적인 영역으로 세분화될 것입니다.

비유하자면 영화를 찍을 때, 인디 영화의 경우 감독 혼자서 촬영, 조명, 출연, 더빙, 편집 다 할 수 있지만, 대규모의 영화는 끝나고 나서도 엔드 크레딧을 한참 봐야 할 만큼 많은 사람들이 필요하지요. 즉 인디 영화의 감독은 혼자 웹 마스터를 담당하는 것이고, 대규모 영화라면 감독부터 시작해서 촬영 스텝들까지 모두가 웹 마스터 팀이 되는 것입니다.

(2) 웹 마스터에 대해서

웹 마스터가 홈페이지 제작과 운영의 처음부터 끝까지를 다 책임지는 사람이라는 건 절대 잊으시면 안됩니다. 그러기 위해서 얼마나 많은 사람들이 필요한지, 일단 홈페이지 제작에 관여하는 사람들부터 알려드리겠습니다.

간단히 분류해 놓기는 했지만 좀더 자기 분야를 전문적으로 처리하기 위해서 나누어 놓은 것이지 절대 업무가 따로 떨어져 있는

것은 아닙니다. 홈페이지 하나가 잘 만들어지려면 이 모든 사람들이 한몸처럼 움직여야 합니다.

그렇다면 이렇게만 있으면 홈페이지 기획과 운영이 끝나느냐… 물론 아니지요. 지금까지는 기획과 제작, 개발에 필요한 사람들이었고, 운영으로 들어가면 필요한 사람들은 훨씬 많아집니다. 사이버 브랜디스트, 웹 프로모터, 사이버 캅, 웹 마케터, 웹 커스터머 캐어….

그럼 위에서 언급한 직업들만 표로 정리해 볼까요?

표를 정리해 보자면 기획과 전체적인 관리를 맡는 웹 PD가 기획관리 웹 마스터가 되고, 기술 영역을 담당하는 웹 어드민은 기술 담당 웹 마스터, 디자인 부분을 담당하는 웹 매니저가 디자인 담당 웹 마스터가 되는 것이지요.

따지고 보면 홈페이지의 제작에서 기획을 담당하는 웹 마스터, 프로그램과 기술 쪽을 담당하는 프로그래머와 엔지니어, 디자인 쪽을 담당하는 웹 디자이너, 이렇게 네 부분으로의 영역이 가장 정확하다고 할 수 있습니다. 대부분 회사들도 이렇게 네 영역으로 직원을 고용합니다.

그러나 세분화된 곳에서는 이러한 많은 사람들이 웹 마스터 팀을 이루고 있습니다. 물론 운영으로 들어가면 더 많은 사람들이 웹 마스터 팀에 포함되지요. 실제로 미국에서는 웹 마스터라는 이름으로 불리는 직종이 자그만치 70여 가지나 있으니까요.

하지만 이 많은 식구가 있는 팀 운영하기란 만만치 않겠지요.

그래서 현재 많은 회사들이 대부분 기획, 제작은 외주 작업을 준 후에 회사 내의 웹 마스터가 자기 기업의 사이트 관리, 운영만

을 하게 합니다. 이런 경우에는 웹 마스터가 정말 모든 부분에 대해서 잘 알고 있어야 하겠지요.

그렇기 때문에 대규모 회사의 경우는 대부분 모든 영역을 포괄할 수 있는 웹 마스터, 그러니까 정말 master를 채용하려고 합니다. 현재 웹 마스터의 36% 정도가 웹을 혼자서 총괄하고 있다고 하니까요. 혼자서 모든 일을 다 해내기 어렵겠지만 아직까지 많은 회사들이 이렇게 전지전능한 웹 마스터를 기다리고 있다고 하니까 공부도 많이 해야겠지요?

그 외 여러 섹션으로 나뉘어진 웹 사이트를 가지고 있는, 예를

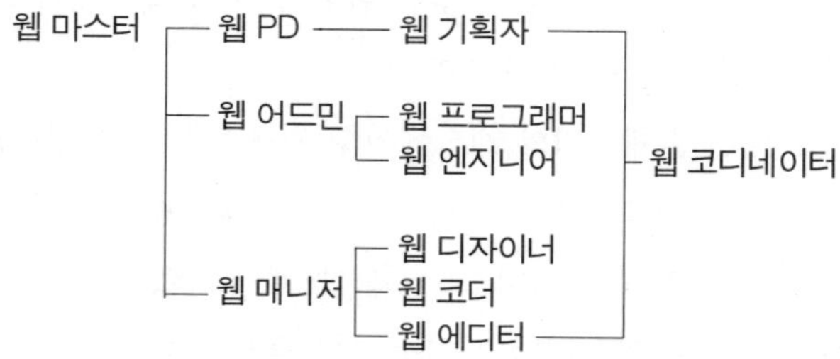

	분 류 · 1	분 류 · 2
기획자로서의 웹 마스터	인터넷 프로젝트 매니저	웹 기획자, 웹 PD
기술관리자로서의 웹 마스터	웹 어드민(웹 관리자)	웹 프로그래머, 웹 엔지니어 웹 서버 관리자(웹 서버 운영자)
디자이너로서의 웹 마스터	웹 매니저	웹 디자이너, 웹 코더, 웹 에디터
웹 마스터들의 교통 정리	웹 코디네이터	

홈페이지 전체를 감독하고 주관하는 사람은 Web Producer, 웹 PD 라고 합니다. 우리가 일반적으로 생각하는 웹 마스터에 가장 가깝다고 할 수 있지요.

■ 웹이 어떤 방향을 가지고 나가야 할지, 내용은 어떻게 잡아야 할지 고민하는 사람이 필요합니다. 이를 Internet Project Manager, 웹 기획자라고 합니다.

■ 웹의 기술적인 부분을 주관하고 하드웨어를 관리하는 사람은 Web Admin, 웹 어드민이라고 합니다.

■ 웹과 컴퓨터의 기술자는 Web Engineer, 웹 엔지니어라고 하고 이중 특히 웹 서버를 관리하는 사람을 웹 서버 운영자라고 합니다.

■ 웹 소프트웨어를 개발, 관리하는 사람은 Web Programmer, 웹 프로그래머라고 합니다.

■ 웹의 디자인과 구현 쪽을 주관하는 사람은 Web Manager, 웹 매니저, 웹의 디자인을 표현하는 사람은 Web Designer, 웹 디자이너라고 합니다

■ 웹 디자이너가 디자인한 것을 html 로 구현을 해내는 사람을 Web Corder, 웹 코더라고 하는데, 즉 프로그래밍 과정 중에 에디터를 열어 프로그램을 직접 적어 나가는 과정을 하는 일을 담당합니다.

■ 디자인한 것에 따라 웹을 편집하는 사람은 Web Editor, 웹 에디터라고 합니다.

■ 웹 기획자와 웹 디자이너 사이의 의견 조율을 담당하는 사람은 Web Cordinater, 웹 코디네이터라고 합니다.

들어 넷츠고나 채널아이 같은 곳은 자체적으로 웹 마스터 팀을 꾸려서 기획, 제작부터 운영까지 하고 있고 웹 제작과 관리만을 전문적으로 하는 컨설팅의 경우 웹 직종이 전문적으로 세분화되어서 여러 개의 웹 사이트를 관리하고 운영하고 있습니다.

따라서 여러분이 웹 마스터가 된다면 다음과 같은 세 부분의 영역에서 일할 수 있는 것입니다.

> 1)일반 기업에서 웹 마스터로 외주 제작된 자사의 사이트를 관리하는 것
> 2)기업에서 웹 마스터 팀의 일원으로 자사의 사이트를 제작, 관리하는 것
> 3)컨설팅의 일원으로 의뢰사의 사이트 여러 개를 제작, 관리하는 것.

결국 웹 마스터로서 알아야 할 것들을 꾸준히 준비하면서도 자신만의 전문 분야에서 두각을 나타내는 것이 어떤 곳에서 일하게 될지 장담할 수 없는 미래를 대비하는 데 확실할 것입니다. 그러한 웹 마스터는 어떤 사람들이 할 수 있을까요?

(3) 웹 마스터의 자질

위에 나온 직업들에 대해서는 앞으로 자세히 알아볼 테니까 여기서는 일단 웹 마스터가 가져야 하는 포괄적인 자질에 대해서 알아보도록 하지요.

무엇보다도 웹에 대해서만큼은 누구 못지않다는 자신감이 있어야 합니다.

웹 마스터는 일단 웹에 관계된 일을 하는 사람, 웹의 장인이 되어야 하니까 당연한 말이겠지요. 적을 알고 나를 알아야 백전백승이라니, 잘 알아야만 개발도 제대로 하겠지요.

하지만 너무 걱정할 필요는 없습니다. 이 책을 읽고 있는 사람들 중에서 인터넷에 거부감을 가지고 있는 사람은 없을 테니까요. 인터넷에서 노는 게 너무 자연스럽고 현실 공간보다 인터넷 공간이 편안한 사람들이 대부분이라 생각됩니다.

그래도 아직까지 웹이 부담스러운 사람이 있다면, 지금부터 인터넷 세상으로 들어가서 그냥 놀아 보세요. 여기저기 서핑하면서 새로운 자료도 보고 친구도 만나고, 그러다 보면 인터넷이 공부해야 하는 따분하고 지루한 대상이 아니라 생활을 좀더 편하고 재미있게 해주는 것으로 여겨질 것입니다.

그 다음으로 문화, 사회, 정보 어떤 것에도 막힘이 없어야 합니다.

정치, 관심 없습니다. 연애 해본 적 오래입니다. 이런 광고 카피를 들어봤을 것입니다. 오직 자기 분야만을 연구하는 전문가임을 부각시키는 광고지요. 얼마나 자기 분야에 열심이면 기본적으로 남들 다 알고, 하고 사는 것까지 모를까 감탄하게 되지요.

하지만 웹 마스터가 오직 웹에만 관심을 가지면 어떻게 될까요? 웹의 전문가가 되어서 누구도 넘볼 수 없는 웹 마스터가 되어 있을까요? 아마 모르긴 몰라도 1년 안에 이미 모니터에는 Game Over 커서가 깜빡깜빡할 겁니다.

웹을 기반으로 하되 사회, 문화에 뒤떨어지지 않는 내용을 실어야 하고, 새로운 감각에 맞게 디자인해야 하고, 언제 어디로 튈지 모르는 사람들을 대상으로 운영해야 하는 만큼 어느 하나에라도 주파수를 끄면 안되니까요.

게다가 인터넷 주 이용자가 10대에서 30대라고 하는데, 조금이라도 구닥다리 감각이 보였다가는 얼마 안 가 방문객 없는 썰렁한 블랙홀로 영원히 추방되거나 앤티끄로 웃음거리가 될 것입니다.

또 하나, 끊임없이 공부해야 합니다.

하지만 공부라는 게 학교에서 했듯이 볼펜 두 자루 잡고 죽어라 깜지 쓴다든가 지겹게 야자하는 거, 또는 피타고라스 정리를 외우거나 영어 사전 외우고 한 장씩 씹어 먹는 게 아니잖아요. 모든 것에 호기심을 가지고 찾아보는 데서 끝나지 말고 그것을 자기 것으로 소화해야 합니다.

뭐든지 경험하는 데서 끝나지 말고 자기 머리로 생각해 보는 것, 정말 가장 중요한 자질입니다.

(4) 웹 마스터의 전망과 보수

웹 마스터는 이제 어느 정도 인식이 자리잡아 가고 있는 직종이며 앞으로도 그 인기는 계속될 것입니다. 인터넷에 대한 열기가 식지 않는 한 인터넷의 숨은 주역의 인기도 계속될 테니까요. 한국전산원의 통계자료에 의하면 2002년의 국내 인터넷 사용자 인구가 1천만 명에 이를 것으로 예상된다고 하니까 좀처럼 이 열기

는 식지 않을 것입니다.

　그래서인지 인터넷을 주 무대로 한 벤처기업들이 하루에도 몇 개씩 불쑥불쑥 튀어나오고 있고 오프라인과 온라인 상의 제휴가 많이 이루어지면서 기존의 사업체들이 너나 할 것 없이 인터넷 시장에 뛰어들고 있지요. 거기다가 전자 상거래는 앞으로 훨씬 활성화될 전망입니다.

　웹 마스터의 성장 가능성에 대해서는 미국 노동부의 한 보고서에서도 볼 수 있습니다. 최근 가장 빨리 성장한 직업인 동시에 가장 성장 가능성이 큰 직업으로 웹 마스터를 꼽고 있으니까요.

　그러나 문제는 아직 정확한 실력을 인정받고 있는 통로가 없고 실무 외에는 그 능력을 인정받을 길이 없는 직업이기 때문에 대부분 신입 채용을 꺼려하고 경력자만을 우대하고 있다는 데 있습니다. 이제 막 웹 마스터로서 삐약거리며 걸음마하는 병아리들에게 경쟁이 치열한 웹 마스터의 출발점은 너무나 삭막한 현실이지요.

　경쟁이 치열하다는 것은 그만큼 가치가 있다는 것이고 높은 경쟁일수록 그 경쟁을 통과한 사람에게는 더 큰 기쁨이 있을 것입니다. 미달된 대학 학과에 입학하는 것보다는, 경쟁률 100:1을 통과하는 것이 남들 보기에도 폼나고 스스로의 자긍심에도 도움을 주지요.

　경쟁에서 승리할 수 있도록 꾸준히 노력합시다. 뜻이 있는 곳에 길은 반드시 있으니까요.

　이런 웹 마스터의 연봉은 현재 미국을 기준으로 해서 연봉 5만에서 10만 달러라고 합니다.

　10만 달러면 약 1억 3천만 원의 돈입니다. 월급쟁이들이 오랜

세월을 일해도 모으기 힘든 액수를 1년만에 벌어들인다는 것이지요. 물론 미국은 세금이 워낙 많은 나라라서 25~30%를 세금으로 낸다고 하더라도 5,000만 원에서 9,000만 원 정도는 벌어들인다는 것입니다.

그러나 여기서 흥분을 잠시 멈춰야 할 것은 우리 나라의 경우에는 그렇지 못하다는 데 있습니다. 신입이 1,300~1,800만 원 정도, 2~3년 경력이면 1,600~2,000만 원 정도, 5년 이상의 경력이면 2,500만 원 이상을 받고 있습니다. 아직까지 황금알을 물어다 주는 오리는 아니지요. 하지만 우리 나라에도 연봉 1억 이상의 웹 마스터가 있다고 하고 앞으로 그 성장 가능성이 밝다고 하니까, 미국에서와 같은 현실이 올 가능성은 크다고 할 수 있겠지요?

(5) 웹 마스터가 되는 길

웹 마스터가 되기 위해 특별히 필요한 자격이나 학력의 제한은 없습니다. 고졸 출신으로 웹 마스터 활동을 하는 선배들도 현재 많습니다. 학력이나 어떤 자격 같은 것보다는 기본적으로 컴퓨터를 능숙하게 다룰 수 있고 웹에 대한 기초지식을 갖추고 있는 것이 필수입니다.

그러나 컴퓨터를 능숙하게 다룬다고 웹 마스터가 된다면 세상 사람 다 웹 마스터가 되겠지요. 처음 웹 마스터에 입문하는 여러분들은 뭔가 다른, 좀더 확실하고 솔깃한 걸 원할 텐데, 기본적인 것 외에 웹 마스터가 하는 일에 대해서 좀더 배우고 싶다면 웹 마

스터와 관련된 학과가 개설된 일부 2년제 대학에서 공부를 하는 경우도 있고 사설학원에서도 웹 마스터에 관한 지식을 배울 수 있습니다. 그러나 이런 곳에서는 주로 웹 마스터의 기획이나 마케팅보다는, 웹 엔지니어가 익힐 기술적인 것이나 웹 프로그래밍의 기술을 가르칩니다.

그런데 문제는 이렇게 학원을 다니고 개인적으로 꾸준히 공부도 해서 일을 시작하려고 할 때 발생합니다. 아직까지 웹 마스터 업계에서는 신입보다는 경력자를 선호하는 경향이 강하기 때문에 기업의 홍보부와 광고 회사에서 근무한 경력자나 전산관련 종사자, 혹은 웹 디자이너로 경력이 있는 사람을 웹 마스터로 고용하는 경우가 많기 때문이지요. 그렇지만 신입들에게 전혀 길이 닫혀 있는 건 아니니까 절망하실 필요까지는 없습니다.

회사에서 신입 웹 마스터를 선발할 경우에는 웹 마스터로서 필요한 기본지식만 가지고 있는 사람들보다는 서버관리라든가 프로그래밍과 디자인을 위한 tool이나 html 사용능력, 마케팅과 콘텐츠 개발에 관한 지식까지 갖추고 있는 다재다능한 사람을 선호하고 있으니까 부지런히 기술을 익히는 게 도움이 될 것입니다. 그러니까 학원을 다니더라도 그 외에 필요한 것은 끊임없이 찾아다녀야 합니다.

또, 일단 기술적인 것을 잘 익혀야 하니까 관련 자격증을 취득하면 취업에 다소 도움이 되지요. 한국능률협회에서 주관하는 웹 마스터 전문가 자격증이나 정보검색사 자격증 등을 가지고 있으면 도움이 됩니다. 그러나 실무적인 능력을 검증 받는 것이 중요하니까 너무 자격증만 믿고 있어서는 안 된다는 것 잊지 마세요.

또, 자신의 홈페이지를 운영하다가 눈에 띄어서 스카웃되는 경우도 있으니까 홈페이지 한번 잘 만들어서 동네방네 소문 내고 다니는 것도 좋은 방법입니다. 웹 마스터와 관련된 모임에서 활동하면서 인정을 받거나 각종 홈페이지 경진대회에서 입상을 하는 경우도 취업할 때 도움이 되지요. 즉 자신의 포트폴리오를 준비해야 합니다. 자신이 제작한 사이트는 어떤 것이며 또 어떤 관리를 해왔으며 관리 방식은 어떤 것이었고 어떤 주제를 중심으로 사이트를 이루어 나갔다 등등의 것이야말로 달랑 종이 한장의 이력서와 다르게 자신의 실력을 입증해 줄 것입니다.

한 가지 더 말하자면 웹이라는 것이 우리 나라에만 국한된 것이 아니고 전세계적으로 열려지는 공간이므로, 많은 사이트에 내용을 알리고 또 소스를 제공받는 점 때문에 외국어 실력이 뛰어나면 장점으로 작용하기도 합니다.

자, 지금부터 할일이 무궁무진해졌지요? 시간은 많고 할일은 없어서 심심하셨던 분들, 이제부터는 하루 24시간도 모자라게 될 것입니다.

Q&A

⇨ **홈페이지를 제작할 때 가장 중요한 사람은 누구인가요?**

: 굳이 따져서 말하자면 웹 마스터, 그 중에서 웹 PD가 되겠지요. 아무래도 홈페이지를 총괄해서 지휘하는 사람이기 때문에 가장 중요하다고 할 수 있겠지만 홈페이지는 여러 가지 요소가 하나로 모여지는 것이니까 누구 한 명이 뛰어나게 중요하다고 할 수 없습니다. 프로그램의 디자인과 내용, 운영, 홍보까지 완벽하게 어우러져야 완성도 높은 홈페이지라고 할 수 있으니까요.

이런 모두의 특성이 조화롭게 이루어져야 되는 것이 중요하겠지만 특정 홈페이지를 제작하는 과정에서 종종 특정 부분을 보강, 강조해야 할 경우가 있습니다. 즉, 이번 홈페이지 제작 시에는 디자인에 좀더 중점을 두자, 혹은 기획부터 새로 잡자 등등 그때 그때 유동적일 수 있지요. 그럴 때마다 역할의 강약을 조율하는 웹 PD의 역할이 더욱 막중합니다.

⇨ **웹 마스터가 디자인 영역까지 공부해야 하나요?**

: 공부하는 것이 좋습니다. 아무리 운영에 중점을 둔 웹 마스터라고 하더라도 디자인에 대해 아무 것도 모른다면 제대로 된 요구를 할 수 없겠지요. 하나를 완성시키기 위해서 정확히 의사를 전달하고 이해하려면 기본적인 것, 아니 그 이상으로 상당 수준의 디자인 기술을 알아야 합니다. 프로그래밍에 관한 부분 역시 마찬가지고요.

웹 마스터는 디자이너와 프로그래머를 조율하는 사람입니다. 이들의 의사를 통일시키고 업무를 분담하려고 할 때, 디자인 제작 방식도 알아야 하고 어떻게 디자인을 하는지도 알아야 디자이너의 재능을 보다 잘 활용할 수 있습니다. 프로그래밍 쪽도

Q&A

마찬가지고요.

⇨ 학원을 선택할 때 주로 무엇을 봐야 할까요?

: 웹 마스터 과정이 개설되어 있는 학원은 굉장히 많습니다. 웹 직종에 대한 관심이 많아지고 실질적으로 필요 인력이 많아진다는 증거인데, 그렇다고 무조건 학원만 믿고 수강하지 말고 일단 커리큘럼을 꼼꼼이 따져 봐야 합니다.

· 특히 현재 학원에서의 웹 마스터 과정 커리큘럼은 기술에 관한 부분을 많이 가르치고 있는데, 어떤 기술을 알려주는지, 배우게 되는 프로그램 언어는 어떤 것이 있는지 비교해 보고 선택하는 게 좋을 것입니다. 그냥 수박 겉 핥기 식으로 무조건 많은 분야만 접하게 하는 학원도 많으니까 살짝 학원생을 붙잡고 물어보는 것도 좋겠지요.

또 하나, 구직을 원하는 경우에는 수강한 이후에 취업 추천으로 연결되는지, 취업률이 어느 정도인지도 알아봐야 합니다.

⇨ 웹 마스터의 세계에 들어서려는 당신에게

: 기본적으로 웹 마스터가 가져야 하는 자질 모두를 갖추기 위해서 노력해야 합니다. 위에서 내려오는 일을 하는 정도로 끝나는 것이 아니라 자신의 모든 것을 쏟아붓는 창조물을 만들기 위해 노력하는 웹 마스터가 되기 위해서는 항상 긴장을 늦추지 않는 삶을 각오해야 합니다. 그리고 한 가지 더 말씀드리자면 자신의 전문 분야를 잡으세요.

웹 마스터가 더 이상 한 사람이 맡는 직업이 아닌, 팀으로 활동한다는 것은 충분히 말했으니까 다들 이해할 것이라 생각합니다. 그 안에서 자신이 어떤 분야에 도전할 것인지, 가장 자신 있는 분야를 골라서 힘껏 노력해 보세요. 머지 않아 세분화된 직업이 완전히 정착되는 때, 자신만의 전문 분야를 가지고 있는 힘있는 웹 마스터로 설 수 있을 것입니다.

참고: 이런 저런 사실들!

■ 김대중 대통령의 E-mail 주소 :

Webmaster@cwd.co.kr

■ 우리 나라 웹 마스터의 정확한 종사자수는?

대략 1,000여 명이 넘을 것으로 추정. 웹 마스터들의 모임인 '웹 마스터 클럽'에 소속에 있는 웹 마스터들은 1,000여 명. 이 중에서 남녀비율은 남자가 대략 58%이고 여자가 42%정도를 차지 한다.

■ 가장 많은 웹 마스터들이 종사하고 있는 업종은?

정보통신이 가장 많지만 전반적으로 모든 산업에 골고루 분포하고 있다.

■ 웹 마스터를 가장 많이 배출한 학과?

단연, 이공 계열 46%　　　인문 사회 12%

미술계열 8%　　경상 8%

■ 웹 마스터의 평균 나이

27.3세

■ 문의처

가람 웹 전문학원 web-garam.co 02-508-2063

디딤돌 미디어 센터 www.click9.co.kr 02-333-0036

서울 컴퓨터 아트 스쿨 www.net-seoul.co.kr 02-723-6488

이포 아트센터 ww.e4artcenter.co.kr 080-556-4572

네트인 www.networksmedia.co.kr 051-639-0518

웹 마스터 클럽 www.webmasterclub.org

현대전문학교 www.hyundai.or.kr 02-675-6202

2. 웹 디자이너 (홈 메이크업 아티스트)

웹에 대해서 전혀 모르는 사람들이라고 해도 누구나 한번쯤은 들어봤을 만한 직업, 바로 웹 디자이너입니다.

최근 들어 정말 많은 사람들이 웹 디자이너라는 이름을 갖고 있지요. 뿐만 아니라 강남 거리 몇 번만 왔다갔다 하면 손에는 벌써 웹 디자인 학원 팸플릿이 서너 장은 들려 있습니다. 그래서 취업은 해야겠고 마땅한 직장은 없고 여기저기 기웃거리다가 에이, 요즘 잘 나가는 직업인가 본데, 나도 웹 디자이너나 되어 볼까? 하는 사람도 있을 겁니다.

디자이너라는 이름에 걸맞게 뭔가 꾸미는 게 아닐까 느낌으로만 여겨지는 웹 디자이너. 그러나 정작 웹 디자이너가 하는 일에 대해서 정확히 아는 사람들은 많지 않습니다.

그럼 이제부터 명성이 자자한 웹 디자이너가 하는 일은 무엇이고 직업으로서 어떤 매력을 갖고 있는지 알아보도록 하겠습니다.

(1) 웹 디자이너란…

모두들 디자이너란 말은 예전부터 많이 들었을 것입니다. 헤어 디자이너, 인테리어 디자이너, 패션 디자이너 등…

그래서인지 디자이너란 단어는 이제 우리에게 너무나 친숙하지요. 이와 마찬가지로 웹 디자이너는 인터넷상의 홈페이지를 어떻게 하면 좀더 아름답게 만들지 디자인하는 일을 합니다.

많은 정보와 재미가 넘쳐나는 인터넷 세계로 들어선 사람들을 맞아주는 첫 공간, 바로 웹 디자인만이 할 수 있는 일입니다.

"앞으로 3년 내에 인터넷을 모르는 기업은 망한다."

몇 년 전 반도체 제조업체 인텔의 앤디 그로브 회장이 아주 무시무시한 예언을 했다고 합니다. 꼭 그 말 때문이 아니라고 하더라도 크고 작은 기업들이 유용한 홍보수단으로 홈페이지를 활용하고 있습니다. 하긴 요즘 자료 찾으러 도서관 간다고 하면 모두 컴퓨터를 떠올릴 정도로 인터넷은 정보의 보고가 되고 있습니다. 검색어 하나만 집어넣어도 몇천 개의 사이트가 코앞에 다가와 골라먹는 재미를 안겨주고 있으니까요. 이용자는 빠르게 정보를 찾을 수 있고 기업은 최고의 홍보와 광고 효과를 얻을 수 있는 누이 좋고 매부 좋고, 도랑 치고 가재 잡고, 님도 보고 뽕도 따는 그런 공간인 것이지요.

하지만 인터넷상에 얼마나 많은 홈페이지가 있습니까? 점차 인터넷 활용이 중요해지면서 개인과 기업의 홈페이지들 경쟁이 점점 더 치열해질 수밖에 없지요. 그렇기 때문에 좀더 깔끔하고 눈에 확 띄는 디자인으로 사용자의 시선을 고정시킬 홈페이지를 필요로 하는데, 바로 이 작업을 웹 디자이너가 담당하는 것입니다.

웹의 활용이 많아질수록, 웹의 경쟁이 치열해 질수록 웹 디자이너들의 필요성은 더욱 절실해 집니다. 웹 디자인의 목적은 사이트

이용자들에게 보다 쉽고 정확하게 내용을 전달하는 것이기 때문이지요.

몇 초의 시간 안에 사용자의 시선을 사로잡는 힘. 바로 웹 디자이너만이 할 수 있는 일입니다. 내가 하려는 일이 이렇게 강력한 힘을 갖고 있다니… 흐음 어깨가 으쓱해지는 순간이지요?

그런데 잠깐만! 웹 디자이너, 아무나 할 수 있을까요?

(2) 웹 디자이너로서의 자질

연예인들 인터뷰에서 가장 많이 나오지요. 어릴 때부터 끼가 있었다는 말…. 될성부른 나무 떡잎부터 알아본다는 건데, 웹 디자이너가 되기 위해서는 어떤 떡잎을 가지고 있어야 할까요?

일단 웹이라는 말만 듣고 겁부터 내는 사람들도 있을 것입니다. '난 컴퓨터에 익숙하지 않으니까 안될 거야', '난 컴맹이니까 불가능해' 라고 처음부터 웹 디자이너라는 직업을 생각조차 하지 않는 사람들도 많을 것입니다.

물론 웹 상에서 이루어지는 디자인 작업인 만큼 일단 웹 디자이너는 컴퓨터 작업에 능숙해야 하지만 그래픽을 잘 다루거나 코딩을 잘하기만 해서 좋은 웹 디자이너로 평가받는 것은 아닙니다.

웹 디자이너가 꼭 지녀야 할 자질은 바로 디자인에 관한 기본 감각과 그 감각을 길러 내기 위한 준비와 노력이라고 할 수 있습니다. 괜히 디자이너란 이름이 붙었겠어요?

현대 사회에서 풍부한 지식을 필요로 하는 직업은 많지만, 웹

디자인도 홈페이지의 내용을 정확히 파악해서 그에 맞는 디자인을 해야 하고, 그 디자인에 많은 사람들이 관심을 가질 수 있게끔 해야 하기 때문에 그 어떤 직업보다도 여러 분야에 밝아야 합니다. 그래야 홈페이지의 성격을 가장 잘 드러내는 디자인이 나올 수 있겠지요. 음악이면 음악, 영화면 영화, 마케팅이면 마케팅 어느 분야에서 의뢰가 들어온다고 하더라도 자신 있게 call! 할 수 있어야 하는 것입니다. 그러나 그것은 선천적으로 타고나기보다는 노력에 의해서만 길러질 수 있습니다.

웹 디자이너의 자질은 에디슨의 말처럼 1%의 머리와 99%의 노력인 겁니다.

또한 웹 디자이너는 디자인 감각과 함께 컴퓨터 통신에 대한 전반적인 지식을 가지고 있어야 합니다.

요즘은 누구나 인터넷을 자유자재로 사용하기 때문에 따로 교육을 받지 않아도 통신에 대한 지식은 가지고 있을 것입니다. 중요한 것은 인터넷 사용에 대한 지식을 단지 아는 것에만 그치지 않고 인터넷을 사용하면서 불편했던 점이나 고쳐야 할 점 등을 최대한 기억하여 현실 작업에 적용시키는 것입니다.

예를 들어 홈페이지의 화면 뜨는 시간이 오래 걸리면, 으~ 이용하는 사람에게 그것만큼 답답한 게 없지요. 물론 탁월한 정보거나 꼭 필요한 경우라면 하루 반나절이 걸린다고 해도 참고 기다리겠지만 대부분은 아무리 좋은 자료가 있다고 하더라도, 또 인내심 하나만 믿고 살아가는 사람이라 해도 go back하고 말 것입니다.

이처럼 사용자들이 이용하기 불편해서 찾지 않는다면 이미 그 홈페이지는 의미가 없어져 버립니다. 이런 경우를 기억해서 자료

의 양이 많을 수록 화면을 어떻게 운영할 것인지 잘 구성한다면 사용자들의 외면을 받지 않는 생명력 있는 홈페이지가 만들어지는 것이겠지요.

다른 집을 많이 들여다봐야 내 집이 잘 꾸며지는 것처럼 여기저기 많이 돌아다녀서 자기만의 튼튼한 방을 가지고 있는 사람이 유리한 겁니다.

이런 점들 때문에 즉, 새롭고 창의적인 아이디어와 풍부한 지식, 거기에 신기술을 접목시켜야 하는 어려움 때문에 3년차 이상의 웹 디자이너는 그리 많지 않다고 합니다.

그러나 시간과 노력의 투자를 항상 염두에 두고 웹 디자이너 세계에 들어간다면 누구나 프로의 이름을 달게 될 것입니다.

(3) 웹 디자이너의 매력

웹 디자이너가 폼 나는 이유 하나!

웹 디자이너는 통신을 통해 만들어 내는 사이버 공간에서 다수의 사람들을 겨냥하여 일할 수 있습니다. 컴퓨터 문화와 다양한 변화를 추구하는 신세대를 겨냥한 마케팅 전략의 하나로 웹 디자인이 도입된 것이기 때문에 국내뿐 아니라 전세계 네티즌까지 동시에 접할 수 있다는 점은 젊고 도전적인 세대의 관심을 끌 만한 충분히 매력적인 요소일 것입니다.

웹 디자이너가 폼나는 이유 둘!

끊임없이 창조의 쾌감을 느낄 수 있다는 것도 결코 빼놓을 수

없는 매력입니다. 항상 긴장감으로 스스로를 개발시키고 사회의 빠른 움직임에 뒤처지지 않고 살 수 있다는 것은 변화의 주기가 빠른 젊은 세대가 도전해볼 만한 분야일 것입니다.

그러나 웹 디자이너가 폼만 잡을 수 있는 직업이냐에 대해서 선배님들에게 물어보면 다들 고개를 절래절래 흔들 겁니다. 웹에 관계된 직업이 정확히 자리잡지 않은 현실을 볼 때, 웹 디자이너 역시 영역이 정확히 잡혀 있지는 않기 때문에 일의 양도 많고 스트레스도 엄청납니다.

말하자면 어떤 순간에는 마스터로, 어떤 순간에는 프로그래머로, 1인 다역의 수퍼맨이 되어야 할 때가 많다는 것이지요. 실제로 회사에서 웹 디자이너를 뽑을 때, 여러 가지 기능을 모두 익히고 있는 사람을 채용해서 기술적인 부분 전체를 포괄하게 하는 경우가 대부분입니다.

그런 과정 속에서 일의 버거움을 견디지 못하고 이 길이 내 길이 아니구나 포기하는 사람도 많이 있습니다. 하지만 누구나 처음 길을 개척할 때는 고난이 따르기 마련입니다. 웹의 전문가로 자리잡기 위해 넘어야 할 산이라고 생각하고 하나하나 극복해 나간다면 폼 나는 웹 디자이너의 매력에 흠뻑 빠질 날이 올 것입니다.

웹 디자이너. 굉장히 매혹적인 직업임에는 틀림없지만 희망이 가득 담겨 있는 보물상자로 여기고 무조건 달려드는 것은 금물입니다. 그 보물을 제대로, 온전하게 자신의 것으로 가져가기 위해서는 부단한 노력과 인내의 바다를 헤엄쳐야만 합니다.

(4) 웹 디자이너의 전망과 보수

웹 디자이너로서 취업할 수 있는 길은 정말 많습니다.

인터넷 시장의 폭발적인 증가로 유지, 보수 인력의 수요가 증가하고 있는 데다가 자체 홈페이지를 제작하는 회사들도 늘어나고 있기 때문에 취업문은 넓은 편입니다. 웹 디자인 전문업체들, 방송사, 벤처, 일반 기업 등의 디자인 팀에 취업할 수도 있고 경험과 실력이 쌓이면 프리랜서로 뛰거나 소규모 벤처사업 형태로 창업도 할 수도 있답니다.

여기까지는 취업 스트레스에 시달리는 많은 분들께 사막의 오아시스 같은 이야기가 아닐 수 없겠지요. 그러나 취업문은 넓지만 그 외의 문제를 생각하지 않을 수 없지요.

사실 현직에 있는 사람들은 하나같이, 웹 디자이너는 많아도 전문가는 많지 않다고 합니다.

웹 디자이너의 생명은 사이트 이용자들에게 보다 쉽고 정확하게 내용을 전달해서 많은 사람들이 그 사이트를 찾도록 하는 것인데, 그게 뭐 어렵냐고요? 그럼 지금부터 웹 디자이너가 기본적으로 해야 하는 일을 볼까요?

프로그래밍, 디자인 기술 섭렵해야지, 창의적인 아이디어 끊임없이 찾아내야지, 네티즌들 취향이 어떤지 항상 관찰해야지, 사회 현상에도 밝아야지, 남들이랑 얘기할 때 앞서서 리드할 수 있을 정도의 감각 있어야지, 단어 하나 주면 그 단어에 관한 기본 지식 3분 이상 이야기할 수 있어야지… 이 정도는 물론 기본이에요. 직접적인 디자인 과정은 그 후의 문제고… 어때요, 이럴려면 고 3 수

험생 생활 정도는 우습겠지요?

　이렇게 다방면으로 유능해야 하기 때문에 웹 디자이너를 시작한다고 하더라도 도태되어 포기하는 사람도 많고, 항상 그 자리 그대로인 사람도 많아서 실력을 인정받는 전문가가 부족한 편입니다. 그렇기 때문에 유능한 웹 디자이너의 경우 기업이나 단체에서 서로 모셔가려는 스카웃 전쟁이 일기도 하지요.

　어느 직업이나 그렇겠지만 웹 디자이너 역시 결국은 실력 있는 프로만이 살아 남을 수 있습니다. 그리고 그것은 남들보다 많은 노력과 시간 투자로 가능한 것이기 때문에 성공으로 가는 열쇠는 스스로에게 달려 있다고 할 수 있습니다.

　또 하나, 웹 디자이너가 새로 뜨는 직업이 되다 보니까 너도나도 웹 디자이너가 되겠다고 달려드는 사람이 너무 많다는 문제도 있습니다. 지나치게 많은 웹 디자이너가 자칫 서로 제살 깎기 경쟁을 하게 될 수도 있다는 것이지요.

　간단히 말하자면 신입생은 천 명이고, 80점 이상을 받아야만 2학년이 될 수 있는 시험을 통과하기가 무지 어려워서 1학년만 바글바글 거리는데, 사람들은 그 시험을 통과해서 올라간 2학년 100명만을 찾는 상황입니다. 결국 2학년의 가치는 많이 올라가는 반면에 평생 1학년에 머무르는 다수의 사람들이 가치를 하락시키는 결과를 낳을 수도 있다는 겁니다.

　그런데 최근에 노동부와 산업인력공단에서는 2001년부터 '웹 디자인 기능사' 자격제도를 신설한다고 발표했습니다. 아직 구체적으로 확정되지는 않았지만 이 자격제도가 정착된다면 웹 디자이너에 대한 인식도 좀더 정확해질 것이고, 그렇게 된다면 웹 디

자이너에 다가가는 길도 좀더 확실해질 것입니다.

또한 현재 웹 디자이너 직업 자체에서도 세분화가 이루어지고 있습니다. 지금까지는 웹 디자인에 대한 모든 것을 전부 웹 디자이너가 책임졌지만 웹 코더, 웹 에디터와 같은 이름으로 각각의 전문 영역을 책임지는 직업이 생겨나고 있고 디자인 계열을 관리하는 웹 매니저도 등장하고 있습니다. 또 디자인 자체에서도 요즘은 홈페이지 전체를 디자인하는 웹 디자이너와 아이콘이나 배너 등 캐릭터 디자이너를 구분해서 뽑는 경우도 있으니까 디자이너 자체에서의 업종도 상당히 세분화된다고 할 수 있습니다.

그러니까 좀더 기술적인 면에 가까운 에디터나 코더로서 활동할 수도 있고, 디자인 분야로는 디자인이 중심인 웹 디자이너나 캐릭터 개발 디자이너로서 일할 수도 있고, 디자인 경력을 많이 쌓아서 매니저로 일할 수도 있습니다. 지금은 웹 디자이너 하나로 모두 대표되던 직업이 앞으로는 이와 같이 전문화된 직업으로 정착될 전망입니다.

가장 큰 관심은 역시 웹 디자이너의 보수에 관한 문제겠지요. 자신이 일해서 얼마를 받을 수 있는지 제일 궁금할 텐데, 이제부터 눈 초롱초롱 뜨고 들어보세요.

선진국의 경우 페이지 당 디자인 가격이 비싸기 때문에 그만큼 웹 디자이너의 보수도 높은 편이지만 슬프게도 우리 나라의 경우 외국에 비해 그리 높지 않은 편입니다.

아직 웹 직업이 완전히 정착되지 않은 상태이기 때문에 보수도 개인마다 천차만별인데, 처음 시작하는 경우 대부분 70~100만 원의 보수로 시작합니다. 하지만 이때 월급이 작다고 투덜거리기만

하다가는 평생 그 월급만 받다 끝나게 됩니다. 그 기간을 꾸준한 자기 개발의 시간으로 삼고 차근차근 내공을 쌓아 나가면 3년 정도 경력에는 초기 월급의 2배가 넘는 월 200만 원 정도의 수입이 가능해집니다.

또한 경력을 쌓고 웹 디자이너로 인정을 받아서 프리랜서로 독립을 하게 되는 경우도 있는데 개인으로 활동하는 경우도 있고 팀의 형태로 창업을 하기도 합니다. 이런 경우 유능한 프리랜서는 한 건에 천 단위의 돈을 벌기도 한답니다. 어마어마하지요?

(5) 웹 디자이너가 되는 길

이제 슬슬 본격적으로 웹 디자이너가 되는 길을 알아볼 텐데, 일단 전산 및 디자인 전공자, 그밖에 디자인 관련 자격증이나 인터넷 관련 자격증 소지자는 웹 디자이너가 되기에 유리합니다. 아무래도 아무 것도 모르는 사람보다는 학교나 학원에서 조금이라도 들은 게 있는 사람들이 낫겠지요. 그렇다고 벌써 책 덮고 포기해 버리지 마세요. 어느 정도 기본적인 디자인 감각만 있다면 웹 디자이너가 될 수 있으니까요.

전혀 다른 전공을 하셨거나 관련 자격증 없으신 분들! 무작정 뛰어들려니 불안한 마음이 들기도 할 것입니다. 하지만 꼭 웹 디자이너가 되어야겠다고 생각하신다면 좋은 방법을 알려드리지요.

웹 디자이너 자격증 취득

현재 국내에서 시행되고 있는 웹 디자이너 자격제도는 없습니다. 대신 디자인 및 인터넷 관련 자격증을 취득하면 일단 취업에 유리하게 작용합니다. 2001년부터 신설될 예정인 웹 디자인 기능사 시험에 대비해서 자격증을 받는 것도 사회적으로 공인 받는 좋은 방법이겠지요.

그러나 무엇보다도 자격증 취득에서 가장 좋은 방법은 현재 국내뿐만 아니라 국제적으로 통용되는 노벨의 웹 디자이너 자격증을 따는 것입니다.

노벨의 웹 디자이너 자격증은 인터넷 비즈니스 전략가 자격시험의 내용을 기초로, 웹 저작과 출판, 웹 디자인 부문에서 전문가임을 공인하는 자격증입니다. 다시 말해 웹 마스터나 웹 디자이너를 희망하는 사람들이 선택할 수 있는 권위 있는 자격증이기 때문에 이 자격증을 획득한다는 것은 그만큼 실력을 인정받는 것을 의미합니다.

이 자격제도가 평가하는 기술을 살펴보면 웹 페이지 디자인에 다양한 인터넷 기술을 삽입하는 방법, 빠른 속도의 웹 페이지 구현법, 멀티미디어와 애니메이션 효과를 얻는 방법 등 실무 위주의 것들인데, 이는 국제적인 웹 디자이너 자격증으로 부각시키겠다는 노벨의 전략을 엿볼 수 있는 부분입니다.

아울러 넷 오브젝트 퓨전이나 어도비의 제품을 이용해 웹 디자인의 효과를 높이는 방법도 자격증 시험 내용에 포함되어 있어서 노벨 이외의 업체들도 인정하고 있습니다.

하지만 자격증만 믿고 있다가는 큰 코 다치기가 쉽습니다. 실전에서 많은 경험을 쌓는 것이 중요하다는 것 잊지 마세요.

전문 양성 학원

대학 전공자가 아니더라도 사설학원이나 이화여대 전문직업개발원 등 웹 디자인에 대해서 배울 수 있는 곳이 많아졌고 이런 기관들은 교육을 마치면 취업으로 연결해 주기도 합니다. 또한, 실업자 재취업 과정으로 개설되는 학원도 있기 때문에 고용 보험료를 한 번이라도 낸 적이 있는 사람은 저렴한 가격으로 배울 수 있습니다.

웹 디자이너를 시작할 때 일반 학원에 가면 보통 6개월 과정, 1년 과정으로 배우는데 처음에는 필수적으로 일종의 HTML 편집 프로그램과 그래픽 디자인의 기본인 툴(Photoshop, Illustrator, Painter)을 익혀야 합니다.

그리고 웹 디자이너는 단순히 디자인만을 하는 것이 아니라 컴퓨터 프로그램지식, 인터넷 사용경험, 유저 인터페이스 등의 여러 가지에도 모두 신경을 써야만 하기 때문에 컴퓨터를 능숙하게 다룰 줄 알아야 하고 인터넷 상식에도 뛰어나야 합니다.

또 하나, 요즘은 좋은 에디터(나모에디터, 프론트페이지, 드림위버 등)가 많이 나와서 그냥 지나칠 수 있지만 기본적인 HTML과 기타 프로그램 속성들을 알아야 디자인의 표현 범위나 방법을 알 수가 있고, 자신이 디자인한 그대로 브라우저에 표현할 수 있기

때문에 HTML 코딩을 익혀야 합니다.

물론 학원에 다니지 않고 독학으로 공부한 선배님들도 많이 있습니다. 어떤 사람은 혼자 공부하는 게 더 낫다고 하기도 하는데, 학원에서 배우든 독서실에서 독학하든 열심히 하는 노력 앞에 장사는 없겠지요?

웹 디자이너가 되려는 여러분, 노력만이 살길입니다!

Q&A

⇨ 제 전공은 디자인이 아닌데 웹 디자인을 할 수 있을까요?

: 학력이나 전공에 상관없이 디자인에 대한 기본 감각과 컴퓨터 기본 지식, 통신에 대한 기본 사용법을 알면 도전해 볼 수 있습니다. 독학으로 웹 디자인을 공부하는 사람들도 있기는 하지만 컴퓨터와 인터넷에 익숙하지 않거나 좀 더 전문적으로 배우기 위해서는 학원 수강을 통해서 기술을 익히는 것이 좋습니다.

⇨ 저는 나이가 많은데 웹 디자인을 새로 시작하면 성공할 수 있을까요?

: 웹 디자인에 나이는 상관이 없습니다. 디자인에 대한 감각을 웹 안에서 표현해낼 수만 있다면 가능합니다. 그러나 웹 디자인이라는 것이 멋있게 포장되어 알려진 부분이 많기 때문에 웹 디자인을 하면서 겪어야 할 것들을 잘 인내하고 부단한 노력을 해야 합니다. 중요한 것은 웹 디자인을 준비하면서 포트폴리오를 꾸준히 준비하는 것이 필요합니다. 언제 어디서 웹 디자이너를 필요로 할지 모르기 때문에 자신의 실력을 알릴 수 있는 포트폴리오 준비를 미리미리 해 놓는 것이 좋습니다.

맘을 급하게 먹지 마시고 차근차근 하나씩 배워간다는 마음 자세로 임하신다면 당신은 멋진 웹 디자이너가 될 수 있습니다.

⇨ 웹 디자이너가 되려면 학원을 얼마나 다녀야 하나요?

: 일반적으로 학원마다 수강 기간이 다르지만 대체적으로 6개월에서 1년까지의 기간으로 정해져 있습니다. 그 기간 동안에 스스로 얼마나 많은 부분을 알아내느냐가 중요하다고 할 수 있습니다.

현재 활동하고 있는 웹 디자이너 가운데에는 실제 독학으로

Q & A

공부하여 웹 디자인에 도전하는 사람도 있습니다. 하지만 혼자 공부하는 데 어려움을 느끼거나 여러 사람과 다양한 생각을 나누고 함께 작업하기를 원하는 사람은 학원 수강을 하는 것이 도움이 될 것입니다. 독학을 하든 학원 수강을 하든 스스로 얼마나 노력하느냐에 따라 결과는 달라집니다.

⇨ **웹 디자이너의 보수는 얼마나 되나요?**

: 정확히 얼마라고 말할 수는 없지만 같은 웹 디자이너라도 그 수입은 천지차이라고 할 수 있습니다. 정확한 건 노력한 만큼, 디자이너의 능력만큼은 꼭 대가를 얻을 수 있다는 것입니다. 일반 회사의 웹 디자이너로 들어가게 되면 신입인 경우 월 70~100만 원 정도를 받게 되고 그 후로는 경력이 쌓여감에 따라 차차 많아집니다.

프리랜서의 경우는 몇 년 정도의 경력과 노하우와 포트폴리오를 갖춘 후에 하는 것이 좋고 프리랜서로 활동하게 되면 적게는 월 200만 원에서 많게는 600~700만 원 정도까지 수입을 올릴 수 있습니다.

⇨ **웹 매니저와 웹 디자이너의 관계는 어떤 건가요?**

: 웹 매니저는 한 마디로 사이트의 디자인 부분을 중점적으로 관리하는 웹 마스터라고 할 수 있습니다. 웹 마스터로서 디자인 부분이 원활하게 돌아갈 수 있도록 해야 하는 것이지요. 그러니까 디자인에 관한 전문가여야 하는 동시에 전체 운영과 잘 어울리도록 관리하는 것까지 해야 합니다.

일반적으로 웹 매니저 없이 웹 디자이너가 모든 걸 책임지기도 합니다.

웹 디자이너의 세계에 들어설 당신을 위하여

▶ 문제 하나

현재 미국의 실리콘밸리에서 가장 인기 있는 직업 1위가 뭘까요? 예, 바로 웹 디자이너라고 합니다. 또한 우리 나라에도 웹 디자이너가 되고자 하는 사람이 많이 늘고 있습니다. 그러나 웹 디자이너는 결코 쉬운 직업이 아닙니다. 기능과 미적 감각을 조화시켜야 한다는 점에서 다른 디자인 분야와 크게 다를 게 없지만 인터넷 발전 속도보다도 훨씬 더 빠른 새로운 디자인 기술을 눈감고도 쓰는 웹 디자이너가 되려면 끊임없는 노력 외의 해답은 있을 수 없습니다.

처음 시작할 때는 누구나 쉽게, 취미 삼아 할 수 있을지 모르지만 취미 삼아 하면서 성공하기를 바랄 수 있는 직업은 아니라는 거지요. 무엇보다도 항상 자신의 일에 최선을 다하고, 할 수 있다는 마음가짐으로 일하는 디자이너가 된다면 미래를 한 가슴에 안을 수 있을 것입니다.

웹 디자이너에 도전할 여러분들의 멋진 미래를 바랍니다.

인/터/뷰

● 소개를 해주세요.

이름은 박선영이고, 지금 29살입니다. 웹 디자이너로서의 경력은 1년인데요, 지금 (주)인코리아에 근무하고 있지요.

● 그 동안 어떤 사이트 디자인을 하셨지요?

(주)나노텍(www.nanotek.co.kr)과 애드위저드 닷컴(www.addwizard.com) 사이트 디자인을 했습니다.

● 웹 디자인 일을 시작하게 된 계기가 있으신가요?

새로운 일을 시작해야겠다고 생각하고 있었던 때였는데요, 그 시점에 가장 유행을 타고 있는 전문직이었기 때문에 도전해 보고 싶었어요.

● 웹 직종에서는 다른 일도 많은데 굳이 웹 디자인 쪽을 선택하게 된 이유가 있나요?

인터넷 시대의 확대에 따라 전문적인 웹 디자이너의 수요확대가 예상되고, 자신만의 작품을 창조할 수 있다는 매력이 있어서겠지요.

● 웹 디자이너가 되기 위해서 어떤 준비를 하셨습니까?

저는 일단 학원에서 웹 디자인 공부를 했는데요, 경실련 하이텔 정보교육원에서 웹 디자인 과정을 수강했습니다. (http://www.sp9004.or.kr)

● 필요한 자질이 있다면 어떤 것이 있을까요?

웹 디자인도 디자인 계열이니까 무엇보다 독창적인 감각과 표현력이 중요하지요.

● 대학에서 전공이 도움이 됩니까?

제 전공은 건축인데요, 자신만의 독창적인 디자인이라는 점과 합리적이고 편리한 네비게이션 구조 설정 면에서 큰 도움이 되고 있습니다

● 웹 디자인과 관계된 학과를 소개한다면 어떤 학과가 있을까요?

표현력으로 보자면 순수미술, 응용미술 학과와 관련이 있을 것이고, 기획과 컨셉 설정 면을 보자면 방송학과나 사회학과, 광고 홍보학과가 도움이 될 거예요.

● 회사와 맡은 업무를 소개해 주세요.

(주)인코리아는 IT솔루션 개발 및 IT컨설팅, 시스템통합(SI), 웹 사이트 제작, 웹 호스팅, DB 구축, 전자상거래, B2B등 인터넷 총괄적인 분야의 사업을 하는 업체이며 저는 전략기획실 솔루션 개발팀 소속으로 회사 자체 솔루션 개발 업무를 담당하고 있습니다.

● 자주 들르는 웹 사이트는 어디인가요?

디자인 관련 사이트인 디자인정글(jungle.co.kr)과 디자인블루(www.designblue.co.kr)는 일과 관련해서 자주 들르고, 코리아 인터넷 닷컴(korea.internet.com), 다음 (www.daum.net), 벅스 뮤직 (http://www.bugsmusic.co.kr)에 자주 들릅니다.

● 현직에 있는 사람으로 지금 하고 있는 일의 장점과 단점을 말한다면 어떤 게 있을까요?

장점은 뭔가를 만들어 낸다는 것 자체를 들 수 있을 거 같아요. 그게 웹 디자인의 매력이자 장점이 아닌가 하고 있구요, 내가 만든 것이 다른 사람들로 하여금 인정과 감탄을 자아낼 때, 내가 만든 홈페이지가 홍보효과와 수익증대라는 이익을 창출해낼 때 그 기분은 정말 그 어떤 것과도 비교가 안 되지요. 그런데 하나, 슬픈 현실이 있는데요, 디자이너라고 항상 내 뜻대로 할 수는 없다는 것입니다.

● 지금 웹 디자인 계통의 흐름이 어떤가요?

초창기 인터넷 시대가 확장되면서 웹 디자이너의 수요가 참 많아졌지요. 그래서 웹 디자인 관련 툴만 다루면 디자이너로 칭해졌지만 지금은 한번쯤 거품이 가라앉으면서 그래픽 툴 기능사가 아닌 진정한 디자이너만 살아남는 웹 디자이너 재구성의 시점이 아닌가 싶어요

● 웹 디자이너들의 보수 수준은 어느 정도지요?

제가 지금 경력 1년 정도인데요, 연봉이 1,500~1,800만 원 선입니다. 대부분 이 정도인 것 같아요.

● 추천해줄 만한 교육기관이 있으신가요.?

제가 교육을 받았던 곳인데요, 이 일을 시작하는데 많은 도움이 되었기 때문에 추천해 드리고 싶네요. 경실련 하이텔 정보교육원입니다.

● 독학은 가능한가요?

독학이 불가능한 건 아니지만 풍부하고 신속한 정보공유를 위해서는 교육기관을 이용하는 것이 바람직하다고 생각합니다.

만일 독학을 하시려는 분들이 계시다면 색감, 디자인, 웹의 이해, 디자인 툴, 에디터 툴 등을 책과 인터넷 강좌를 통해서 숙지하시고, 원하는 사이트를 벤치마킹하여 사이트 디자인을 직접 따라해 보는 것도 한 방법일 듯 싶습니다.

● 웹 디자인을 하기 위해서 필수적으로 알아야 하는 것은 어떤 게 있을까요?

웹은 색 감각이 중요하기 때문에 색은 반드시 알아야 하구요, 최근 웹의 유행이 어떤지에 대한 것도 알아야 하구요, 드로잉 툴, 태그도 꼭 필요합니다.

● 웹 디자이너로 일할 수 있는 문은 넓은 편인가요?

교육기관을 통해서 많은 웹 디자이너들이 배출되었지만 아직도 디자이너가 부족한 상태인 듯합니다. 또 한편으로는 디자인을 전공한 사람들로 재구성되는 듯 싶기도 하구요. 하지만 무엇보다도 열심히 하는 사람에게 문은 항상 넓답니다.

● 웹 디자이너를 준비하는 사람들에게 한마디 해주세요.

웹 디자이너는 툴을 사용하는 기능을 지닌 기능사가 아닙니다. 자신만의 독창적인 디자인 감각을 익히는 데 더욱 더 힘을 써야 진정한 디자이너로서 살아남지 않을까요?!

웹 디자인과 관련된 직업

❶ 웹 매니저 (Web Manager)

웹 매니저는 디자인이 중요시되는 사이트의 웹 마스터라고 할 수 있습니다. 디자인에 대한 부분을 책임지는 것인데, 실제적 제작이나 구축의 업무에 좀더 비중을 두는 일을 하는 것이지요.

그런데 웹 매니저 명함을 걸고 일을 하는 선배들의 경우도 웹 매니저가 하는 일을 정확히 구분해서 똑 떨어지게 말해내는 사람은 드뭅니다. 그만큼 일의 구분이 거의 불가능하고 회사마다 하고 있는 일도 천차만별로 다양하기 때문이에요. 그렇지만 무조건 이 일 저 일 모두 다 한다고 하면 너무 난해하겠지요. 조금 쉽게 개념을 정리해 본다면 웹 디자이너와 웹 PD의 모습을 동시에 갖춰야 하는, 이를테면 웹 디자이너에서 한 걸음 발전한 모습으로 생각하시면 될 것입니다.

그리고 하는 일이 워낙 다양하기 때문에 웹 매니저를 전문적으로 교육하는 곳은 없습니다. 하지만 디자인 계열에 중점을 두는 만큼 디자인에 대한 공부를 하면서 웹 기획과 관리에 관한 부분을 꾸준히 공부해 두면 웹 매니저로 나설 수 있을 것입니다. 그렇기 때문에 지금 현재 웹 디자이너로 계신 분들이 한번 도전해볼 만한 분야이기도 합니다.

❷ 캐릭터 디자이너 (Character Designer)

요즘은 사이트가 정말 많이 다양해졌어요. 접속했을 때 사이트만의 특징적인 캐릭터를 선보이는 곳도 많은데, 캐릭터 디자이너

여러 가지 캐릭터와 캐릭터를 이용한 E-Card

들은 홈페이지 전체적인 디자인과는 전혀 별개로 요소요소나 배너의 캐릭터를 디자인합니다.

특히 E-Card 같은 경우 캐릭터 디자이너는 필수라고 할 수 있는데, 웹 디자이너가 캐릭터 디자이너까지 포괄하는 경우도 많지만 점점 구분해서 뽑는 경우가 많아지고 있습니다.

이용자들이 좋아할 만한 그림과 캐릭터를 개발하는 것이므로 좀더 미술적인 감각이 중요한 직업이고, 대체적으로 방향이 귀여운 그림이나 개인의 캐리커쳐를 선호하는 방향으로 가고 있기 때문에 그 방면에 재능이 있으신 분들은 한번 도전해볼 만한 분야입니다.

❸ 웹 코디네이터

코디네이터라고 하면 일단 연예인 얼굴이 먼저 떠오르는데, 연

예인을 꾸며주는, 전체적으로 이미지를 만들어 주는 사람들을 코디네이터라고 하지요.

웹 코디네이터도 하는 일이 비슷해요. 웹의 전체적인 이미지를 만들기 위한 일을 하는 사람이지요.

특히 외주 제작을 하는 경우에 웹 코디네이터의 임무가 막중해지는데요, 의뢰사가 원하는 사이트와 제작사가 만들고 있는 사이트가 일치할 수 있도록 중간에서 계속적으로 교통 정리를 해주는 것입니다.

또한 회사에 웹 프로그래머와 웹 디자이너가 같이 있으면 모르지만 그렇지 않은 경우 이 둘 사이에도 의견의 교류가 필요하겠지요. 웹 코디네이터는 이럴 때 서로 의견을 일치해서 보다 나은 웹 사이트가 구축될 수 있도록 조율하는 일을 한답니다.

이상하다구요? 하긴, 원칙적으로 하자면 의뢰사와 제작사가 직접 만나서 이야기를 해야 하고, 웹 프로그래머와 웹 디자이너가 직접 만나서 의견을 나눠야 하겠지요. 중간에 누가 끼어서 이야기를 전달하면 그게 더 힘들지 않을까 생각이 들 수도 있고요. 그런데 그렇게 둘이 알아서 하면 될 걸 무슨 웹 코디네이터까지 필요하냐고 할지 모르지만 이런 경우를 생각해 봅시다. 서로가 서로의 영역에 대해서 그리 잘 알고 있지 않다면 무조건 자신의 주장만 하다가 끝날 수 있잖아요.

실제로 웹 디자이너들이 가장 갑갑해 하는 일 중에 하나가 디자인에 대해서는 아무것도 모르면서 색을 더 이쁘게 할 수 없느냐, 그림을 더 실으면 안되느냐, 왜 그거밖에 안되느냐 등 이런 저런 요구를 할 때라고 합니다.

디자인에만 신경을 집중해도 모자랄 판에 그런 잡다한 일까지 신경 쓰다 보면 정말 스트레스 때문에 일 때려치우고 싶은 순간이 한두 번이 아니겠지요. 그래서 업무를 좀더 효율적으로 해나가기 위해서 웹 코디네이터가 탄생하게 된 것이랍니다. 서로의 의견을 가장 잘 전달할 수 있도록, 잘 이해하고 실제 작업에 반영할 수 있도록 중간자 역할을 하는 거지요.

실제로도 웹 코디네이터의 일 중에서 가장 많은 부분이 웹 디자이너와 웹 마스터, 혹은 의뢰사들과의 교류라고 합니다.

❹ 웹 코더 (Web Corder)와 웹 에디터 (Web Editor)

웹 제작시에 코딩 작업은 원래 웹 프로그래밍과 웹 디자인 영역에 속해 있는 부분이었는데, 점차 직업이 분화되면서 지금까지 대부분 웹 디자이너가 하던 코딩 작업을 전문적으로 하는 직업이 새로이 생겨나고 있습니다. 바로 웹 코더지요.

웹 코더가 생겨나면서부터 웹 디자이너는 그야말로 웹 사이트를 디자인하고 코딩하기 좋도록 쪼개어 놓는 일까지 하고, 그 다음부터 웹 코더들이 실질적인 코딩 작업으로 들어가는 것입니다.

웹 코딩 전문가들은 기본적인 문서를 HTML로 변환하고 입력하는 일을 주로 담당하고 있습니다.

홈페이지 구축의 가장 기본은 HTML 코딩이라고 할 수 있는데, 한동안 HTML의 약세로 코딩이 그리 중요하게 여겨지지 않았지만 최근 동적인 HTML 등장과 XML의 등장으로 코딩 전문가가 생겨나게 되었고 이제 웹 디자인 영역에서 독립된 영역으로 자리잡고 있습니다.

다음으로 웹 에디터를 볼 수 있는데, 웹 에디터는 그야말로 웹 운영에서 화면에 나오는 모든 것을 편집하고 관리하는 사람입니다. 사이트의 전체적인 구성과 배열을 기획하는 역할을 하고, 프레임 나누기와 메뉴판의 문구 결정에 이르기까지 이용자가 홈페이지에 접속했을 때 눈에 들어오는 모든 글자와 그림 등의 화면 배치와 구성을 담당합니다.

인터넷 문서 표준인 HTML을 편집하고 홈페이지 운영의 실제적인 역할을 맡고 있습니다. 그렇기 때문에 60여 가지에 이르는 인터넷 편집 툴을 능숙하게 사용할 줄 알아야 하지요.

웹 코더와 웹 에디터는 다루는 기술이 거의 같기 때문에 한 명이 모두 포괄하는 것도 가능합니다. 그럼, 웹 코더나 에디터들이 알아야 할 것들에 대해서 잠깐 살펴볼까요?

HTML (Hyper Text Markup Language)

웹 문서를 만드는 데 사용되는 표준 언어로써 웹 브라우저에서 보여지는 문자열을 담고 있으며 그것을 둘러싼 태그 형식으로 이루어져 있습니다. 이 HTML은 SGML(Standard Generalized Markup Language)에서 따온 것으로 제목, 문단, 목차, 그림 등의 하이퍼 텍스트를 멀티미디어를 통해 간단하게 하나의 고정된 문서를 보여 줄 수 있게 하는 언어입니다. 우리가 읽어내는 문자나 간단한 그림 등이 HTML로 구현되는 것이고, 홈페이지의 가장 기본이라고 할 수 있습니다.

JavaScript Language

자바 스크립트는 자바를 기반으로 한 객체지향의 스크립트 언어입니다. HTML 문서 사이에 직접 삽입이 되는 언어로써 HTML로만 짜여진 페이지를 보다 강력한 기능으로 만들 수가 있지요.

DHTML (Dynamic HTML)

동적 HTML이라 불리는 DHTML은 기존의 HTML이 구현한 정적인 문서에 동적인 생동감을 주고자 하는 목적에서 개발되었습니다. 이 동적 HTML은 별도의 플로그인 프로그램들이 없이도 간단하게 동적 기능을 처리할 수 있게 하고, 서버에 부담을 거의 주지 않는 방향에서 웹 페이지의 외형에 자유자재로 변화를 줄 수 있게 합니다.

VRML (Virtual Reality Modeling Language)

VRML 은 기존의 다른 것과 확연히 구분 가는 것이 3차원 가상 환경을 표현하고자 하는 언어입니다. 이 VRML은 기존의 언어나 툴과는 완전히 다른 형식인데, 애니메이션에 사운드 등을 함께 삽입하여 2차원 평면 방식이 아닌 3차원적 입체 방식의 서비스를 제공하게 한답니다.

XML (eXtensible Makup Language)

XML은 HTML 의 한계를 극복하고자 개발이 되었습니다. HTML의 한계는 지금 기존의 CGI JavaScript, Java, Flash, PHP, ASP, mp3와 함께 쓰이면서 점점 더 많은 태그를 포함해 가고 있

는데, 새로운 미디어의 등장과 신기술의 발전으로 HTML이 갖는 새로운 태그의 추가는 점차로 끝이 없는 확장과도 같은 것입니다. 이 XML은 기존 HTML의 성공적 요소들을 담고 있으면서도 HTML의 문제점을 보완하면서 새롭게 급부상을 하고 있는 언어입니다.

　　말하자면 웹 코더와 에디터는 웹 디자인 계열의 기술 전문가라고 할 수 있겠지요.
　　각 학원의 웹 디자인 과정을 수강하면 배울 수 있는데, 일단 웹 코더나 에디터가 되면 거기에서만 만족하지 말고 웹 디자이너나 웹 마스터에도 끊임없이 도전하도록 해보세요. 영역이 긴밀하게 연결되어 있기 때문에 노력한다면 하나씩 성취해 나가는 쾌감을 맛볼 수 있을 것입니다.

▶ **문의처**
현 디자인 아트스쿨　www.design-school.co.kr 02-765-7463
E4 디자인 학원　www.e4master.com 080-080-7973
중앙 컴퓨터 아트스쿨　www.choongang.co.kr 02-501-6110
매트로 산업 디자인　www.kdh.co.kr 02-727-5888
애드컴 디자인 아트스쿨　www.ad-com.co.kr 02-516-9660
A-one 디자인 아트스쿨　www.ado202.com 02-3446-2802
KMC　www.nic.or.kr

3. 웹 프로그래머 (홈을 짓는 건축 설계사)

인터넷에 대해서 이야기하자면 고개를 무의식적으로 끄덕일 만큼 가장 적당하게 설명한 말 두 가지가 떠오릅니다. "재미있지 않으면 인터넷이 아니다", "움직이지 않는 것은 인터넷이 아니다."

정보도 좋고 빠른 속도도 좋지만 재미가 없어서, 5분도 지나지 않아 하품만 나오고 그 안에서 1시간만 놀다 나오라는 말이 세상 그 무엇보다도 무서운 고문과 같이 느껴지는 사이트, 또 속도도 느리고 보기에도 지루하고 페이지 열리는데 한참인 사이트는 아마 웹상에서 퇴출 1순위겠지요.

여기 저기 다닐수록 신기하고 이곳저곳 들러서 보는 게 재미있기만 한, 이제 그만 밥 먹으라는 엄마의 말이 끔찍하게만 들리는 사이트, 인내심을 가지고 눈을 부릅뜨지만 노교수님 강의 시간보다 더 지겹게만 느껴지는 사이트, 이 둘의 차이는 어디서 나오는 걸까요? 누가 이 차이를 만들어 내는 걸까요?

(1) 프로그래머란

단어 그대로 하자면 프로그램을 짜는 사람이라고 간단히 말할

수 있습니다. 하지만 단지 프로그램을 짜는 것만으로는 설명할 수 없는 것이 이 프로그래머들입니다. 단지 프로그램을 짜는 것에서 끝나는 게 아니고 그 프로그램이 사람들과, 또 다른 여러 가지 상황들과 얼마나 잘 어울리면서 돌아가는지를 알아야 한다는 것이지요.

웹 프로그래머도 마찬가지입니다. 홈페이지가 만들어지려면 내용도 있어야 하고 눈에 확 띄는 디자인도 있어야 하지만 내용과 디자인을 잘 살리는 프로그램이 있어야 하니까요.

내용도 좋고 디자인도 좋은데 프로그램이 뒷받침되어 주지 않는다면 그 홈페이지는 성공한 홈페이지가 아닐 것입니다. 말하자면 프로그램과 디자인과 내용이 절묘하게 조화를 이루어야 잘 완성된 홈페이지가 나오는 것이지요.

그런데 웹 프로그래머라는 단어를 듣기 전에 우리는 게임 프로그래머, DB 프로그래머, OS 프로그래머 등⋯ 컴퓨터에 관련된 프로그래머라는 말을 아주 많이 들었습니다. 웹도 컴퓨터 안에서 나오는 거니까 이런 것들 다 거기서 거기가 아닐까 싶은데, 어떨까요? 비슷할까요?

프로그래머는 간단히 말하자면 시스템과 사용자와의 통역이라고 할 수 있습니다. 간단한 명령으로 시스템이 어떤 역할을 해낼 수 있도록 미리 명령 목록을 만들어 내는 사람이니까요.

그렇다면 그 많은 프로그래머의 관계는 어떻게 되는 걸까요?

일단 웹 프로그래머는 컴퓨터 프로그래머의 아들이라고 생각하면 될 것입니다. 웹이라는 것도 컴퓨터가 탄생시킨 거니까 컴퓨터라는 아버지의 귀여운 아들뻘이라고 생각하는 게 좋겠지요. 아버

지가 있다면 어떨까요? 형제들도 있겠지요. 같은 역할을 하고 있는데 다만 대상이 다를 뿐인 형제들, 한번 소개받아 볼까요?

프로그래머의 구분은, 먼저 사용하는 언어로써 구분할 수 있습니다.

어셈블리 프로그래머, C 프로그래머, Delphi 프로그래머, PHP 프로그래머, ASP 프로그래머 등으로 나눌 수 있지요. 그리고 만들고자 하는 대상으로 구분할 수 있는데, BIOS 프로그래머, 웹 프로그래머, DB 프로그래머, 게임 프로그래머 등이 여기에 속합니다.

또 자신의 언어를 사용하는 플랫폼(즉 OS)에 따라 구분할 수도 있지요. 리눅스 프로그래머, 윈도우 프로그래머, 유닉스 프로그래머 등이 있어요. 웹 프로그래머의 형제들 정말 많지요?

이러한 구분 영역은 절대적이기보다는 상대적인 개념들입니다. 즉 어느 한쪽만을 한다기보다 비중을 어디에 두느냐에 따라 달라지는 것이지요. 즉 윈도우 환경에서 C 언어를 가지고 테트리스라는 게임을 만드는 작업이 있을 때 이 프로젝트 진행 중에 보다 효율성을 가지기 위해서 C++ 언어가 쓰일 수도 있고 테트리스 게임을 네트워크 게임화하기 위해서는 서버를 리눅스로 하면서 프로그램을 제작할 수도 있다는 것입니다.

그럼 이중에서 우리 귀에 익숙한 몇 가지만 볼까요?

게임 프로그래머

먼저 말 그대로 게임에 관계된 프로그램을 짜는 사람입니다. 요즘 들어서는 자신의 컴에서 혼자 하는 게임보다는 네트워크상

으로 동시에 여럿이 게임을 하는 방식이 많은 추세라서 TCP/IP 와 같은 네트워크와 소켓 개념들에 대한 프로그래밍이 추가되어 보다 폭넓은 기술을 요구하고 있는 분야입니다.

OS 프로그래머

컴퓨터 하드웨어의 기본적인 프로그램을 짜는 사람입니다. 윈도우 등 우리가 이미 익숙하게 사용하는 PC에 깔린 프로그램을 짜는 사람들인데, 어떻게 보면 프로그래머 중에서 가장 중요하다고 할 수 있습니다. 가장 기본적이면서도 널리 사용되는 프로그램을 짰으니까요.

DB 프로그래머

DB에 관계된 프로그램을 짜는 사람입니다. 일반적으로 웹 프로그래머가 담당하기도 하는데 자료의 양이 많아질수록, 관리해야 할 중요성이 많을수록 DB를 관리하는 프로그래머를 따로 두는 경우가 많습니다. 방대한 양의 자료를 정확하고 빠르게 분석할 수 있도록 관리합니다. 예를 들어, 조회수가 많은 게시판이나 토론장, 또는 인력에 관계된 부분의 DB를 관리합니다.

웹 프로그래머가 함께 관리하던 것에서 점차 DB 프로그래머의 영역이 독립적으로 나뉘어지고 있답니다.

자, 여기까지 웹 프로그래머의 형제들 잘 보셨나요? 그렇다면

웹 프로그래머는 뭘 하는 걸까요? 다른 형제들을 보셨으니 어느 정도 감이 잡힐 것입니다.

웹 프로그래머는 한마디로 말해 인터넷 홈페이지와 사용자를 연결해 주는 사람이라고 할 수 있습니다. 고정되어 있는 HTML을 보여주는 사이트에 생명을 불어넣어 이용자에게 제공하는 사람이라고 할 수 있지요. 즉, 사용자가 홈페이지에 들어왔을 때 사용에 불편함이 없이 이곳저곳 둘러볼 수 있도록 미리 명령을 짜놓아 배려해 주는 사람을 말합니다.

이런 프로그래밍의 발전으로 초기의 Guest book이나 게시판처럼 정적인 것에서부터 오늘 날 채팅, 동영상, 게임 등과 같이 양방향적이고 동적인 것까지 가능하게 되었는데, 우리가 사이트에 들어갔을 때 동영상을 보는 것부터 시작해서 웹을 통한 쌍방간의 교류가 가능한 것도 이러한 프로그램이 있기 때문이지요. 즉, 프로그래머들이 있기 때문에 사용자들이 웹에 요구한 것에 대한 해답이 나올 수 있는 것이고 선택 영역이 넓어지는 것입니다.

그런데 우리가 사이트에 접속했을 때, 이곳저곳 클릭해서 열어보는 것이 이용자 입장에서는 쉬운 일이지만 프로그램을 짜는 입장에서는 절대 쉬운 게 아니겠지요. 클릭 한 번에 다른 페이지가 열리는 몇 초 동안 컴퓨터 안에서는 아마 이런 저런 명령어가 왔다갔다 하면서 다른 페이지를 끄집어낼 테니까요. 그거 생각한다면 페이지 늦게 뜬다고 컴 구박하면 안되는 건데, 워낙 바쁜 세상이라서……

그 프로그램이 제대로 작동하지 않는다면 어떻게 될까요? 아마 홈페이지 제대로 보기 힘들어질 겁니다. 문 앞에 서 있는 것은 디

자인이지만 문을 열고 들어갔을 때 편히 둘러볼 수 있도록 해주는
건 프로그램이니까요.

그러니까 앞으로 너무 컴 구박하지 말고, 인터넷 세상을 열어주
는 웹 프로그래머들, 격려해 주도록 합시다!

(2) 웹 프로그래머의 자질

웹 프로그래머는 다른 어떤 직업보다 일단 체력이 강해야 합니
다. 프로그램 짜는 데만 몇 날 며칠 걸리기도 하고 프로그램 에러
가 났을 때도 또 몇 날 며칠 밤샘 작업을 해야 하니까요. 체력이
뒷받침해 주지 않으면 일이고 뭐고 할 수 없습니다. 흔히 말하듯
지식산업의 3D 업종이지요.

그런데 몸만 튼튼하다고 웹 프로그래머가 될 수 있다면 최고의
웹 프로그래머는 우리의 우직한 돌쇠 쯤이 적격이겠지만, 몸만 가
지고 부딪쳐서 된다면 그건 웹 프로그래머라는 멋진 이름보다는
머슴이라고 부르는 게 옳겠지요.

체력은 기본이고 다른 어떤 직종보다 컴퓨터에 밝고, 인터넷에
밝아야 합니다. 직접적으로 컴퓨터와 부딪치는 직종이고 이용자
가 컴퓨터를 편하게 사용할 수 있도록 미리 명령어를 짜 넣는 사
람이니까 당연하지요.

예를 들어 집에 손님이 찾아왔을 때 집 구석구석을 잘 아는 호
스트가 손님맞이 준비를 하고 손님을 맞아야 손님들이 편안하게
집에서 쉴 수가 있겠지요. 화장실이 어디에 있는지, 쓸 이불은 어

디에 있는지, 잠은 어디에서 자야 하는지 손님이 직접 일일이 찾아서 해결해야 한다면 아마 그 집에 다시는 가고 싶지 않을 것입니다.

홈페이지도 마찬가지입니다. 아무리 요즘 인터넷 이용자들이 기하급수적으로 늘어난다고 하더라도 제대로 되지 않는 사이트에 찾아올 사람들까지 늘어나는 건 아닙니다. 이용하기 편하고, 그러면서도 재미있고, 화면도 호감이 가는, 그런 사이트나 이용자들로 만원이지, 이용하기도 불편하고 재미도 없고, 화면도 그저 그런 사이트는 만원은커녕 썰렁해서 금방 문 닫기 쉬울 것입니다.

그렇기 때문에 컴퓨터와 인터넷을 잘 아는 사람들이면 웹 프로그래머 자리에 한번 도전해 볼 만합니다.

또 기본적으로 프로그래밍을 잘하는 사람이어야 합니다. 도대체 아무리 보고 읽어도 이게 뭔지 고개만 갸웃거리는 사람, 프로그램 하나 구현하는 데 있는 인상 없는 인상 다 써 가면서 만드는 사람, 프로그램 짜면서도 이걸 내가 도대체 왜 하고 있는지 도무지 이해하지 못하는 사람은 일단 그대로 의자에서 일어나 돌아나가는 것이 좋을 것입니다.

그러나 실력이고 재능이고 다 떠나서 이 프로그래머가 될 때 가장 필요한 것은 프로그래밍을 재미있게 받아들여야 한다는 것입니다.

프로그램 짜는 게 랍스터 정식 먹는 것보다 더 신나는 사람들, 한국말보다 프로그래밍 언어가 더 자연스러운 사람들, '자바' 라는 말을 들었을 때 커피보다 프로그래밍 언어를 먼저 떠올리면서 침을 꿀꺽 삼키는 사람들은 웹 프로그래머에 도전해도 좋을 것 같습니다. 물론 처음부터 프로그래밍에 재미 붙이는 사람도 없고, 관심 있어서 이제 시작하려는 사람들도 프로그래밍 언어에 대해서는 잘 알지 못할 것입니다.

우리 함께 이제부터 프로그래머가 알아야 하는 것들에 대해서 찬찬히 살펴볼까요?

(3) 웹 프로그래머가 알아야 하는 것들

웹 프로그래머가 알아야 하는 것들은 무엇보다 일단 프로그래밍 언어에 관한 것입니다. 프로그래머의 일은 자신의 목적을 어떤 언어나 프로그래밍 툴로 표현하느냐에 따라서 정말 다양하게 나누어집니다. 기존의 기본적인 컴퓨터 프로그래밍 언어에, 새롭게 등장하고 있는 언어들까지 뭐가 있는지 알아야 일단 프로그래머를 고민하든지 말든지 할 테니까요. 일단 일반 프로그램 하면 C 언어를 대표로 내세웁니다. 응용 윈도우즈의 프로그램에는 비주얼 C++이 많이 쓰이고 DB 프로그래밍에는 최근에 가장 많이 쓰는 마이크로 소프트의 비주얼 베이직이나 델파이, 파워 빌더 등의 툴이 주로 사용되지요. 그리고 우리가 알고자 하는 웹 프로그래밍에는 C언어, ASP, PHP, JAVA, Perl 등이 많이 쓰입니다. 기존의 프로그래머들은 자신이 즐겨 사용하는 언어나 툴 한두 개만 잘 알면 가능했지만 웹 프로그래머는 자신이 전문적으로 다루는 언어는 기본이고 다양한 언어, 다양한 기술, 다양한 툴 등 모든 것들을 잘 알아야 합니다. 어렵다고요? 그럼 이제부터 차근차근

어떤 것이 있는지 간단하게 알아보겠습니다.

C 언어

모든 방식들 중에 가장 오래된 역사를 가지고 있습니다. 보안의 문제 등이 제기되고 훨씬 쉽게 구현해 내는 다른 방법이 생겨나면서 현재는 조금씩 쓰이고 있지요.

보통 이 C 는 프로그램 개념을 정리하고자 하는 목적으로 배우게 되는데, 자신이 C 언어를 정복하여 능수 능란하게 쓰고자 한다면 이하 언어들보다 가장 강력한 언어가 될 것입니다. 하지만 그 정도의 경지에 오르기가 과연 쉬울까요?

가장 기초적이면서도 가장 중요한 언어인 반면에 간단하게 한 두 달 학원에서 뚝딱 배워 정복할 수 있는 언어가 절대 아닙니다.

Perl

1987년에 처음 선을 보인 Perl(Practical Extraction and Report Language)은 웹 전용 프로그램 언어는 아니지만 빠르고 간편하게 사이트를 최적화할 수 있기 때문에 여러 유명 사이트에서 Perl 언어를 사용해서 사이트를 제작하고 있습니다.

웹 전용 언어들에 비하여는 어려운 편이지만 상대적으로 C보다 쉽고, 응용과 가변성이 풍부하면서 C와 같이 메모리 제어 문제 등을 신경 쓰지 않아도 되는 장점이 있습니다.

PHP, ASP

웹을 위하여 탄생된 프로그래밍 언어로 게시판을 만드는 등의 프로그램에 가장 적합합니다. 쉽고 빠르게 원하는 프로그램을 만들 수 있다는 장점이 있어서 빠르게 퍼져 나가고 있지요.

PHP

아파치 웹 서버와 주로 접목이 되어 작동이 되는 PHP(Professional HTML Processor)는 Perl 보다도 배우기 쉽고 접근하기 쉬운 언어입니다. 운영체계에 대한 제한은 없지만 주로 리눅스나 유닉스 기반의 컴퓨터에서 아파치와 함께 연동해서 많이 쓰이고, 간결성과 사용의 편리함, 빠른 속도로 인해 그 사용 범위가 점점 넓어지고 있습니다.

ASP

윈도우 계열의 IIS(Internet Information Server)와 함께 발전하면서 많이 쓰이고 있는 언어입니다. MS 익스플로러가 서버측뿐만 아니라 범용적으로 웹 브라우저를 선점하면서 더욱 그 중요성이 강조되는 언어지요. 웹 전용 언어로서 다른 언어에 비하여 간결하고 쉽게 사용할 수 있는 장점이 있습니다.

Java

기존의 언어들과는 그 개념에서 가장 독특하다고 할 수 있는 언어입니다.

독립적인 프로그램으로 서로 다른 플랫폼에서 함께 작동할 수 있게 한다는 목적으로 만들어진 언어인데, 웹 전용 언어는 아니지만 어떠한 플랫폼에서도 홈페이지를 보여주어야 한다는 개념을 가지고 있는 웹과 잘 부합되어 점차 각광을 받고 있습니다.

초기에 문제시 되던 속도 문제가 해결되어 감에 따라 그 사용 범위가 점점 넓어지고 있고, 기존 서버 차원에서 모은 결과가 이루어져 돌아가는 형식으로 웹상에서 게임이나 채팅이 이루어지는 경우 많은 부분이 Java로 이루어져 있습니다.

그밖에도 Cold Fusion, Python 등과 같이 보다 많은 언어들이 있지만 많이 쓰이는 언어들만 살펴보았습니다.

정리해 보자면 C 언어는 지금은 많이 쓰이지 않지만 기본적으로 알아두어야 하는 언어인데, 그 이유는 모든 언어들의 출발이 C에서 시작했기 때문입니다. C를 알게 되면 프로그램의 작동 원리를 알게 되어 보다 좋은 프로그램을 짤 수 있으니까요.

또, 쉽게 만들 수 있는 장점을 가진 PHP 언어와 인터렉티브한 사이트를 만들기에 좋은 자바가 현재 많이 쓰이고 있습니다.

(4) 웹 프로그래머의 전망과 보수

인터넷이 대안으로 떠오르는 시대에 웹 관련 직종의 주가가 큰 폭으로 뛰고 있는 것은 당연합니다. 그런데 그 중에 웹 프로그래머는 특히 다른 어떤 웹 직종보다 탁월하게 연일 상한가를 치고 있습니다. 왜일까요?

인터넷이 우리 사회에 처음 들어왔을 때는 일단, 웹이라는 자체가 너무 신기했기 때문에 그 자체만으로도 첨단을 걸었습니다. 별 볼거리나 내용이 없다고 하더라도 존재하는 자체만으로 집중의 대상이었으니까요. 그래서 가장 기본적인 프로그램과 디자인으로도 가능했기 때문에 그 당시 웹에 관계된 직종은 웹 마스터 하나면 충분했다고 합니다. 웹 마스터가 웹 서버를 관리하고 프로그래밍 하는 시스템 관리자를 의미했다고 하니까요.

그러다가 점차 다가오는 새 시대에는 웹이 대안이라는 인식이 확산되면서 너도나도 웹에 뛰어들게 되자, 사이트는 사람들 시선을 확 잡아끌기 위한 디자인 중심으로 변하게 되었습니다. 최근까지도 이런 경향이 많았지요.

웹 기술이 정말 엄청나게 발달하고 있습니다. 전자 상거래 사이트만 들어가 봐도 그 발전을 알 수 있는데, 초기에는 밋밋한 사진 한 장으로 상품 홍보를 하던 것이 어느 순간에 줌까지, 그리고 이제는 점차 3D까지 가능해지고 있으니까요.

또 자판을 두드리는 것에서 이제 음성 언어 인식으로 바뀐다고 하니 그 발전은 지금까지보다 훨씬 더 빨라질 겁니다.

이러한 변화 속에서 사이트 역시 과거 디자인 중심에서 다시 프로그램 기능 중심으로 바뀌어져 가고 있어요. 이제 디자인에 관한 인식은 어느 정도 되었기 때문에 얼마나 신기술을 사이트에 구현시키느냐가 관건이 되고 있어, 대부분 회사에서는 괜찮은 프로그래머들을 눈에 불을 켜고 찾고 있습니다.

보수는 경력 2년차 정도면 연봉으로 2,200만 원 정도를 받는다고 합니다. 하지만 당장 받는 연봉보다는 그 연봉이 어떻게 불어나가느냐를 생각해야겠지요? 물론 그건 자기가 얼마만큼 하느냐에 따라 달렸겠지요.

(5) 웹 프로그래머가 되는 길

웹 프로그래머가 되려면 컴퓨터와 인터넷에 대한 기본 지식이 있어야 하니까 컴퓨터 관련 학과를 나오는 게 유리합니다. 그러나 컴퓨터 관련 학과를 나왔다고 해서 그것만 가지고 웹 프로그래머가 되는 것은 어렵습니다. 그보다 더 중요한 것은 프로그래밍 언어와 툴 등에 대해서 잘 알아야 하니까요. 컴퓨터 관련 전공이 아니라고 하더라도 관심을 많이 가지고 있고, 거기에 프로그래밍에 관련된 공부를 열심히 한다면 웹 프로그래머가 되는 길은 충분히 넓습니다.

책도 많이 나와 있고 요즘은 정보도 많이 주어지니까 독학을 할 수도 있습니다. 어려워 보이기는 하지만 독학으로 웹 프로그래머 세계에 우뚝 서 계신 분들도 많이 있거든요.

그러나 여러 가지 프로그래밍 언어나 툴이 어렵게 느껴진다면

학원 수강을 생각해 보는 것이 좋습니다. 학원에서 각 언어에 대한 수강을 해서 어느 정도 지식을 가진 후에 독자적으로 더 전문적인 지식을 익혀 나간다면 너도나도 못 데려가서 안달을 할 웹 프로그래머가 될 수 있으니까요.

일단 학원을 선택할 때는 여러 가지 언어에 대해서 알려주는 학원을 다닐 것인가, 한 언어를 전문적으로 가르치는 학원을 다닐 것인가를 고민해야 합니다. 만약 여러 가지 언어를 가르치는 학원이라면 좀더 잘 가르치는 언어가 무엇이 있는지, 있다면 어떤 것인지를 생각해 봐야 합니다.

웹 프로그래머는 기존의 프로그래머와는 달라서 여러 가지 프로그래밍 언어를 습득해야 하고, 또 그 중에서 자신의 전문 분야를 찾아야 하기 때문에 어떤 학원을 선택할지, 어떤 언어를 전문적으로 공부할 것인지에 대해서 꼼꼼이 생각해 봐야 합니다.

또 웹 프로그래머 자격증을 따는 것도 한 방법인데, 웹 프로그래머 자격 인증 시험은 3급(Beginner) / 2급(Intermediate) / 1급(Expert)으로 나뉘어져 있고, Web Programmer Certified(WPC)라고 해서 인터넷 이용 활성화와 국내 인터넷 전문 인력 양성을 위해 정부 산하 기관인 한국정보기술연구원(KITRI)에서 실시합니다. 2000년에 첫 시험이 있었고, 이 시험에 통과해서 자격증을 얻으면 입사 및 진급시 가산점 혜택을 주니까 자신의 실력도 한번 시험해 볼 겸 도전해 보는 것도 좋겠지요.

시험 과목은 인터넷 기초 30%, 네트워크 10%, HTML 30%, Java Script 20%, OS 개념 10%의 다섯 가지이고 1차 온라인 시험과 2차 소집 시험을 봅니다.

　생긴 지 얼마 안 되었기 때문에 아직 자격증을 가지고 있는 사람이 그리 많지는 않으므로 자격증을 갖게 되면 좀더 경쟁력을 갖출 수 있을 것입니다.

　웹 프로그래머가 등장한 지 얼마 되지 않아서 그런지 실제적으로 현직에서 활동하는 분들 중 처음부터 웹 프로그래머라는 이름으로 시작한 분들은 그리 많지 않습니다. 그보다는 프로그래머에서 웹 프로그래머로 영역을 넓히신 분들이 많이 있지요. 프로그래밍에 흥미를 느껴 하나씩 알아가다가 점점 전문가가 된 경우입니다.

　이런 분들이 많기 때문에 웹 프로그래머가 서버 관리나 DB 프로그래머 영역까지 같이 하는 경우도 많고 회사에서도 기술 쪽을 모두 담당해줄 관리자로서의 웹 프로그래머를 찾기도 합니다.

　그 모든 일을 다 어떻게 할 수 있을지 막막하다고 느끼시는 분들도 계실 것입니다. 하지만 앞에서 말했듯이 모두 한 아버지 밑에서 태어난 다정한 형제들이라고 생각하고 기본부터 차근차근 알아가다 보면 모든 영역을 넘나드는 전문가가 될 수 있습니다. 그러니까 지금부터라도 이마에 흰 수건 질끈 매고 노력해 보는 것이 가장 빠른 지름길입니다.

Q&A

⇨ **프로그래머와 웹 프로그래머의 차이가 뭐지요?**

: 기존의 프로그래머가 좀더 전문화된 것으로 웹상의 프로그래밍을 책임지는 사람을 웹 프로그래머라고 합니다. 기존의 프로그래머는 PC상에서의 프로그램밍을 하는 OS 프로그래머나 Device 프로그래머를 주로 가리켰는데 웹 프로그래머는 NetWork상의, 그러니까 PC와 PC가 연결된 상태의 프로그래밍을 하고 있습니다. 좀더 쉽게 말하자면 기존의 프로그램을 웹상에서 구현하는 사람을 웹 프로그래머라고 하면 이해하기 쉬울 것입니다.

⇨ **웹 프로그래머가 되려면 한 가지 언어만 잘 알면 안 되나요?**

: 한 가지 언어에 대해서 도사라고 할 만큼 잘 알고 있는 건 경쟁력 있는 웹 프로그래머가 되기에 대단한 장점입니다. 그러나 웹이라는 게 한 가지 컴퓨터만 상대하는 것이 아니고 여러 컴퓨터의 연결이기 때문에 한 언어만을 가지고 구현해낼 수가 없습니다. 그렇기 때문에 한 가지 언어에 대해서 전문가가 되도록 하되 다른 언어들에 대해서도 기본 이상의 실력은 갖추고 있어야 합니다.

⇨ **웹 프로그래머와 DB 프로그래머는 어떻게 다른 거지요?**

: 웹 프로그래머는 웹상의 기본적인 프로그램들, 즉 채팅이나 게시판 등과 같은 직접적인 프로그램을 담당하는 사람이고 DB 프로그래머는 DB를 관리하는 사람입니다.

예를 들어 게시판을 프로그래밍한 후 게시판이 사용되면 올라온 내용들은 계속 있게 되지요. 이때, 이런 DB를 효과적으로 관리하는 프로그래밍을 짜는 것도 필요한데 이를 담당하는 사람이 DB 프로그래머입니다. 대부분 그 양이 많지 않은 경우 웹 프로그래머와 DB 프로그래머를 한 사람이 맡아서 하는 경우가 많은데, 그만큼 일이 많이 연결되어 있습니다. 그러나 DB의 양이 방대해지거나 전자 상거래와 같이 DB 관리가 중요한 사이트인 경우는 영역이 나뉘어져 있습니다.

▶ **문의처**

가나안 웹 스쿨 www.1004computer.com 02-3675-7147
현대 산업 디자인 학원 www.designs4ever.com
02-6203-8005

핸디소프트 02-3479-5584
삼성 멀티 캠퍼스 02-3429-5555
썬 교육 센터 02-3453-6602
비트 교육 센터 02-3486-3456

인/터/뷰

● 소개를 좀 해주시지요.

천리안 인터넷 컨텐츠 팀에서 일하고 있는 윤태완이라고 합니다.

● 그 동안 했던 일을 말씀해 주시겠어요?

— Terminal EDI 시스템 구축

— Global MNR 시스템 구축

— IBM A/S 400에서의 Java Platform 연구

— 천리안 인터넷 컨텐츠 빌링 시스템 구축

— inTVNet 인터넷 컨텐츠 빌링 시스템 구축

● 처음 일을 시작하려고 마음먹게 된 계기가 있었나요?

글쎄요, 누구나 그렇지만 앞으로의 전망을 보니 인터넷 컨텐츠 관련 분야의 전망도 있고 무엇보다 재미있을 것 같아서 시작했습니다. 대학교 1년 때 아래한글(HWP)을 보고 너무 반해서 그때부터 관심을 가지게 되었는데, 학교 컴퓨터실에서 밤늦게 컴퓨터 가지고 놀다가(?) 건물 현관이 닫혀 집에 못 간 경우도 있습니다.

● 학원을 다니거나 그와 관련된 공부를 하신 적이 있으세요?

특별히 학원을 다닌 적은 없습니다. 시중에 나와 있는 좋은 책을 보고 공부하고 직접 회사를 찾아가서 일을 받아다가 했어요. 실전에서 공부를 했다고 할까요? 일단 부딪쳐 보자는 마음으로 시작했습니다.

● 필요한 자질이 있다면 어떤 것이 있을까요?

어느 분야의 기술이든지 부단한 자기 노력이 필요하겠지만 특히 전산직은 다른 직업에 비해서 자기 노력이 많이 요구됩니다. 2-3년이 지나면 다른 기술에 밀려서 빛을 잃어버리는 경우가 많기 때문이지요. 또한 급격히 변화하는 전산기술 환경에 적극적으로 대처할 수 있는 적극적이고 긍정적인 자세가 필요합니다. 변화의 속도가 빨라 자칫 자신의 한계를 빨리 한정지어 버리는 경우가 많아, 주변에도 이 일을 하다가 다른 분야로 옮긴 친구가 몇 있지요.

● 대학에서의 전공이 도움이 됩니까?

대학에서는 정보관리, 경영정보 시스템을 전공했는데 많은 도움이 됩니다.

제 경우는 대학 때부터 경력과정에 맞게 과목을 신청해서 수강했어요. 그래서 다른 과(전산과, 전산통계학과) 수업도 많이 들었고, 도움이 안 되는 수업은 과감히 듣지 않았습니다. 덕분에 학점이 그다지 좋지는 않지만 미래에 도움되는 일을 했다고 생각했습니다. 물론 지금 도움이 되고 있지요.

● 회사 소개와 맡은 업무를 소개해 주세요.

DACOM ST는 데이콤과 외국의 컨설팅 회사인 PWC가 합작해서 만든 회사입니다. 현재는 데이콤의 자회사로 되어 있고, 서구식 경영방식과 특화된 솔루션을 가지고 사업을 수행해 나가는 회사지요.

그 안에서 맡은 업무는 솔루션 사업본부내의 빌링 사업팀에 근무하면서 인터넷 컨텐츠 빌링 시스템을 개발/구축하고 있는데, 인터넷 컨텐츠 수익 모델인 컨텐츠 유료화에 필요한 빌링 엔진을 만들고 구축하는 업무를 맡고 있습니다.

● 자주 들르는 웹 사이트는…?

주로 신문과 www.micorsoft.com, www.java.sun.com과 같은 프로그램 사이트에 자주 들어갑니다.

● 현직에 있는 사람으로 지금 하고 있는 일의 장점과 단점을 말한다면?

웹 컨텐츠 빌링 시스템은 현재 인터넷 환경에서의 최첨단에 해당하는 것이기 때문에 전문가가 많이 부족해 가치를 극대화시킬 수 있는 장점이 있습니다. 하지만 남들이 아직 하지 않은 일을 하다 보니 기술적으로 어려움이 많이 존재하지요.

● 보수 수준은 어느 정도인가요?

이건 비밀인데… 알려지면 친구들이 술 사라고 전화하거든요. 중요한 건 자신이 특정분야에서 기술을 인정받은 순간부터는 자신의 연봉이 자신도 모르게 커집니다. 이 정도면 되겠죠.

● 추천해줄 만한 교육기관이 있나요?

우리 나라 학원이면 다 좋습니다. 중요한 건 학원이 아니라 본인의 하고자 하는 의지에 달려있으니까요

● 준비하는 사람들에게 해주고 싶은 말은?

항상 적극적인 자세를 가지고 노력하고 자신의 능력이 100이라고 한다면 남들에게는 120만큼 얘기를 하세요. 나머지 20은 노력하면 되니까요. 그래야 발전이 있죠.

4. 웹 서버 운영자 (홈과 홈 사이에 다리를 놓자)

인터넷이 첫 울음을 터트리면서부터 세상에는 또 하나의 공간이 생기기 시작했습니다. 컴퓨터와 컴퓨터가 만나 새로운 공간을 만들어 낸 것이지요. 우리가 사는 현실 세상, 땅과 하늘, 바다가 있는 공간이 아니라 그 안에 무엇이 있는지 끝을 알 수 없는 무한한 공간 말입니다.

아무 것도 없던 망망한 공간, 처음에는 곽곽한 황무지였겠지요. 그곳을 새로운 터전으로 개발하면서 오늘날 우리가 익숙하게 사용하고, 이제 없어서는 안될 인터넷 공간이 가능해졌습니다. 우리 삶의 영역은 인터넷을 개발하는 사람들로 인해 한층 더 어마어마하게 넓어지고 있습니다. 그런 일을 가능하게 한 사람들이 지금 우리가 알아보는 웹 직종에 있는 사람들입니다.

인터넷에 집 짓고 그 집을 예쁘게 꾸미고 그 집과 집에 다리를 놓으면서 살기 편리한 공간이 만들어지고 있는 것인데, 집을 짓고 꾸미는 일을 하는 사람들에 대해서는 이제 어느 정도 알게 되었으니까 이번에는 다리를 놓고 다리를 편하게 오고갈 수 있도록 하는 사람들에 대해 알아볼까요?

(1) 웹 서버 운영자란

　웹 서버 운영자는 웹 서버 관리자이기도 하고, 컴퓨터 프로그래머로 전산 업무 개발과 홈페이지 관리를 담당합니다. 인터넷상의 모든 홍보나 광고 등을 총괄적으로 계획, 운영하는 일을 하지요. 개인 홍보용 사이트에서부터 기업 홍보용, 인터넷 정보제공업체의 서버 관리, 그리고 웹 호스팅 서비스를 주로 합니다.

　그런데, 웹 서버 운영자에 대해서 이렇게 말하면 다들 한마디씩 하더군요. 그래, 웹 서버 운영자가 그런 일을 한다는 건 나도 아는데 서버 관리를 어떻게 하는 것인지, 웹 호스팅 서비스는 어떻게 하는 것인지, 그게 알고 싶다고… 그래서 이제부터 좀더 쉽게 설명해 보려고 합니다.

　웹 서버 운영자를 좀더 쉽게 이해하자면 서버와 클라이언트의 관계를 알아야 하는데, 서버라는 것은 특정 서비스를 제공해 주는 컴퓨터를 의미합니다. 이것이 http 서비스를 제공할 때 웹 서버라고 하는데, 이러한 서비스를 제공받아 이용해 주는 컴퓨터를 클라이언트라고 하지요.

　우리가 특정 사이트에 접속해서 정보를 얻어내는 것을 이 서버와 클라이언트의 교통 관계라고 할 수 있습니다. 우리가 인터넷을 이용하여 특정 사이트에 접속하려 할 때 일어나는 과정을 살펴보면, 일단 자신의 컴퓨터에서 익스플로러와 같은 웹 브라우저를 이용하고자 할 겁니다. 그 다음에 가고자 하는 사이트 주소를 직접 입력하거나 또는 링크된 곳을 클릭하여 이동할 텐데, 단순하게 보이는 이 작업 속에서 우리가 새로운 사이트에 접속할 때까지 얼마나 많은 일이 일어나는지 궁금하지요? 자세하게 살펴보도록 하겠습니다.

먼저 웹 브라우저에서 우리가 이동하고자 하는 주소를 입력하거나 링크 등을 눌렀을 때 익스플로러는 우리가 입력한 도메인 주소를 컴퓨터가 해석할 수 있는 ip 주소로 전환하기 위해 DNS 네임 서버에 문의하는 과정을 갖습니다. 그러면 이 DNS 서버는 주소에 대한 결과값을 익스플로러에게 전달해 주고 다시 웹 브라우저는 이 결과값의 주소로 접속을 시도하게 되는 것이지요.

이 상황을 확인할 수 있는 게 웹 브라우저에서 다른 사이트를 접속할 때 아래 부분을 보면 "접속중입니다"하고 나오는 순간에 잠깐 "210.217.214.151에 접속을 시도합니다"와 같은 메시지가 뜨는 것입니다. 오늘 인터넷 들어가면 한번 확인해 보세요. 순식간에 지나가니까 눈 크게 뜨고 보시고요.

우선 여기까지는 서버 측과는 무관하게 이루어지는 작업이고, 웹 브라우저의 접속이 웹 서버로 연결되면 웹 브라우저는 웹 서버에게 홈페이지를 보여달라고 요청하게 됩니다. 이 요청을 받은 웹 서버는 설정에 따라 기존의 html 페이지만을 보여주거나 또는 각종 DB 등에 담겨진 데이터를 각종 웹 프로그램들과 함께 그때 그때 유동적인 html로 전환해서 보여주는 역할을 하는 것입니다.

여기서 볼 수 있듯이 서버라는 것은 서비스를 제공하는 컴퓨터 또는 프로그램을 의미하는 것이지요. 표로 보면 다음과 같습니다.

클라이언트 네임 서버로 IP 주소 문의(예. www.sarang.net = 210.217.214.151) ⇨ 인터넷망 ⇨ 접속 사이트 컴퓨터 운영체계 ⇨ 접속 사이트의 웹 서버 ⇨ 접속사이트 웹 프로그램 ⇨ 접속 사이트의 DB 서버 ⇨ 접속사이트 웹 프로그램 ⇨ 접속 사이트 웹 서버의 결과 정보 ⇨ 클라이언트

한번 클릭하면 바로바로 떠오르는 페이지의 뒷면에 이런 복잡한 일들이 벌어지고 있었다니 놀랍지요? 그런데 이렇게 서버와 클라이언트 사이에 사고가 생긴다든지 병목 현상으로 흐름이 제대로 이루어지지 않는다면 교통의 흐름이 원활하지 않겠지요. 중간에 가는 길이 뚝 끊기면서 그때는 '사용중지. 다른 길로 돌아가세요' 라는 문구가 나올 것입니다.

이처럼 한순간에 이용자가 몰릴 때, 또는 네트워크 회선이 불안할 경우는 도로의 병목 현상으로 이해하면 되는데, 이런 현상을 네트워크 트래픽이 증가했다고 표현합니다.

또 웹 서버 자체가 여러 가지 문제로 인해 다운이 된 경우에도 접속이 안되겠지요. 어제까지만 해도 잘 접속되던 사이트가 다음날 들어가 보면 'Forbidden', 또는 '요청하신 페이지를 찾을 수 없습니다' 라는 메세지가 뜨는 경우를 보셨을 것입니다. 이럴 때는 크게 두 가지 방향에서 문제점이 있을 수 있는데, 먼저 우리가 주소를 문의하려 했던 DNS 서버에 문제가 발생했거나 또는 우리가 접속하려고 하는 웹 서버에 문제가 생기거나 서버를 폐쇄한 경우라고 생각하시면 됩니다.

자, 그러면 웹 서버에 대해 알았을 테니까 웹 서버 관리자는 어떤 일을 하는 지도 아시겠지요? 병목 현상으로 서버가 다운되지 않도록, 서버에 문제가 생겨서 클라이언트의 요청을 듣지 못하는 경우가 없도록, 서버를 폐쇄하는 경우가 생기지 않도록 끊임없이 서버를 지켜주는 사람입니다. 이제 정확해졌나요?

(2) 웹 서버 운영자가 하는 일

웹 서버 운영자는 가장 기본적으로 개인이나 기업의 홈페이지 서버를 관리하는 일을 합니다. 아까 말한 것처럼 접속했을 때 요청에 바로바로 응답할 수 있도록, 갑자기 많은 사람들이 몰려도 끄떡없게, 사고가 생기지 않고 모든 사람들이 편히 오고갈 수 있도록 하는 것이지요. 그런데 웹 서버 운영자의 경우 커뮤니티가 활발한 사이트나 전자상거래 사이트에서 그 진가를 발휘할 수 있습니다. 물론 다른 사이트에서도 서버가 건강해야 한다는 건 당연하지만 커뮤니티가 활발한 사이트의 경우 서버가 정상적으로 작동하지 않아서 불편함을 느낀다면 이용자들이 집단적으로 다른 사이트로 옮겨가게 될 테니까요.

전자상거래 사이트 역시 이용자들과 직접적으로 관계를 형성하는 것이기 때문에 서버 운영은 굉장히 중요합니다. 상품을 써치하고 결재 시스템까지 일괄적으로 가는 것이 이루어져야 하는데 중간에 서버가 제대로 작동하지 않아서 에러가 난다면 치명적일 수 있으니까요.

또 최근에 웹 서버 운영자는 웹 호스팅 서비스에서 두드러지게

각광받고 있습니다. 웹 호스팅 서비스란 서버를 대여하고 관리해주는 것을 말하는데, 독자적으로 자신의 사이트를 갖기에 부담이 되는 경우나 초창기에 많이 이용하고 있지요.

이런 경우 웹 서버 운영자는 여러 사이트의 서버를 관리하게 되는데, 각 사이트의 특징에 따라 적절한 관리가 이루어져야 하고 365일 사이트의 숨이 꺼지지 않도록 눈에 불을 켜고 살펴야 하겠지요.

여기에서 재미있는 사실은 어느 정도 거대한 사이트들은 컴퓨터 하나에 웹 서버 하나로만 이루어져 있지 않다는 사실입니다.

서버란 것도 하나의 기계이고 프로그램이기 때문에 실수나 오작동 등으로 꺼질 수 있잖아요. 그렇기 때문에 이런 위험 부담을 줄이고자 주식에서의 분산투자와 같이 여러 대의 컴퓨터를 묶어서 서비스를 제공하고 있답니다. 마이크로 소프트 같은 사이트가 다운되면 자신들의 운영 체계의 안정성을 선전하는 데 커다란 충격일 테니까요.

www.microsoft.com 사이트도 잘 들여다보면 4개의 주소를 가지고 각각의 컴퓨터를 분산해서 동일하게 돌아가게 하는 것을 알 수 있습니다.

(3) 웹 서버 운영자가 알아야 하는 것들

하물며 쵸코파이도 여러 회사에서 나오고 매실 음료 하나도 이름을 다 댈 수 없을 만큼 많은데 서버라고 천상천하 유아독존으로 독야청청하지는 않겠지요.

현재 사용되고 있는 여러 종류의 서버 중에서 상위 세 가지의 웹 서버를 살펴봅시다.

APACHE

현재 웹 서버 중에서 가장 대표적인 웹 서버이며 전세계적으로 60% 가량 사용되고 있습니다.

Open Sourse로 공개되어 누구나 무료로 자유롭게 이용할 수 있는 웹 서버이고, 리눅스나 유닉스 기반에서 주로 사용되고 NT나 Windos 2000 등에서도 사용할 수 있습니다.

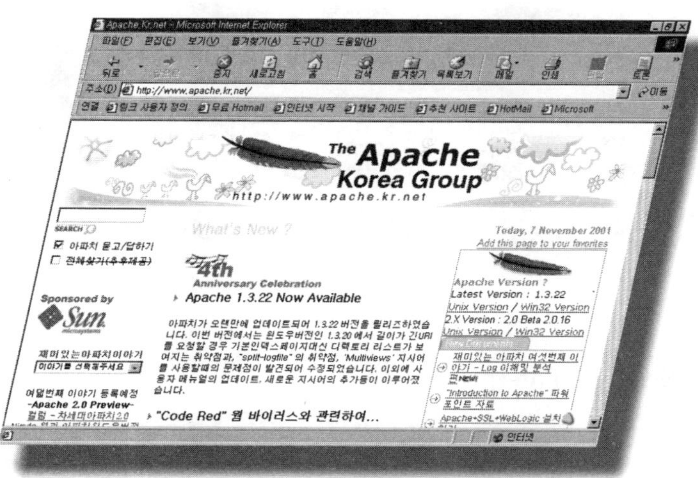

Microsoft-IIS(Internet Infromation Server)

MS에서 제작된 웹 서버로 MS사의 NT나 Window 2000 등 MS 기반의 OS에서만 작동합니다. 기존의 웹 브라우저로 쓰이는 MS 익스플로러의 득세와 함께 ASP에 의해 초기 웹 서버 점유율을 빠른 속도로 잠식하고 있고 APACHE에 이어 두 번째로 많이 쓰이는 웹 서버입니다.

Netscape-Enterprise

상용 웹 서버로 가장 많이 쓰이지만, 현재는 MS의 IIS에 의해 잠식되어 사용빈도가 무척 적어졌지요. 유닉스 기반에서 돌아갑니다.

  그런데 문제는 이중의 한 웹 서버를 전문적으로 안다고 해서 웹 서버 관리자가 될 수는 없다는 데 있습니다. 웹 서버 관리자는 하나의 컴퓨터를 관리하는 것이 아니라 연결되는 여러 컴퓨터와의 교통 관계 즉 네트워크를 알아야 하기 때문이지요.

  거기다가 만약 웹 호스팅 서비스를 하는 업체에 취업을 했을 경우에 문제는 더욱 심각해집니다. 여러 사이트의 웹 서버를 관리해야 하기 때문이지요.

  웹 서버가 다 거기서 거기겠지, 물 없으면 우유 마시는 거 아냐? 했다가는 절대 오산입니다.

  APACHE와 IIS를 비교해 보면, APACHE를 쓰는 리눅스 또는 유닉스 웹 서버 관리자가 APACHE로 웹 서버를 관리할 줄 안다고 해서 윈도우 기반에서 쓰이는 IIS 서버도 관리할 줄 안다고 말할 수 없습니다. 왜냐하면 두 웹 서버의 상이한 구조나 관리 방식의

다른 점 때문이기도 하지만 이 둘이 이용되는 OS가 서로 다른 관리적 특성을 가지고 있기 때문이지요. 이 반대의 경우도 마찬가지이고요. 그렇기 때문에 어떤 환경에서든지 웹 서버를 관리할 수 있도록 각 웹 서버에 대한 지식을 가지고 있어야 합니다.

그리고 이외에도 일반적으로 웹 서버가 같이 이용하는 서버들이 있습니다. 독립적으로 이용되기는 하지만 특정 서비스를 제공해 주기 위해서 DB 서버나 메일 서버, FTP 서버 등을 함께 이용해서 요청된 서비스에 응답을 해야 할 때가 있습니다.

이용자가 요청을 했을 때, "난 그 서버 모르는데…"라고 대답하면 안 되겠지요. 최고의 환경을 위해서 웹 서버 관리자는 노력에 노력을 경주해야 합니다.

(4) 웹 서버 관리자의 매력과 전망

웹 서버 관리자는 웹에 관한 전문 기술자입니다. 그래서 다른 전문 기술자들처럼 출퇴근이 자유롭지요. 물론 회사에서 1일 9시간 근무체제로 일할 수도 있지만 웹 서버가 원활하게 돌아가기만 하면 되니까 재택 근무도 가능하고 프리랜서로 활동하는 것도 가능합니다. 어때요, 귀가 솔깃하지요?

특히나 요즘 신세대들은 돈도 돈이지만, 자기 시간을 많이 가질 수 있는 직업을 선호한다고 합니다. 할일만 마치면 자유롭게 자신의 시간을 가질 수 있는 프리랜서는 정말 매력적인 직업이지요. 물론 프리랜서라는 게 자칫 잘못하면 24시간 일에서 자유롭지 못할 수도 있지만, 자신이 알아서 시간을 활용할 수 있다는 것, 일하고 싶을 때 일할 수 있다는 것은 큰 장점임이 분명합니다.

더욱이 앞으로 인터넷 환경은 더욱 성장할 것이 확실한 만큼 웹 서버 관리자를 구하는 기업들은 많아질 것입니다. 웹 서버 관리자의 역할이 정말 너무너무 중요한 전자상거래 사이트도 이제 걸음마를 시작한 단계이니까요.

현재 임금 수준을 보면 초봉이 70~80만 원 정도라고 합니다. 에게, 겨우…? 라고 할지 모르겠지만, 지금 당장 받는 월급보다는 앞으로의 성장 가능성을 생각해 보세요.

(5) 웹 서버 운영자가 되는 길

일단 웹과 컴퓨터의 전문 기술자인 만큼 컴퓨터나 정보통신분야를 전공한 사람이 유리합니다. 그리고 다른 직업들보다 자격증을 갖추는 것이 중요한데, MSCE 자격증, 멀티미디어 컨텐츠 자격증, 정보처리기사 자격증 등을 가지고 있으면 취업에 좀더 유리합니다.

하지만, 취업보다 그 이후가 더 중요하다고 할 수 있습니다. 끊임없이 자신을 개발시켜서 누구나 찾는 웹 서버 운영자로서의 자질을 갖추지 않으면 중간에 도태되고 말 테니까요.

또, 웹 서버 관리자로서 중요한 것은 처음에는 자신의 영역을 웹 서버 관리자로 시작하더라도 하나의 웹 서버에 그치지 않고 네트워크 쪽으로 분야를 넓히는 것이 매우 중요합니다. 만약에 웹

디자인과 사이트 구축에 중심을 두고서 웹 서버 관리까지 하고자
하는 경우라면 다르겠지만 단순하게 웹 서버 관리자만 하겠다고
할 때는 스스로 그 입지를 좁히는 결과를 가져오게 되니까요. 프
로의 세계에서 스스로를 발전시키지 않으면 그 즉시 아마츄어가
되는 법입니다. 프로의 이름을 갖기 위해서는 스스로에 대한 채찍
질을 아파하면 안되겠지요.

▶ **문의처**
가감 멀티 웹 센터 www.artsweb.co.kr 02-3482-3382
가기 웹 마스터 학원 www.gagiweb.co.kr 02-6203-3306
강남 웹 정보 센터 www. k-artschool.co.kr 02-6203-3005
한국 기술 교육 대학 041-560-1258
한국 멀티 미디어 협회 멀티 미디어 교육 지원 센터
    02-3486-8240

Q & A

⇨ **컴퓨터에 관한 기술자라는 생각이 드는데요, 아무래도 기계에 대한 실력이 뛰어난 사람들이 유리하겠지요?**

: 현직에서 일하고 있는 사람들이 하는 말을 들어보면 아무리 기계를 잘 알고 만지는 사람이라고 할지라도 컴퓨터 자체보다는 네트워크에 대한 이해가 있는 사람들에게 유리한 일이라고 합니다.

말하자면 컴퓨터와 컴퓨터가 만나는 과정에서 좀더 빠르게 불편함 없이 만날 수 있도록 하는 일이므로, 그 관계를 잘 알고 있어야 하고 문제가 발생했을 때 빠르게 복구할 수 있어야 한다는 것이지요. 그렇기 때문에 계속적으로 발달하는 인터넷 기술을 익히기 위해서 끊임없이 노력해야 합니다. 아무리 지금 기술이 뛰어나다고 해도 그 기술이 1년 후까지 가능하지는 않거든요.

⇨ **웹 서버 과정을 들으려고 하는데요, 어떤 곳을 찾는 것이 좋을까요?**

: 크게 웹 서버라고 말을 하지만 그 중에서도 자신이 주로 다루는 기술이 무엇인지를 생각해야 합니다. 최근에는 리눅스를 많이 다루고 있으니까 리눅스 중심의 서버 교육 과정을 듣는 것도 좋겠지요.

하지만 세상에 있는 모든 컴퓨터가 리눅스 서버를 이용하는 것은 아니므로 그 외의 것에 대해서도 알고 있어야 합니다. 또 앞으로 새로 개발되는 것들에 대해서도 지식이 있어야 하니까 인터넷 이용 경향이 어떻게 변해 가는지 계속 살펴보면서 자신의 기술을 익혀야 합니다.

인/터/뷰

● 소개를 좀 해주세요.
이름은 김기태라고 하고, 지금 만 29세입니다.

● 그 동안 했던 일을 말씀해 주시겠어요?
www.linuxbank.co.kr을 제작했고, 경실련 학원 강사와 nugna.com 리눅스 개발팀장을 했습니다.

● 처음 일을 어떻게 시작하게 되었나요?
처음에는 리눅스를 취미(?)와 재미로 공부했었는데, 모 회사에서 취업 제의가 들어와서 일을 시작하게 되었습니다.

● 따로 준비한 건 있으셨나요?
재미있어서 이것저것 둘러본 정도이지, 특별히 준비한 것은 없습니다. 그러다가 지금까지 연결되어 직업이 되었지요.

● 대학에서의 전공이 도움이 됩니까?
저는 건축을 전공했는데, 전혀 별개의 것인 듯 보이지만 비슷한 점이 있어서 도움될 때가 많습니다. 건축설계 프로세스가 홈페이지 제작과정의 프로세스 진행과 유사하거든요.

● 일의 장점과 단점을 말한다면 어떤 것이 있을까요?
자유롭고 일하는 데 시간 분배를 스스로 할 수 있는 점이 좋습니다. 그리고 내가 재미있어서 하는 일이라 그런지 크게 불만은 없고요.

● 처음 일을 시작할 때와 지금의 보수를 알 수 있을까요?

처음에는 한 달에 100만 원 정도였는데 지금은 두 배 정도의 월급을 받고 있습니다.

● 기술 쪽에 관련된 일이라서 많이 어려울 거 같은데 독학은 가능한가요?

가능합니다. 자신이 얼마나 컴퓨터에 대해 알고 있는가에 따라 출발점이 다르다고 생각해요. 먼저 각종 통신 동호회 등에서 조언을 얻는 것이 좋을 것 같습니다. 정보 공유 등 여러 가지 유익한 점이 많을 것입니다. 그리고 자신이 하기로 마음먹은 것을 직접 해봐야 합니다. 혼자 했을 때 문제점은 자신이 혼자 이룬 것을 남에게 증명하는 일인데, 자신의 실력이 얼마만큼인가를 보여주는 것을 잊지마세요.

● 웹 서버 운영자의 미래를 어떻게 보시나요?

현재 인터넷 관련 인력은 아직도 많이 부족한 편입니다. 그러나 그 부족이 언제까지 갈지는 모르지요. 중요한 것은 이제 단순히 할 줄 안다는 정도로 통용되는 때는 곧 끝나고, 진정한 실력을 가진 사람들만이 살아남게 될 것입니다.

5. 웹 어드민 (홈을 지키는 문지기)

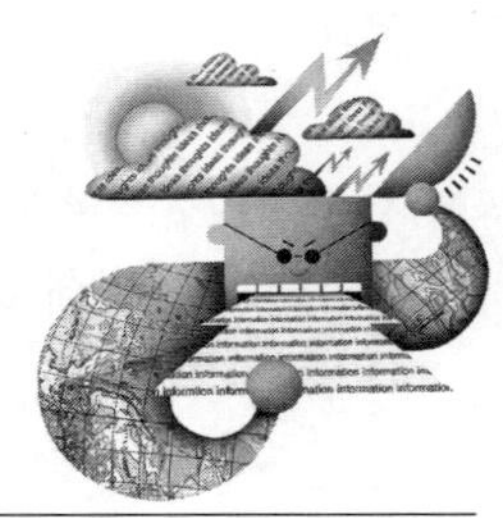

웹 직종이 인기를 끌고 있는 요즘, 가장 귀에 익숙한 웹 직종은 웹 마스터, 웹 디자이너, 웹 프로그래머 정도입니다. 최근에 웹 PD가 그 대열에 합류하기는 했지만 아직 그 이외의 직종들에 대해서는 별로 알려진 것이 없습니다.

이런 직종들의 이름은 알고 있어도 무슨 일을 하는지 정확히 아시는 분은 그리 많지 않을 것입니다. 그냥 대충 감으로 웹 엔지니어 하면 뭔가 스패너 하나 들고 있을 것 같고, 웹 매니저 하면 호텔 매니저가 먼저 떠오르시는 분들도 많을 것입니다. 그나마 엔지니어나 매니저라는 말은 들어보기라도 했으니까 어떤 이미지라도 떠오르지만, 어드민이라는 이름은 어떤가요? 뭔가 떠오르는 이미지가 있나요?

그렇다면 이제, 웹 어드민에 대해서 알아봅시다.

(1) 웹 어드민이란

홈페이지가 만들어지려면 프로그램, 디자인, 내용, 기획 등등의 것들이 오묘하게 조화를 이루며 하나가 되어야 합니다.

기술에서부터 내용에 이르기까지 모든 것이 한공간에서 구현되기 때문에 웹 직업을 가지고 있는 사람들은 화이트 칼라로도, 블루 칼라로도 분류할 수가 없지요. 그럼 뭐라고 부를까요? 얼마 전 퀴즈 프로 문제로도 출제되었는데, '골드 칼라' 라는 신조어로 부르지요. 기술과 내용을 모두 망라한다는, 그야말로 퓨전적인 직업입니다.

그렇다면 기본적으로 홈페이지가 어디에 자리잡는지 생각해 볼까요?

사이트가 만들어진다는 건, 일단 그 사이트가 만들어질 수 있는 공간이 있다는 겁니다. 공간이 있어야 사이트도 만들어지고, 그래야 프로그램도 만들어지고, 디자인, 코딩도 하는 거니까요.

사이트가 만들어지는 공간은 당연히 인터넷입니다. 컴퓨터와 컴퓨터가 만나는 곳, 네트워크입니다. 그 안에서 클릭하기만 하면 사이트로 연결되는 것입니다.

생활의 편리를 도모해주는 인터넷. 그렇다면 인터넷을 현실생활에 가능하게 한 주역은 누구일까요? 다름 아닌 엔지니어입니다. 또 계속해서 개발에 개발을 거듭하는 일도 엔지니어들이 있기에 가능한 것이지요. 이런 엔지니어의 대표격이 바로 어드민이라고 할 수 있습니다. 웹 엔지니어를 일반적으로 서버 관리자라고 부르는데, 영어로는 Server-Admin이라고 하지요.

하지만 대부분은 웹 마스터 중에서 기술 쪽을 담당하는 경우, 또는 기술 쪽이 중요시되는 웹 사이트의 웹 마스터를 어드민이라고 부르고 있습니다. 기술에 관계된 부분을 총괄적으로 관리하는 웹의 기술자. 그 이름하여 웹 어드민이랍니다!

사이트 구축의 핵심, 웹 어드민

웹 어드민은 하드웨어를 컨트롤하는 엔지니어라고 할 수 있습니다. 즉, 웹 사이트를 운영하는 데 필요한 하드웨어를 책임진다는 것이지요. 웹 프로그래머와 비교해 본다면 웹 프로그래머가 소프트웨어를 컨트롤하고, 웹 어드민은 하드웨어를 컨트롤한다고 할 수 있습니다.

친구들과 이런 농담도 해봤을 것입니다.

"넌 왜 그렇게 하드웨어가 부실하냐? 소프트웨어만 신경 쓰지 말고 하드웨어 관리 좀 해."

우리가 갖고 태어난 것들, 우리가 살아가는데 필요한 가장 기본적인 것들을 하드웨어라고 할 수 있습니다. 머리라든가, 심장 같은 내장기관들. 반면에 우리가 사는 것을 좀더 편리하게, 또는 폼나게 업그레이드 시키는 것들을 소프트웨어라고 할 수 있습니다. 가령, 옷이라든가 장신구들을 들 수 있습니다.

그런데 그 하드웨어들이 영구 불변히, 태어난 그대로의 깨끗하고 건강한 상태라면 좋지만 시간이 지날수록 이상이 생기게 마련이지요. 또는 바이러스의 침투로, 갑작스런 사고로 하드웨어가 고장날 수도 있고요. 이럴 때, 우리 몸이라면 의사들이 나서서 하드웨어를 고치거나 영 못 쓰겠다 싶으면 교체하거나 그래도 안 되면 장기 치료를 권합니다.

자, 그럼 여기에서 웹 어드민의 역할이 나옵니다. 우리 몸의 하드웨어를 만들어 내는 부모님, 그리고 우리 몸의 하드웨어가 고장났을 때 고쳐내는 의사, 이 두 가지 역할을 모두 웹 어드민이 하는 것이지요.

　그렇다고 웹 어드민 이외의 다른 직업들은 코 끝으로도 안 본다면 그것 또한 문제 있지요.

　왜냐하면 우리는 단지 먹고 생명을 연장해 나가는 것만을 위해 사는 건 아니니까요. 좀더 문화를 즐기고, 좀더 건강하고, 좀더 똑똑하고, 좀더 폼나게 한세상 살고 싶어하는 욕구가 있습니다. 그러려면 문화를 즐길 수 있도록 눈과 귀를 개발해야 하고 건강하기 위해서 운동도 해야 하고, 똑똑해지기 위해 공부도 해야 하고, 좀더 폼나기 위한 옷이랑 장신구도 적절하게 갖추어야 합니다.

　이때 귀와 눈을 개발하는 음악이나 영화, 비디오, 공부하기 위한 책들이 모두 소프트웨어가 되는 것이지요.

　사이트도 마찬가지입니다. 하드웨어는 그야말로 가장 기본적으로 사이트 구축을 위한 것이지 그것만 있다고 해서 사이트가 유지될 수는 없습니다. 더욱이 이용자들을 대상으로 한 사이트라면 끊임없이 소프트웨어를 개발해서 발전시켜야 하는 것입니다.

(2) 웹 어드민이 하는 일

　웹 어드민은 기술적인 부분에 좀더 비중을 두는 사이트의 웹 마스터라고 할 수 있습니다. 웹이 계속 건강하게 살아갈 수 있도록, 웹 사이트가 죽지 않도록 항상 보살피고 돌봐주는 일을 하는 것이지요.

　그 첫 번째가 이용자들이 편리하게 찾아올 수 있도록 서버를 관

리하는 것이지요. 찾아간 사이트의 서버가 자주 다운되고 접속이 제대로 이루어지지 않는다면 이용자들은 곧바로 발길을 돌려 다른 사이트를 찾게 될 테니까요.

또한 웹 어드민은 이용자의 편의와 동시에 웹 프로그래머의 편의도 생각해야 합니다. 시스템 관리에만 집중하다가 웹 프로그래머와의 조율이 이루어지지 않는다면 사이트 내부에서는 삐그덕거리는 불길한 신호음이 들리기 마련이니까요.

외부적으로는 고객들을 상대로, 내부적으로는 웹 프로그래머를 상대로 최적의 환경을 위해 힘쓰는 사람, 바로 웹 어드민입니다.

웹 어드민이 하는 일은 크게 두 가지로 나누어집니다. 서버 운영자와 시스템 엔지니어라고 할 수 있는데, 일에 거의 차이가 없어 한 사람이 같이 처리하는 곳도 있지만 일을 나눠서 보면, 서버 운영자의 경우 외부 사용자를 대상으로 시스템을 운영하는 반면에 시스템 엔지니어는 내부 사용자를 위해 시스템을 운영하는 것입니다. 만일 인터넷상의 사이트는 존재하지 않고 인트라넷만 있는 회사의 경우 시스템 엔지니어의 영역이 더 크지요.

물론 이 두 일 중에서 어떤 일이 더 중요하다거나 우선시 되거나 하는 경우는 없습니다. 둘 다 똑같이 중요합니다. 하지만 그래도 굳이 구분하자면 서버 운영자의 일이 약간, 그러니까 한 0.0001% 정도 더 중요하다고 할 수 있지요.

내부 사용자의 경우는 그래도 자기 회사 일이니까 서버가 다운되어 컴퓨터 접속이 어려워지고, 통신이 힘들어지더라도 하루 이틀 정도는 참아주지만, 외부 사용자의 경우, 하루는커녕 한 시간도 기다리기 힘들 테니까요.

얼마 전 어느 통신 회사는 서버가 다운되어 이용자들의 항의가 빗발쳐 온갖 애를 먹었다고 합니다. 이용하기 위해서 찾아간 사이트가 잘 안된다면 될 때까지 끝까지 기다릴 사람, 많지 않을 겁니다. 즉시 빠르고 잘되는 다른 사이트 찾아 삼만리를 할 테니까요. 서버를 제대로 관리하는 것! 정말 중요한 일이랍니다.

(3) 웹 어드민이 되는 길

웹 어드민은 기술 분야를 책임지는 만큼 기술 쪽에 밝아야 합니다. 기계나 기술 쪽, 정보 통신 쪽, 이공계 계통의 학과를 졸업한 사람들이 그만큼 유리합니다. 이렇게 컴퓨터의 기본 속성을 제대로 파악하면서 인터넷 환경을 잘 아는 사람들이 일단 바라볼 수 있는 일이라고 할 수 있습니다.

그런데 항상 말하지만 꼭 그런 학과를 졸업하지 않았다고 해도 가능한 일입니다. 국문과, 문예창작과 등 기계와는 전혀 상관이 없는 학과라고 할지라도 자신이 기계 쪽을 좋아하고 관심도 있다면 개인적으로 알아나가도 충분히 할 수 있는 분야입니다. 어릴 때부터 뭐든지 부수고 해부해 보고 다시 맞추는 거 좋아하는 사람들, 그렇게 기계에 특별한 관심을 쏟는 사람들에게 열려 있는 곳이라고 할 수 있습니다.

하지만 아무래도 기술 쪽에 관련되어 있는 일이다 보니, 계속 발달하는 신기술을 익혀야 하기 때문에 학원에서의 수강도 도움이 됩니다. 프로그래밍 기술이라든가 서버에 대한 지식 등을 모두

잘 알고 있어야 도움이 되니까요.

중요한 것은 한번 배워 놓으면 계속 써먹을 수 있는 일은 아니기 때문에, 매 순간 자신을 발전시키기 위한 공부를 게을리 하면 안된다는 것입니다. 남들은 모두 팬티엄급 컴퓨터를 쓰는데 자신에게 별 불편 없다고 계속 486 컴퓨터를 쓰면 결국 혼자 뒤처질 수밖에 없는 것처럼 말이죠. 그러니까 가장 좋은 건 남들보다 앞서 나가는 것이고, 그렇게까지는 못해도 뒤처지지는 않아야 합니다.

자, 이렇게 기술에 대한 탄탄한 실력을 쌓아났다면 잊지 말아야 할 것이 또 하나 있습니다. 우리가 신이 아닌 이상 사람의 겉모습을 보고 그 사람이 어느 정도의 기술을 가졌는지 판단할 수 없겠지요. 이럴 때 자신이 가진 내용을 보여줄 수 있는 것이 필요한데요, 기술을 검증할 수 있는 자격증을 따는 것! 아주 큰 도움이 됩니다.

웹 프로그래머 자격증뿐만이 아니라 마이크로 소프트 공인 자격증이나 오라클, 노벨 등의 자격증을 얻게 되면 많은 도움이 됩니다. 공부하면서 새로운 기술을 익히게 되니까 실력을 쌓는 데도 도움이 되고, 남들에게 자신의 실력을 알릴 수 있는 좋은 추천서도 될 수 있으니까 일석이조인 셈이지요.

Q&A

⇨ 웹 어드민이라고 하면 기술 쪽을 총괄하는 사람이라고 했는데요, 주로 하는 일은 어느 쪽에 가까운 건가요?

: 하드웨어를 총괄하는 쪽에 가깝습니다. 프로그래머는 일단 한 분야로 나뉘어져 있는 상태이고 그 안에서 분화되어 있거든요.

웹 어드민 같은 경우는 하드웨어를 다루는 시스템 오퍼레이터나 서버 운영자 등으로 인식하시면 될 겁니다. 일반 회사에서 시스템 운영자를 웹 어드민이라고 부르는 경우도 많이 있거든요.

⇨ 웹 어드민이 프로그래밍 기술까지 알아야 할 필요가 있나요? 컴퓨터 내부만 정확히 알면 되지 않나요?

: 웹 어드민이 아무리 하드웨어를 관리하는 사람이라고 하지만 그 컴퓨터가 웹상에서 작동될 수 있도록 해야 하니까 프로그래밍 기술을 모른다면 문제가 되겠지요. 하드웨어와 소프트웨어가 같이 모여 웹에서 사용되는 컴퓨터를 가능하게 하는 것이니까요.

그래서 프로그래밍 기술도 잘 알고 있어야 하는 건 너무 당연한 것이고, 그렇게 여러 기술을 갖고 있다 보면 프로그래머로도, 서버 운영자로도 일할 수 있는 기술 분야의 전천후 인력이 될 수도 있습니다.

인/터/뷰

● 소개를 좀 해주세요.
이름은 엄일용이고, 나이는 29세로 경력 2년차에 접어들고 있습니다. 지금은 OLAP Consulting Co. LTD에 근무하고 있지요.

● 그 동안 어떤 일을 하셨지요?
재무/회계, 인사/급여, 생산관리 프로그램 개발 및 운용(C/S)을 했고, Web 기반의 기업업무 분석 모듈 개발 및 운영 컨설팅 (Hyperion ESSBASE, MS SQL 2000 Analysis service, Comshare Decision(Desktop, Web))(연관기술 : Data Warehosing, Data Mining, OLAP technology)의 일을 했습니다.

● 회사 소개와 맡은 업무를 소개해 주시겠어요?
지금 다니고 있는 OLAP Consulting Co. LTD에서는 OLAP (OnLine Analysis Process)에 관련된 솔루션을 제공하는 곳이고, 제가 하는 일은 관련 업무/시스템/개발 관련 컨설팅과 교육/개발 분야입니다.

● 이 일을 선택하게 된 특별한 이유라도 있나요?
좋아하고 적성에 맞는 일이라 시작했습니다.

● 일을 하기 위해서 개인적으로 어떤 준비를 하셨습니까?
Mircrosoft Certified System Engineer, Oracle Certified Professional DBA, 정보처리기사 등의 자격증을 취득했고, 그런

부분을 공부했습니다.

● 대학에서 전공이 도움이 됩니까?
대학에서 산업공학을 전공했는데 실제 업무 전반과 전산을 고르게 알아야 하는 일이므로 도움이 되었다고 할 수 있습니다.

● 웹 어드민 일과 관계된 학과를 소개한다면 어떤 학과가 있을까요?
전자계산학과, 시스템 공학과 등 전산 관련 학과가 아무래도 유리하겠지요.

● 자주 들르는 웹 사이트를 소개하신다면요?
devpia.com, Microsoft, SumMicorsystems, Linux 등을 주로 써핑합니다.

● 현직에 있는 사람으로 지금 하고 있는 일의 장점과 단점을 말한다면?
많은 부분의 현업/Hardware/Software에 관련된 정보 및 신기술들을 고르게 접할 수 있다는 장점이 있지요. 그런데 자신만의 특화된 분야를 가지고 있지 않으면 깊이 없는 단순 지식만을 가지게 되어서 기술 생명이 짧아질 수도 있다는 단점이 있습니다. 결국 계속적인 자기 개발과 신기술 습득을 요구한다는 것이지요.

● 요즘 인터넷 업계의 경향이 어떻다고 할 수 있을까요?
새로운 기술 및 방법론의 발표 주기가 점점 짧아지면서 보다 특화된 방법론의 필요성이 대두되고 있고, 데이터베이스에 대한 다각적인 접근이 필요하게 되었다고 할 수 있습니다.

● 웹 어드민의 일반적인 보수 수준은 어떻게 되는지 알려주세요.

대부분 일반 대기업의 120% 이상이 보장된다고 보시면 되고, 자기 개발 및 능력에 따라 주로 연봉제로 운영되기 때문에 개인마다 다르게 적용되고 있습니다.

● 처음 일을 시작할 때의 연봉과 지금의 연봉을 밝혀주실 수 있으실까요?

개인적인 부분은 밝히기 곤란하지만, 꼭 기억하셔야 할 것은, 처음 시작할 때는 배운다는 자세를 가지고 많은 액수의 연봉에 욕심 내기보다는 얼마나 많은 기술 및 지식을 습득할 기회가 주어지느냐에 기준을 두고 시작하는 게 좋다는 거예요. 그렇게 배우는 자세로 지내면서 경력이 1.5~2년 이상이 되면 자신의 능력에 따라서 충분한 연봉 상승 효과를 기대할 수 있거든요.

● 기술 분야의 일이니까 혼자 공부하는 게 어렵지 않을까요?

혼자 공부하는 건 가능합니다. 어느 정도의 전산 지식과 전자 업무 관련 지식을 가지고 있으면 독학이 불가능하지는 않거든요. 일단 자신에게 맞는 분야를 한 가지 시작하고 나서 차근차근 관련 지식으로 넓혀 나가는 방향으로 공부하는 것이 좋을 것입니다.

● 웹 어드민을 준비하는 사람들에게 해주고 싶은 말이 있으시다면?

좁은 시야보다는 넓게 보는 시야가 필요하다는 말을 해주고 싶네요.

시스템이 편중되어 있으면 회사 전체의 이익에 마이너스 요인으로 작용할 수 있으므로 사이트 디자인에서부터 운영에 이르기까지 전체적인 차원의 고려가 필요하고, 항상 충분한 확장성 및 유지/보수 용이성을 염두에 두어야 합니다.

● 지금 현재 하는 일의 취업문은 넓은 편인가요?

현재 수요에 비하여 필요한 정도의 지식 및 기술력을 가진 엔지니어가 부족한 상태입니다. 충분한 자기 개발을 통하여 필요수준의 지식을 갖춘다면 진출을 기다리는 사이트는 무궁무진하니까 열심히 노력하십시오.

6. 웹 PD/웹 기획자 (홈의 모든 것)

(1) 웹 PD와 웹 기획자의 관계

튀는 아이디어만으로 승부를 걸 수 있다!

요즘처럼 벤처 열풍이 거센 시대에 걸맞는 말입니다. 누구든 반짝이는 아이디어를 제대로 실현해 내기만 한다면 그야말로 대박을 터트릴 수 있으니까요.

하지만 문제는 그 아이디어를 어떻게 사업으로 실현시키는가 하는 것, 아이디어를 실현해 내는 기획력입니다. 이 아이디어가 장사가 될 것인지 아닌지 고민하는 일, 어떻게 하면 확실히 사람들에게 인식시킬 것인가를 기획하는 일, 과연 누가 할까요?

일반적으로 이런 기획을 담당하는 사람을 웹 기획자라고 합니다. 그런데 웹 기획자를 설명할 때 같이 설명해야 하는 사람들이 있는데, 바로 웹 PD입니다.

웹 기획자는 말 그대로 기획을 하는 사람들을 말합니다. 자신이 구축하려고 하는 사이트의 컨셉을 정확히 파악하고 가장 알맞는 내용 소스들을 찾아서 새롭게 기획해 내는 일을 하는 사람이지요.

웹 PD라는 단어를 들으면 PD 수첩, 즉 프로그램을 만드는 방송

인이 먼저 떠오를 텐데, 웹 PD는 방송 프로그램을 만드는 사람과는 다릅니다. 기획한 것이 사이트 제작과 운영에 있어서 별탈 없이 잘 진행되도록 전체 디렉팅을 하는 사람이라고 할 수 있지요. 웹 기획자와 웹 PD를 굳이 구분하자면 웹 기획자는 기획을, 웹 PD는 전체적인 조율을 한다고 할 수 있습니다.

하지만 사이트를 제작하고 운영하는 데 있어서 기획자가 기획만 하고 그 다음부터는 모른 척할 수는 없겠지요. PD 역시 기획자가 기획해준 걸 받아서 조율만 할 수도 없을 것입니다. 기획과 운영이라는 게 절대 분리될 수 없는 것이니까요.

그래서 대부분 웹 기획자와 웹 PD는 동일 개념으로 받아들입니다. 일반적인 웹 마스터라는 개념에 가장 알맞은 직업이라고 할 수도 있고, 특히 기획, 운영에 관계된 분야의 웹 마스터라고 할 수 있습니다.

기획자로서의 웹 마스터 = 웹 기획자 = 웹 PD

이런 공식으로 이해하면 쉬울 것입니다. 앞으로 이 책에서는 그냥 웹 기획자를 포함해서 웹 PD라고 설명할 것입니다.

그런데 원칙적으로 하자면 구분되어야 하므로, 그 개념에 대해서는 정확히 알고 있는 것이 도움이 될 것 같습니다. 또 실제로 웹 기획자와 웹 PD가 정확히 구분되어져 있는 곳도 존재하니까요. 그런 곳은 정말 엄밀하게 업무가 세분화되어 있는 곳이거나 끊임없이 사이트 기획과 개발을 해내는 대규모의 사업체라고 할 수 있겠지요. 예를 들어 컨설팅 같은 경우 의뢰사의 제작, 관리를 해내야 하니까 업무를 정확히 구분하고 있는 것입니다. 그렇기 때문에 기획에 관계된 부분과 전체 조율에 관계된 부분이 정확히 구분되어진다고 할 수 있습니다.

그러니까 예를 들자면, 학급에 반장이랑 부반장이랑 총무랑 각 학습부장이 있으면 웹 PD는 반장이 되는 것이고 웹 기획자는 부반장 정도 되는 것이지요.

어쨋든 이 두 직업은 어느 한 사람이 같이 하든지 구분이 되어 있든지 간에 그 업무 영역은 절대 구분되어질 수 없습니다. 함께 긴밀히 연결되어야 사이트 개발이 효율적으로 이루어질 수 있으니까요. 하나라도 제대로 움직이지 않거나, 하나라도 받쳐 주지 않으면 제대로 작용할 수 없는 것이지요. 그러니까 한집안의 남편과 아내라고 해야 하나, 담배와 라이터라고 해야 하나, 스파게티와 마늘빵이라고 해야 하나, 데킬라에 레몬이라고 해야 하나, 뭐라고 하는 게 가장 좋을까…

(2) 웹 PD란

기획, 우리에겐 참 친숙하게 들리는 단어입니다. 한때는 취업 준비하는 사람들이 많이 들어가기 원했던 곳이 대기업 기획실이었지요.

대기업뿐만이 아니라 대부분의 회사들에는 아마 기획실이라는 부서가 꼭 하나씩 있을 것입니다. 그리고 보니 한참 전에 유행했던 드라마에서 송윤아 씨가 맡았던 그 표독스러운 역할도 속옷 브

랜드의 기획실장이었네요. 기획이라는 것이 새로운 사업에 대한 아이디어를 고민하고 그 아이디어를 현실화하는 작업이니까 어디에든 필요하지 않은 곳이 없을 것입니다.

하지만 우리가 있어야 할 곳은 웹 안이니까 홈페이지를 만드는 과정으로 들어와서 웹 기획자를 생각해 보지요. 하나의 홈페이지를 만들기 위해서 필요한 것은 직접적으로 디자인하고 코딩하고 프로그램 짜는 일이기도 하지만 실무적인 작업에 들어가기 전에 어떤 아이디어를 어떻게 구현해낼지 고민하는 것이라고 할 수 있습니다. 전체적인 작업의 틀을 잡아야 한다는 것입니다. 그래야 거기에 맞는 프로그램도 나오고 디자인도 나오고 홍보방법도 나올 테니까요.

만일 "자, 지금부터 시작!" 해서 무작정 홈페이지를 만들기 시작한다면 어떻게 될까요? 프로그램 따로, 디자인 따로, 운영 따로, 그야말로 오합지졸 군사들의 모임이 될 것이고, 나중에 정신 차리고 보면 배는 이미 산으로 올라가 버리는 격이겠지요.

그렇기 때문에 홈페이지의 전체 계획을 잡는 일은 반드시 필요한데, 이렇게 전체적으로 홈페이지를 구성하는 일, 기술적인 구성이 아니라 전체적인 체계와 각 분야의 조율을 하는 사람을 웹 기획자, 웹 PD라고 합니다. 홈페이지의 컨셉을 잡는 것에서부터 제작 과정이 기획 의도와 잘 맞는지를 점검하는 일까지 모두 책임져야 하는 것입니다. 이런 경우도 있습니다. 하나의 사이트 안에 커뮤니티, 전자상거래 등 여러 섹션으로 나뉘어 있는 경우, 각 분야를 책임지는 웹 PD들이 각각 있는 경우도 있습니다. 이런 경우 이런 웹 PD들을 하나로 조율하는 마스터적인 웹 PD가 전체를 관할

하게 됩니다.

그러나 문제는 홈페이지를 만들 때 어디에 포커스를 맞추어야 하는가가 문제인데, 이용자들 입맛에 맞는 사이트를 개발하기 위해서는 진짜 많은 고민을 해야 합니다. 사람들이 무엇을 좋아할지, 무엇을 원할지 판단한다는 것은 4지 선다형 시험지에서 답 하나 찍는 것처럼 쉬운 일이 아니니까요.

(3) 웹 PD의 자질

기획을 한다는 것은 뭔가를 새롭게 하나하나 계획하고 정리한다는 거니까 일단 성격적으로 꼼꼼해야 할 것입니다. 여기서 덤벙, 저기서 덤벙, 내가 이걸 어디다 뒀더라 하루 종일 찾는 사람들은 조금 힘들지 않을까 싶네요.

하나에서 열까지 모두 염두에 두고 정확히 기획해 낸다는 것이 보통 꼼꼼함 가지고 되는 건 아닐 것입니다. 기껏 기획 잘해서 열심히 작업하고 있는데 중간에 가서야 내용과 디자인 관계 조율을 염두에 두지 못했다는 게 드러났다고 해보세요. 그때 앗, 나의 실수! 지금부터 요것만 고치고 다시 시작! 이렇게 그냥 지나칠 수 있는 세계는 분명 아니잖아요.

물론 웹 세계에 새로운 공간을 구축하는 것이니 만큼 웹에 익숙해야 하는 건 더 말하면 잔소리일 것입니다.

이런 기본적인 자질이 갖추어진다면 웹 PD를 꿈꿀 수 있을 텐데, 직접적으로 업무에 들어가서는 어떤 자질이 있어야 하는지 한번 볼까요?

　일단 컨텐츠를 사용자에게 전달하는 방법에 대한 감각이 있어야 합니다. 이거 간단해 보이지만 아주 중요합니다. 웹의 기본은 바로 방문해 주는 이용자들에게 있는 것이니까요.

　그런 거 있잖아요. 어떤 사람이 이야기하면 배꼽 빠지고 골이 흔들릴 만큼 웃긴 얘기인데도, 다른 사람이 이야기하면 똑같은 이야기라도 한순간 적막이 흐르는 순간, 왜 있지요? 정말 재미있어 죽겠다고 웃는 사람 멀뚱히 쳐다보기 민망해서 고개만 숙여야 하는 때. 이런 경우와 마찬가지라고 할 수 있습니다.

　아주 훌륭한 내용이라고 할지라도 제대로 표현하지 못하면 그 내용의 가치는 뚝 떨어져 버립니다. 어떻게 표현하는지에 따라서 100배 효과를 낼 수도 있고, 그냥 땅 밑으로 숨만 쉬게 될 수도 있습니다.

　그렇기 때문에 시대의 유행과 그 흐름을 파악하는 일이 아주 중요합니다. 사람들의 생각과 사회의 흐름이 녹아있는 유행을 잘 파악하고 있다면 모두가 좋아할 수 있는 사이트를 만들 수 있기 때문이에요.

　또한 단지 웹에서 뿐 아니라 다른 여러 가지 부분에서 비교 분석력이 뛰어나야 합니다. 여러 매체를 대할 때 좋고 나쁘다의 이분법으로만 판단하지 말고 이건 왜 좋고 이건 왜 나쁜지, 나라면 어떻게 만들었을지 따지다 보면 기획력은 점점 향상되는 것이니까요. 먹어본 사람이 맛도 안다고 여러 가지를 섭렵한 사람이 다양한 내용을 알 수 있겠지요.

　또 그렇게 여러 가지를 보다 보면 배워야 할 것과 절대 해서는

안될 것들에 대한 안목을 가질 수 있습니다. 그렇게 된다면 팀원들이 일을 할 때 내용과 기술의 영역을 정확히 잡아줄 수 있지요. 되도록 많은 소스들을 팀에게 알려줄 수 있기 위해서는 여기저기 뒤적뒤적, 많이 찾아봐야 합니다.

그리고 사이트의 생명력은 찾아오는 이용자들에게 달려 있다고 한 만큼 많은 이용자들이 올 수 있을 만한 통로를 만들어야 합니다. 이는 광고, 홍보의 마케팅 부분이기도 하고 이벤트와 관계되기도 하는데, 그런 부분을 고려하면서 전체를 생각해야 합니다.

(4) 웹 PD가 해야 할 일

홈페이지를 제작하려고 할 때, 대부분 사이트의 주제가 미리 설정이 되어 있는 경우가 많습니다. 어떤 사이트를 만들겠다는 의도가 대략적으로 확정되어 있는 상태에서 일이 오는 경우가 많으니까요. 그렇다면 웹 PD는 무엇을 해야 할까요? 할일이 없어지는 건가요? 그건 또 아닙니다. 나름대로 또 시작되는 일이 있으니까요. 그때는 그 의도를 정확히 이해해서 구성하는 것이 웹 PD의 임무가 되는 것입니다. 사이트 주제가 주어진다고 하더라도 그 주제를 좀더 효과적으로 드러낼 수 있는 사이트에 대해서 제시할 수 있어야 하고 사이트 상에서는 어떻게 드러낼 수 있는지에 대해서 구체적으로 고민해야 합니다.

그 다음으로 사이트의 제작과 운영에 대한 전반적인 것을 총괄해야 하는데, 이때 각 사이트의 성격에 따라 일도 조금씩 변하게 됩니다.

가령 기업을 홍보하기 위한 홈페이지라면 주로 그 내용 구성과 디자인에 중심을 두어야 할 것입니다. 기업을 정확히 홍보할 수 있는 문구 작성이나 기업 이미지를 잘 나타낼 수 있는 디자인 등에 많은 신경을 써야겠지요.

커뮤니티가 주되는 홈페이지라면 아무래도 이용자들이 좀더 편리하게 이용할 수 있는 서비스 측면을 많이 생각해야 할 것입니다. 그리고 제작이 끝난 후에는 이용자와 운영자간의 원활한 교통에 신경 써야 합니다.

또 만약 전자상거래가 중요시되는 홈페이지라면 상품을 좀더 잘 표현할 수 있는 디자인에 신경 써야 할 것이고 정보에 대한 신뢰 문제나 이용자 개인 정보 보호에 많은 신경을 써야 합니다.

이처럼 웹 PD가 해야 할 일은 사이트마다 약간씩 달라질 수 있는데 홈페이지 제작을 고민하면서 홈페이지 컨셉과 성격을 정확히 잡고 그에 따라서 강조할 부분에 대한 강약 조절을 잘해야 한다는 것 꼭 기억하세요.

(5) 웹 PD의 매력

웹 PD의 매력이라면 무엇보다도 웹을 떡 주무르듯이 주무를 수 있다는 것이 아닐까 합니다.

지금 우리가 사는 시대는 절대 빈곤의 시대가 아닌 상대적 빈곤의 시대라고 할 수 있습니다. 먹고사는 문제에서 벗어나 얼마나 더 고급스럽게 살 수 있는지, 얼마나 더 문화의 혜택을 많이 받을지에 관한 문제가 이 시대의 패러다임이 되고 있는 것이지요. 그래서 일을 한다고 하더라도 시대에 뒤떨어지지 않는 폼 나는 일, 다람쥐 쳇바퀴 돌 듯 회사와 집을 반복하는 것이 아니라 끊임없이 스스로를 확인할 수 있는 일, 내가 주인이 되어 내 생각을 마음대로 펼쳐볼 수 있는 일. 이것이 요즘 모든 사람들이 원하는 일일 것입니다.

이런 여러 가지 면에 딱 맞는 일, 바로 웹 PD입니다. 어느 면으로 보나 전혀 모자람이 없지요.

하지만 어떤 것이든 뭔가를 얻으려면 잃어야 하는 게 있는 법, 좋은 시험 성적을 얻으려면 잠을 잃어야 하고, 멋진 몸매를 얻으려면 맛있는 피자와 콜라를 잃어야 하듯이 웹 PD로서 멋진 미래를 얻으려면 대가를 치루어야 합니다. 바로 시간과 땀이지요. 웹 마스터의 세계에서 시간과 노력의 투자 없이 알맹이만 쏙 빼가려는 도둑놈 심보는 절대 통하지가 않거든요.

현실적으로 현재 웹 직종에 있는 사람들의 평균 노동 시간을 조사해 보면 하루 12시간이 기본이라고 합니다. 말이 좋아서 12시간이지 계속 사이트 개발에 대한 고민을 하고 있으니 24시간 내내라고 하는 게 옳을 것입니다.

그래도 인생에 한 번 밖에 없는 청춘인데 친구와 술도 한잔 해야 하고, 가끔씩 동해로 여행도 떠나고, 영화도 보고, 애인도 만나야 하는데, 절대 그런 시간이 허용되지 않습니다. 설령, 시간이 주어진다고 하더라도 머리 속에는 온통 일뿐이니 그 시간은 휴식이 아니라 새로운 정보를 찾는 일의 연장이지요.

그러나 현재의 고생이 미래의 아름다운 인생을 가져다 준다면 젊어서 하는 고생쯤 사서 해도 아깝지 않을 것입니다.

(6) 웹 PD의 전망과 보수

인터넷이 망하지 않는 한 웹 PD에게 일이 끊어지는 경우는 없을 것입니다.

그럼 인터넷이 망하면 어떻게 하냐구요? 그럼 돌다리도 두드려 보고 가는 마음으로 한번 살펴볼까요?

인터넷은 그 동안 5,000만 명의 가입자를 확보하는데 4년 정도가 걸렸다고 합니다. 라디오의 경우 5,000만 명의 청취자를 확보하는데 35년이 걸렸고, TV는 13년이 걸렸는데 인터넷은 불과 4년이라니, 정말 엄청나지요?

물론 경제적인 여건이 뒷받침해주는 것도 무시할 수 없지만 인터넷이 이전의 매체들보다 그 전파 속도가 훨씬, 비교할 수 없을 정도로 빠르다는 걸 알 수 있습니다.

그리고 또 하나 중요한 사실. 98년 말에 인터넷 사용자 수는 세계 인구의 4%, 그러니까 1억 2천5백만 명이었다고 합니다. 그런데 지금은 어느 정도일까요?

정보통신부 산하 정보통신정책연구원의 조사 발표에 따르면, 3년이 지난 현재 사용자 수는 그 두 배가 넘고, 2003년에는 세계 인구의 11%인 5억 명 정도로 증가할 것이라고 합니다.

그러니까 웹상을 주름잡는 웹 PD가 앞으로 뜨는 직업이 될 것

이라는 전망은 너무나 확실합니다.

보수는 신입의 경우 연봉 1,200만 원 정도에서 시작합니다. 그런데 개인별로 차이가 있어서 이전에 동호회 시삽으로 활동했다거나 관련 사이트 개발에 참여했다거나 하는 경력이 있으면 그 두배의 초봉에서 시작하기도 합니다. 그러니까 남는 시간 우르르 몰려다니면서 아까운 시간 버리지 말고 놀더라도 웹상에서 노는 공간을 마련한다면, 나중에 약간의 이로움이라도 생기겠지요?

(7) 웹 PD가 되기 위해서

웹 PD는 꼭 정보통신이나 이공계통이 아니라 하더라도 사이트 주제에 맞는 전공을 가진 사람들이 유리할 때도 있습니다. 전자상거래인 경우는 상경대 전공이 좋고, 영화 전문 사이트인 경우는 영화 전공이나 영화에 관심 많은 사람이 좋겠지요. 아무래도 그 내용에 대해서 확실히 많이 알고 있어야 하니까요.

그러나 그보다 우선 웹상의 모든 것을 책임져야 하기 때문에 내용뿐이 아니라 기술, 그리고 전체 관리력을 가져야 합니다. 물론 기술과 디자인을 각각 담당하고 있는 사람들이 있기는 하지만 아무것도 모르고서는 요구를 할 수도, 작업을 확인할 수도 없을 테니까요.

아직까지 웹 PD가 되는 자격증이라든가, 특별한 사설 학원은 없습니다. 몇몇 학원에서 웹 PD 과정이라고 커리큘럼이 제시되어 있기는 하지만 알아보면 인터넷 방송 PD 과정이 개설되어 있는

경우가 대부분입니다. 몇몇 군데에서 웹 디자인 과정 안에 웹 프로젝트 매니저라고 해서 웹 PD 분야 커리큘럼이 포함되어 있는 곳이 있습니다.

정확히 웹 PD 자체만을 교육하는 기관은 없지만 웹 PD가 웹 마스터에서 세분화된 직종인 만큼 웹 마스터 과정을 끝내면 많은 도움이 될 것입니다.

▶ 문의처

중앙전산전문학교 www.jok.or.kr 031-756-6114
디엠씨아카데미 www.dmcmaya.co.kr 02-332-3326

Q&A

⇨ 웹 기획자와 웹 PD는 어떤 차이가 있나요?

: 웹 기획자는 말 그대로 기획자를 말합니다. 반면에 웹 PD는 기획부터 운영까지를 모두 책임지는 사람을 말하지요. 일반적으로 웹 PD가 기획자의 역할까지 함께하는 경우가 많고, 따로 독립되어 있는 경우, 웹 기획을 맡는 기획자와 사이트 전체에 대한 관리를 맡는 웹 PD로 영역이 구별됩니다.

⇨ 사이트 전체 책임자를 인터넷 프로젝트 매니저라고 하던데요, 그건 뭐지요?

: 인터넷 프로젝트 매니저는 IPM이라고 해서 인터넷 전반에 대한 책임을 지는 총책임자입니다. 웹 마스터의 기본적인 개념이라고 할 수 있는데, 이런 경우 IPM은 사이트 전체를 책임지고 총감독하는 정도로 생각하시면 되고, 그 아래 웹 기획자가 기획 부분을 맡고 웹 PD는 사이트 구축 측면을 맡게 됩니다. 점점 더 웹 직종이 세분화되어 가는 것이지요.

⇨ 웹 PD는 사이트 운영과 관리를 하는 거니까 기술 쪽은 잘 몰라도 되는 건가요?

: 그렇지 않습니다. 물론 프로그래머나 디자이너처럼 실제 제작을 하는 사람들만큼은 아니라 할지라도 컴퓨터와 웹 기술을 알아야 합니다. 서로 소통이 잘 되어야 제대로 된 사이트가 나오는 건데 기본적인 기술에 대한 이해가 없어서 의사 전달하는 데만 힘을 전부 빼버린다면 정작 중요한 실질 작업에서 힘을 모을 수 없겠지요.

인/터/뷰

● 소개를 해주세요.

이름은 이범석이고, 지금 나이는 27세입니다. 일을 시작한 지는 2년 차에 접어들고 있습니다.

● 그 동안 어떤 일을 해오셨지요?

(주)인티즌 기획실에서 커뮤니티팀 기획을 맡았었고, 지금은 (주)오늘과내일 기획팀에서 근무하고 있습니다.

● 처음 일을 어떻게 시작하게 되셨나요?

인티즌에 근무하던 선배의 권유로 대기업 대신 벤처를 선택했지요. 자유로운 사고가 존중될 수 있는 곳이라고 생각했거든요.

● 인터넷 직업을 갖기 위해서 특별한 준비를 하신 게 있나요?

사실 뜻밖의 직장이었기 때문에 사전에 준비는 없었습니다. 그냥 일하면서 배우면 된다고 생각하고 별 생각없이 일을 시작하게 되었지요.

● 웹 기획 일과 관계된 학과를 소개해 주시겠어요?

기획 부분의 일을 하는 데는 특별한 학과가 있다고 생각지는 않습니다. 그렇지만, 그래도 꼽으라면 경영학을 했으면 합니다. 사실 벤처업계 기획부분에 있어서 경영학과 출신들은 많지 않은 것 같거든요. 저의 경우에 연세대에서 경영학을 전공했는데 지금 상당히 도움이 된다고 생각합니다.

● 회사 소개와 맡은 업무를 소개해 주시겠어요?

(주)오늘과내일은 네트워크를 기반으로 해 사업을 다각적으로 전개하는 곳입니다.

현재 제가 맡고 있는 업무는 크게 두 가지로 볼 수 있는데, 하나는 사업전략 기획 및 사업제휴 업무이고, 또 하나는 신규사업으로 벌어지는 웹 기반의 업무 진행 시 PM(Project Manager)을 맡는 것입니다.

● 자주 들르는 웹 사이트를 좀 알려 주세요.

www.ZDnet.com / www.IBM.com / www.intizen.com

● 처음 아무 준비 없이 일을 시작하셨다고 했는데…?

처음 시작할 때보다는 많은 부분에서 일을 배웠고, 시안도 많이 높아졌다고 생각합니다. 그러나 기본적으로 일을 좋아하다 보니 열심히 할 수 있는 정열만큼은 변함이 없는 것 같네요.

● 연봉을 말씀해 주실 수 있으세요?

보수 수준은 업계에 따라 틀리겠지만, 대기업 수준보다 좀 높다고 생각하시면 됩니다. 처음 시작할 때보다 당연히 지금은 연봉이 올랐는데, 구체적인 액수는 말씀드리기 곤란합니다.

다만, 얼마 전 들어온 제의에 대해서 말씀드리자면 연봉 2,700 ~ 3,000만 원 정도였습니다. 웹 PD 또는 웹 기획쪽 업무는 디자이너나 프로그래머처럼 학원에서 배울 수 있는 업무가 아니다 보니, 부족하기 때문에 그런 것 같습니다.

● 그럼 웹 PD 과정을 개설하고 있는 학원 중에서 추천해줄 만한 교육기관은 없나요?

가르칠 수 있는 것이 못 되기 때문에 교육기관이 있기는 힘들죠.
교육기관이 있다고 해도 거기서 배우는 것으로 가능한 일은 아니
니까요. 그 위에 자신이 경험한 많은 것들을 쌓아야 합니다.

● 그렇다면 혼자 공부하는 것이 더 낫다는 말씀인가요?
독학이 오히려 좋을 수 있다는 거죠. 너무 붕 뜬 이야기 같을지 모
르지만 세상을 보는 눈을 가지고 있으면 일단 OK 입니다.

● 그 외에 웹 PD 일을 하기 위해서 필수적으로 알아야 하는 것이 있
을까요?
말 그대로 비즈니스를 알아야 합니다. 이해하고 판단할 수 있어
야 한다는 것이지요. 웹은 사업적인 것이 가미되어야만 하거든
요. 물론 자선사업 정도나 재미로 운영할 수도 있겠지만, 그런 경
우라면 저 같은 사람이 크게 요구되지는 않을 것입니다.

● 준비하는 사람들에게 해주고 싶은 말은 없으신가요?
매력적인 업무인 만큼 자기 나름대로의 생각과 판단을 갖출 수 있
도록 준비했으면 합니다.

● 웹 PD 일을 하려고 하는 사람들이 많은데, 일할 수 있는 공간은 많
이 있는 건가요?
웹 기획이나 PD를 필요로 하는 회사는 점점 늘어나고 있습니다.
하지만 그걸 해낼 수 있는 인력이 그렇게 많은 편은 아니지요. 그
래서 지금 웹 PD 일을 시작하려고 한다면 일할 공간은 많이 있을
겁니다. 하지만 단지 일을 시작하는 것이 아니라 그 안에서 어떻
게 자신의 역량을 보일 수 있을지에 대해서 고민하며 준비하시길
바랍니다.

웹의 숨은 일꾼들 II

웹에 생명을 불어넣습니다
웹 마케터

웹의 새로운 대안
몰 마스터

웹이 힘들다구요?
웹 컨설턴트

웹의 모든 정보를 한눈에
웹 정보 검색사

웹을 한눈에 볼 수 있는 길
웹 브랜디스트

웹 가상 세계 지킴이
웹 경찰

1. 웹 마케터 (웹에 생명을 불어넣습니다)

'사업' 이라고 이름 붙여진 모든 분야에서 꼭 생각해야 할 것이 있습니다. 바로 마케팅이지요.

세상에 사람들에게 돈 퍼주고 사회 봉사 활동하려는 목적으로 만들어진 기업은 있을 리 없고, 사업체라면 당연히 돈을 벌어들이는 것이 목적이기 때문에 사고 파는 것에 직접적으로 관여하는 마케팅이 중요하다는 것은 두말 할 필요도 없지요.

인터넷이 우리 생활에 자리잡으면서 오프라인을 주름잡던 사업체들이 모두 웹에 뛰어들고 있는데, 대부분 웹을 기업 이미지 메이킹과 자사 상품의 홍보 및 판매, 고객 지원을 목적으로 활용하고 있습니다. 기존의 마케팅 부서에서 하는 일들을 웹이라는 새로운 매체를 통해서 행하고 있고 그만큼 마케팅의 영역이 넓어지게 된 것이지요.

덕분에 그렇지 않아도 중요하게 인식되고 있는 마케팅이 온라인에서까지 부각되고 있는데, 그 일을 맡아서 하는 웹 마케터들도 당연히 귀하신 몸이 되어가고 있습니다.

자, 그렇다면 알아봐야겠지요? 웹 마케터가 무슨 일을 하길래 그렇게 중요하다고 하는 건지, 그리고 할 만한 일인지 아닌지…

(1) 웹 마케터란

　웹 마케터는 간단히 말해서 웹에서 마케팅 업무를 수행하는 사람입니다. 즉, 네티즌들에 대한 마케팅 전략을 수립하고 지휘하는 일을 하는 웹 마스터라고 할 수 있지요.

　이렇게 간단히 설명하긴 했지만, 마케팅이라는 부분은 절대 간단하게 설명할 수 있는 것이 아닙니다. 서점에 나가서 마케팅에 관련된 부분의 책만 찾아도 아마 벽면 하나 정도는 가득 메우고 있을 테고, 마케팅 전문가에게 찾아가서 "마케팅이 뭐예요?"라고 물어보면, "사랑이 뭐야?"라고 묻는 꼬마 아이에게 하듯이 허탈하게 빙긋 웃어주기만 할 테니까요.

　마케팅이라는 것은 회사가 살아 나가기 위한 가장 기본적인 수단이라고 할 수 있습니다. 회사가 설립되면 사업을 기획하고 인력을 관리하고 회의를 진행하고 여러 가지 일을 많이 하지만 정작 그 모든 것을 가능하게 하는 것은 마케팅에서 나오는 것이니까요. 쉽게 말해서 돈이 있어야 기획도 하고 인력도 관리하고 회의도 할 거 아닙니까? 또, 기획해서 만들어낸 물건들, 열심히 지은 건물들이 그대로 공장에서 썩거나 먼지만 날리지 않도록 대외적 업무를 처리해야 회사가 계속 일을 해나갈 수 있잖아요.

　회사에서 필요로 하는 것들을 사들이고, 만들어진 것을 팔고, 잘 팔리도록 광고하고, 회사의 대외적인 관계를 실질적으로 책임지는 것, 이게 마케팅 담당자들이 할 일입니다.

　그렇기 때문에 기존 오프라인에서 마케팅 영역은 굉장히 중요하게 인식되고 있습니다. 기업체의 대표를 보면 개발이나 기획 출신보다 마케팅 출신이 비교할 수 없을 만큼 많다는 것도 그런 이유 때문이고요. 그런데 온라인으로 들어가면, 그러니까 인터넷 사업체의 경우 오프라인의 경우보다 훨씬 더 마케터의 영역이 중요해 집니다. 왜일까요?

일단 인터넷상의 홈페이지를 보면 개인의 홈, 오프라인에서 진출한 기업의 홈, 웹 사업을 목적으로 뛰어든 홈, 그 외 공공 기관까지 이런 저런 홍보 사이트가 있습니다. 이렇게 많은 사람들, 기업들이 웹에 한쪽 발을 밀어넣고 있는데, 우리가 유심히 살펴봐야 할 것은 사업을 목적으로 한 기업들의 사이트입니다. 대부분의 기업들이 왜 웹에 뛰어들고 있을까 한번 생각해 봅시다.

오프라인 기업의 경우 우선 홍보의 장으로 웹을 이용하는 경우가 많습니다. 하지만 단지 홍보의 장으로만 생각하는 건 아니겠지요. 동시에 웹을 새로운 판매 시장으로 여기고 있기 때문에 기를 쓰고 웹에 뛰어들고 있는 것입니다. 웹 사업을 목표로 하는 곳은 더 말할 나위도 없고요.

웹 시장은 상당히 매력적인 시장임에 틀림없습니다.

일단 웹 시장은 사이트 하나가 포괄할 수 있는 인원이 무한하지요. 실생활의 공간과 비교했을 때 공간과 인원의 측면으로 본다면 당연히 웹의 판정승입니다.

또 일단 사이트가 구축되면 그 안에서 실질적인 홍보는 물론이거니와 영업까지 가능하기 때문에 일석이조, 아니 한 일석십조의 역할은 충분히 감당할 수 있습니다. 그러니 그런 시장을 기업들이 그냥 두고 볼 리가 없지요. 자고 일어나 눈만 뜨면 어디 새로운 시장 없나 하고 찾아 헤매는 사람들이 웹 같은 노다지를 그냥 두고만 보겠어요?

이렇게 웹의 시장성이 엄청난 가치를 일구어 가고 있기 때문에 웹에서 마케팅 업무를 하는 웹 마케터가 기업의 새로운 일꾼으로 자리잡아가고 있는 것입니다. 때문에 대형 사이트의 경우나 전자 상거래 사이트의 경우 웹 마케터는 터줏대감이 되어 가고 있는 것이지요.

(2) 웹 마케터가 하는 일

웹 마케터가 하는 일은 크게 두 가지로 나누어집니다. 일반 사이트와 전자상거래 사이트로 나누어서 생각할 수 있지요. 그 둘이 하는 일은 굉장히 차이가 나니까 하나하나 살펴보도록 하겠습니다.

일반적으로 웹상의 사이트는 그 자체가 하나의 상품이라고 할 수 있습니다. 이용자의 접속에 의해서 유지되고 이용자가 찾아야만 유지가 되는, 끊임없이 알려내야 하는 상품이지요. 그렇기 때문에 웹 마케터의 가장 기본적인 업무는 그 사이트를 이용자들에게 '파는' 일이라고 할 수 있습니다. 그렇기 때문에 기본적인 웹 마케터의 업무를 광고일과 가깝다고 하지요.

일단 웹 마케터가 하는 일은 사이트 구축에서부터 시작합니다.

웹 마스터가, 혹은 웹 마스터 팀이 사이트 구축을 할 때 웹 마케터는 사이트를 어떻게 홍보하고 외부에 알려낼지, 사이트 오픈에 어떻게 이용자들을 유치할 것인지, 어떤 이벤트를 기획할 것인지

고민하는 거지요.

이 때, 대형 사이트의 경우 이벤트만 전문적으로 고민하는 이벤트 전문가가 있기도 하고, 홍보 공간을 고민하는 프로모터가 독립되어 있기도 하는데, 대부분의 경우 웹 마케터가 이벤트 전문가, 프로모터가 하는 일들을 다 병행하고 있습니다.

다음으로 사이트가 오픈된 다음부터 웹 마케터가 하는 일은 점차 복잡해지기 시작하는데, 이때는 본격적인 프로모션 작업에 치중합니다. 여기저기 다니면서 사이트 홍보를 하는 것이지요.

광고를 어디에 실을 것인지 고민하고, 어떻게 광고해야 최고의 효과를 낼 수 있을지도 고민하고 광고와 함께 어떤 이벤트로 이용자를 놀러오게 할 것인가도 고민해야 합니다. 실질적인 이벤트 기획과 제작도 해야 하고, 이벤트에 필요한 여러 가지 섭외도 해야 합니다.

하지만 하는 일이 여기에서 끝나느냐 하면, 그건 또 아니지요.

사이트가 어느 정도 자리를 잡은 후에도 웹 마케터는 끊임없이 마케팅 전략을 세워야 하고 마케팅 전략을 세우는 데 필요한 자료들을 공급해야 합니다. 예를 들어 이용자들의 성향 분석이라든가 네티즌 전체의 관심사 등 마케팅에 필요한 것들은 하나라도 빼놓지 않고 뽑아내야 합니다.

이런 여러 과정 속에서 사이트는 웹 마케터의 역량에 따라 이용자들에게 잘 인식되기도, 버림을 받기도 합니다. 말하자면 웹 마케터는 웹의 생사를 좌우하는 운명의 여신인 셈입니다.

여기까지가 일반 사이트에서 웹 마케터가 하는 일이라고 할 수 있습니다. 그러나 무엇보다도 웹 마케터가 가장 빛을 내는 곳은 쇼핑몰 사이트입니다. 이곳에서 웹 마케터는 기존의 사업 마케팅 뿐만이 아니라 쇼핑 물품 등에 대한 마케팅 업무까지 해내야 하니까요.

잘 나가는 물품은 뭔지, 네티즌들이 원하는 것들은 뭔지 정확히 파악해서 올려야 하고, 특히 전자상거래의 가장 맹점인 할인율에 많은 신경을 써야 합니다.

요즘 전자상거래의 경우 가격 경쟁력에 뒤져서는 절대 성공할 수 없기 때문에 좋은 상품을 가장 저렴한 가격에 올릴 수 있도록 제휴사와 끊임없이 협상을 해야 합니다. 가격 검색 사이트까지 등장했으니까 오프라인에서보다 가격에 대한 경쟁이 훨씬 더 심하다고 할 수 있지요.

말하자면 훌륭한 웹 마케터가 사이트의 성공과 실패를 좌우할 수 있다는 것입니다. 그렇기 때문에 전자상거래 사이트에서의 웹 마케터를 몰 마스터, E-전문가라고도 하는데, 전자상거래 사이트의 경우는 웹 마케터의 역할이 가장 중요하기 때문에 전체의 마스터 자리에 올리는 것입니다.

(3) 웹 마케터의 자질

웹 마케터는 오프라인 직종이 온라인으로 넘어간 만큼 기본적인 마케팅 업무를 잘 파악하고 있는 사람이어야 합니다. 기존 오프에서 활동하던 마케터들이 웹 마케터로 진출해서 활동할 수 있는 것도 그런 이유 때문입니다.

　　흔히 마케팅의 고전을 읽어보면 꼭 나오는 개념이 있습니다. Promotion, Product, Price, Place가 바로 그것인데, 마케팅의 가장 기본이라고 할 수 있습니다.

　　이 마케팅의 기본이 웹상에서 어떻게 적용되는지 잠깐 설명을 하고 지나가도록 하지요.

Promotion

　　어떻게 알릴 것인가에 관한 것입니다. 사이트를 알릴 때 어떻게 하면 좀더 효과적으로 알릴 수 있는가, 또 어느 곳에 알릴 때 좀더 효과적일 수 있는가에 관한 부분이지요.

　　홍보에서 성공한 사이트를 예로 들자면 '마이 클럽'이 있습니다. 일반적이지 않은 "선영아 사랑해"라는 광고, 사람들이 지나다니는 길목에 쪼르륵 붙여진 문구 하나로 금세 사람들 머리를 강렬하게 자극했으니까요.

Product

　　무엇을 팔 것인가에 관한 것입니다. 가장 중점을 두어야 할 것이 무엇인가에 대한 고민도 함께 되어야 하는데, 사이트의 이미지를 팔 것인지, 아니면 직접적으로 상품을 팔 것인지에 대한 것부터 시작을 하지요.

　　우리가 사이트에서 배너 광고를 봤을 때 직접적으로 물건 자체를 내세우는 경우도 있지만 설문이나 눈에 띄는 내용으로 사이트

를 알려내는 경우도 있습니다.

Price

가격에 관한 것입니다. 전자상거래 사이트의 경우 가장 중요한 문제인데, 다른 사이트에 비해 가격 경쟁력을 가질 수 있느냐에 관한 것입니다. 특히 웹 안에서의 가격 경쟁력이란 것은 아주 중요한데, 웹 가격 검색 사이트가 등장하고 있기 때문에 질 좋고 가격이 저렴한 상품의 확보가 아주 중요합니다. 만약, 가격에서의 경쟁이 불가능하다면 경품 등으로 그 이상의 특혜를 줄 수 있어야 하겠지요.

Place

장소에 관한 문제입니다. 이것은 웹 광고에서 굉장히 중요한 문제인데, 사이트를 알려낼 때 많은 이용자들이 접속하는 사이트의 확보는 아주 중요합니다. 뿐만 아니라 내용이 어울릴 만한 사이트를 찾는 것도 중요하지요. 가령, 팬시 용품 사이트일 경우 스포츠 관련 사이트보다는 교육 전문 사이트나 청소년 대상 사이트에 등록하는 것이 훨씬 더 유리하겠지요.

그런데 최근에는 이런 기본 마케팅 기법을 뒤집어서 그 외의 새로운 마케팅 기법이 등장하고 있습니다. 브랜드와 포장, 그리고 고객 관리가 그것인데, 이중에서 고객 관리에 관한 부분을 가장

확실하게 수용할 수 있는 곳이 바로 웹입니다.

인터넷의 기본 성격인 DB와 E-mail 마케팅을 통한 고객과의 친밀한 관계 설정이 가능하기 때문이지요. 인터넷에 접속하는 이용자들의 DB 확보가 다른 어떤 것보다 쉽기 때문에 이를 활용한 방법이 가능한 것입니다.

그렇기 때문에 이용자들을 분석하고 그들이 필요로 하는 것을 정확히 짚어내는 마케팅이 가능해지는데, 이는 one-to-one 마케팅이나 CRM(customer relationship management)과도 연결이 됩니다.

한번 회원 등록을 해 놓은 사이트에서 계속 메일이 오는 경우 보셨죠? 개인이 입력한 정보를 통해서 필요한 정보를 보내거나, 관심을 끌 만한 내용으로 사이트를 방문하도록 하는 것이지요. 어디선가 나에게 관심을 쏟아주고 있구나 하는 느낌이 들도록 계속 관리를 해 나가는 것입니다.

웹 마케터가 할일, 참 복잡하고 많지요? 하지만 비즈니스의 주역으로 서기 위해서 이 정도쯤이야 하고 팔 걷어부치는 자세가 필요할 것입니다.

(4) 웹 마케터의 전망과 보수

인터넷이 점차 확장 일로를 걷고 있고 전자상거래가 중시되고 있는 만큼 웹 마케터의 영역은 점차 넓어질 것입니다.

그것을 좀더 구체적으로 알 수 있는 것이 그 동안 컴퓨터에 기반한 성장이 주였던 인터넷이 앞으로는 non-pc, mobile 환경으로 성장하게 될 것입니다. 현재 이동통신사에서 제공하고 있는 mobile internet에서 볼 수 있는 것처럼 언제 어디서든지 인터넷을 사용할 수 있는 환경이 펼쳐지고 있고 이제 곧 우리 곁에 익숙한 모습으로 다가올 테니까요.

이처럼 인터넷과 인터넷 비즈니스의 새로운 모델에 대한 제시가 있는 만큼 그 성장은 끝이 없을 것입니다. 그렇게 온라인 비즈니스가 성장하게 된다면 사이트간의 경쟁도 더 심해질 것이고 마케팅 전문가의 필요성도 점점 더 커질 것이 분명합니다.

그래서 웹 마케터로서의 전망을 전자상거래 사이트에 거는 것도 괜찮을 것 같습니다. 웹 마케터의 역량에 따라 사이트의 생명력이 좌지우지되는 전자상거래 사이트는 자신의 능력을 한번 시험해볼 수 있는 공간이니까요.

하지만 웹 마케터가 꼭 전자상거래 사이트에서만 필요한 것은 아닙니다. 웹 마스터로서의 중요한 자질로 웹 마케팅에 대한 이해가 점점 중요해지고 있는 만큼 웹 마케터에서 시작해서 웹 마스터로 영역을 확장하는 것도 가능하기 때문이지요.

웹 마케터로서 지금 당장 웹에 대한 기술적인 지식이 필요 없을지는 몰라도 기술적인 지식과 웹 환경에 대한 이해를 가지고 있다면 미래에는 웹 마스터의 자리까지 오를 수 있을 것입니다.

현재 연봉은 3년 차 정도의 경우 2,000~2,500만 원 정도라고 합니다.

(5) 웹 마케터가 되기 위해서

사람들과의 관계에서 끊임없이 협상을 해야 하기 때문에 협상의 카리스마를 지니고 있어야 합니다. 이건 어느 정도 선천적인 것이니까 어떻게 연습하라고 할 수는 없지만 카리스마라는 건 그만큼 스스로에게 자신이 있다는 것이므로 자신감을 가지라는 말로 대신하는 것이 더 좋겠네요.

기존 마케팅 과정을 잘 알기 위해서 경상대 전공이 유리하고, 거기에 웹 관련 직종과 계속 관계된 일이니까 웹에 대한 대략적인 지식을 어느 정도 지니고 있어야 할 것입니다.

그리고 기본 마케팅에 대한 부분을 어떻게 온라인에 적용시킬 것인가에 대해 공부해야 합니다. 말하자면 새로이 부상하고 있는 온라인 마케팅에 대한 감각을 키워야 한다는 것이지요. 이를 위해서는 인터넷 비즈니스 전문 교육기관에서 온라인 마케팅 과정을 이수하는 것이 좋은 방법입니다.

하지만 중요한 건 지금 당장의 모습만을 고민하고 공부하기보다는 미래의 모습을 봐야 한다는 것입니다.

인터넷이라는 것이 워낙 변화의 속도가 빠르고 또 인터넷을 이용하는 사람들 역시 그 못지않게 빠르게 변하기 때문에 그 속도를 따라가지 못한다면 항상 뒤꽁무니만 쫓아다녀야 할 테니까요. 스스로 인터넷 환경을 고민하고 앞으로 어떤 모습으로 발전하게 될지 전망해 보십시오.

현재 웹 마케터로 활동하는 사람들이 대부분 웹 마케터의 업무부터 시작하지는 않았습니다. 오프라인에서 마케팅을 어느 정도

한 후에 웹으로 뛰어든 것이지요. 그러니까 일단 웹 마케터로 일하기 위해서 오프라인 마케터의 경력을 쌓는 것도 도움이 될 것입니다.

웹 마케터의 여러 가지 직업

❶ 웹 이벤트 전문가

이벤트라는 건 행사를 말하는데, 사이트에 들어가면 배너 광고를 자주 볼 수 있지요. 기본적으로는 경품 행사가 가장 많지만 설문에 응해주면 선물을 준다든가 연예인 누구누구와의 채팅이 마련되었다거나 하는 식의 내용을 자주 보셨을 겁니다.

이런 이벤트를 통해서 이용자를 유치하는 것인데, 웹 마케터가 담당하던 일에서 이제는 이벤트 전문가가 나타나게 되었답니다.

오프라인의 경우를 생각해 보아도, 회의를 주도하는 사회자가 좀더 분위기를 좋게 하기 위해서는 이벤트 전문가를 초빙하기도 하지요. 물론 전문가인 만큼 효과가 탁월한 건 당연하고요.

이렇게 웹상에서도 이벤트 전문가가 등장해서 사람들의 관심을 확 끌어 모을 이벤트를 계속 고민한답니다. 또 이벤트가 마련되는 것은 사이트를 알려내기 위한 것인 만큼 마케팅과는 절대 떼어놓을 수 없지요.

❷ 웹 프로모터

광고주와의 교통에서부터 기획서 작성, 제작된 광고물을 어떤 사이트에 올려야 할지 등의 일을 담당합니다. 광고의 내용을 정확히 파악해서 어떤 사이트에 올릴 때 가장 큰 효과를 볼 수 있을지 끊임없이 고민을 해야 하는 것이지요.

이 일 역시 웹 마케터가 담당하던 일인데, 마케팅에 관한 부분이 워낙 방대하고 중요해지다 보니 분화해서 독립한 것입니다. 또 사이트를 알려내는 광고 부분도 사이트의 사활이 걸린 문제다 보니까 간단하게 처리할 문제가 아니고요.

아직 온라인 광고가 오프라인보다 활성화되지는 못했기 때문에 모든 매체를 뒤지고 다니면서 광고할 곳을 찾는 것이지요. 지금 이 시간에도 웹 프로모터들은 이곳 저곳을 뒤지면서 어디에 광고를 하면 가장 좋은 효과를 낼 수 있는지 고민하고 있답니다.

웹 마케터가 프로모터의 일까지 담당하는 경우가 대부분이고, 웹 프로모터만 있는 곳이라면 마케팅의 업무까지 담당하기도 합니다. 그런데 웹 마케터와 프로모터가 정확히 구분된 곳도 있는데, 바로 전자상거래 쇼핑몰의 경우입니다. 전자상거래 사이트의 경우 마케터는 전체 물품을 사고 파는 일을 주로 담당합니다. 프로모터는 보다 직접적으로 사이트 홍보 쪽에 치중하는 경우가 대부분이고요.

또 광고 기획사의 경우도 마케터와 프로모터가 정확히 구분되어 있습니다. 전체적인 마케팅을 담당하는 업무와 홍보 부분의 사이트 광고를 처리하는 영역으로 나뉘어지는 것이지요.

❸ 웹 MD (Web Merchandiser)

오프라인에서 머천다이저가 담당하던 일을 웹으로 옮겨서 하는 사람입니다. 쇼핑몰에서 물건을 사고 파는 일을 담당하는 것인데,

주로 전자상거래 사이트에서 볼 수 있는 직업입니다.

전자상거래 사이트의 경우는 물건을 사고 파는 것에 가장 중점을 두어야 하기 때문에 전체 마케팅을 담당하는 사람이 있지만 각 영역별로 웹 MD를 두는 것이지요. 말하자면 의류 MD, 식료품 MD, 명품 MD 등입니다. 크지 않은 사이트의 경우에는 웹 MD 혼자서 모든 물품을 다 담당하기도 하지요.

웹 마케터와 하는 일을 비교한다면 그리 다른 것은 없지만 웹 마케터가 다양한 상품을 구비하기 위해서 기업과의 협상을 주로 하고 기업과 사이트를 연결한다면, 웹 MD는 그 각각의 판매자들과 개별 상품에 대한 협상을 합니다. 소비자들이 원하는 물건을 선별하고 그를 통해서 매출을 가장 많이 올릴 수 있도록 하는 것이지요.

다시 말해서 웹 마케터가 상품의 회사와 사이트, 즉 기업과 기업을 연결한다면, 웹 MD는 상품과 소비자, 즉 기업과 개인을 연결한다고 할 수 있습니다.

또 웹 MD는 소비자들에게 물건이 잘 팔릴 수 있는 환경을 조성해야 하기 때문에 상품에 대한 구매 욕구를 높이기 위해 여러 가지 일을 합니다. 예를 들어 오프라인의 경우라면 디스플레이로 상품을 돋보이게 하는 것처럼, 웹에서는 사진으로 상품을 좀더 돋보이게 하는 것이지요. 상품이 그 이상의 효과를 낼 수 있도록 사진을 찍고 그것을 웹에 싣도록 하는 것이 중요한데요, 이 일을 웹 디스플레이가 담당하기도 하지만 대부분 웹 MD가 하고 있지요.

Q & A

⇨ 웹 마케터가 일할 수 있는 곳은 전자상거래 사이트밖에 없나요?

: 물론 마케팅 업무가 가장 중요한 부분은 전자상거래 사이트지만 그 외의 사이트에서도 마케팅 업무는 중요합니다. 인터넷 사이트 자체가 이용자들에게 알려져야 하는, 그리고 이용자가 찾게끔 유도해야 하는 하나의 상품이기 때문에 그것을 알려내고 홍보해 내는 일이 아주 중요하기 때문이지요. 그렇기 때문에 일반 사이트에서도 웹 마케터는 아주 중요한 위치를 차지하고 있답니다.

⇨ 마케팅 업무를 주로 하는 거라면 웹 기술에 대해서는 몰라도 되겠지요?

: 그렇지 않습니다. 마케팅 업무가 주된 임무지만 일하고 있는 장소, 마케팅 업무를 펼쳐야 하는 장소가 인터넷인 만큼 인터넷 환경을 잘 알고 있어야 합니다. 또 인터넷 기술에 대해서도 수준 이상의 지식은 가지고 있어야 하고요.

내가 일해야 하는 곳에 대한 기본 지식이 없다면 아무래도 계획을 세우거나 실행에 옮길 때 불리한 점이 많을 테니까요. 물론 어떤 한 분야의 전문가처럼 완벽한 지식을 가지고 있을 필요는 없지만 마케팅 업무에만 치중하고 웹에 대해서는 문외한인 웹 마케터는 금세 그 밑천을 드러낼 것입니다.

인/터/뷰

● 자신의 소개를 좀 해주세요.

이름은 이호진이고, 68년생으로 프리랜서 웹 마케팅 업무를 하고
있습니다.

● 그 동안 어떤 일을 하셨나요?

1999년 9월 ~ 2000년 10월까지 Omi(www.omi.co.kr)의 배너광
고를 책임지는 일을 했고, 6월 ~ 9월까지는 보광그룹 인터넷 사업
인 Good-match(www.goodmatch.co.kr)의 기초 마케팅 및
Promo-tion 확립하는 일을 맡아서 했습니다.

● 왜 웹 마케팅이라는 분야를 선택하게 되었습니까?

1995년부터 인터넷을 사용하면서 앞으로는 인터넷이 중요해지리
라는 생각을 했고, 또 자유롭게 일하면서 돈을 벌 수 있을 것 같은
영감이 왔는데 그게 굉장한 매력이었습니다.

● 어떤 준비를 하셨습니까?

처음 Homepage 영업 일부터 시작을 했는데 뭔가 내용적인 부분
을 강화할 필요가 있어서 한국 생산성 본부의 Web Design 과정
을 수료했습니다.
그리고 IMF(Internet Marketing Forum)의 Web Promotion 과정과
인터넷 마케팅 전문가 과정을 수강하면서 본격적으로 웹 마케팅
분야에 뛰어들게 되었습니다.

● 웹 마케터가 되기 위해서 필요한 자질이 있다면 어떤 것이 있을까요?

웹 마케터는 실질적으로 자신이 속한 회사의 수익을 창출해 주는 사람입니다. 그렇기 때문에 웹 사이트의 전반적인 흐름을 파악할 수 있어야 하지요. 자신이 속한 사이트에서 어떠한 수익을 창출할 수 있는지를 파악할 수 있는 능력을 가지고 이것을 바탕으로 실질적인 마케팅(영업)을 병행하여, 수익을 창출해야 하기 때문입니다. 또 절대 빼놓을 수 없는 건 친근한 대인관계 능력입니다. 웹 마케팅에서도 사람 사이의 관계는 중요하거든요.

● 대학에서 무엇을 전공하셨나요?

대학에서의 전공은 행정학인데 그다지 이 업무에 필요한 전공은 아닙니다. 전공보다는 오히려 인터넷을 좋아하다 보니까 여기까지 온 것 같네요.

● 지금 다니고 있는 회사는 어디신가요?

Project 단위로 업무를 맡는 프리랜서로 일하고 있기 때문에 지금 현재 귀속한 회사는 없습니다.

개인적으로 '마케팅 및 Promotion 전문회사' 인 엔콥스(N-Corps) 사업자 등록이 되어 있고 현재 중소 벤처사인 OKhub사로부터 의뢰를 받고 있습니다. 제가 관심이 가는 LG의 itmex.com도 의뢰를 받은 상태고요.

● 현직에 있는 사람으로 지금 하고 있는 일의 장점과 단점을 말한다면?

아무래도 Project 단위의 업무이기 때문에 시간적인 여유가 많다는 것과, 항상 새로운 인터넷 트랜드를 파악할 수 있다는 것도 큰 장점이지요. 하지만 기한내 성과달성의 스트레스는 만만치 않은 
큰 단점입니다. 수익모델과 관련된 것으로도 많은 스트레스를 받
고 있지요.

● 처음 일을 시작할 때와 지금 달라진 것은 어떤 것이 있을까요?
개인적으로 3년 경력자가 되면서 인터넷 마케터의 초심자에서 중
견 마케터가 되었다는 것입니다. 처음 시작할 때보다 인터넷 환
경이 너무 빠르게 변화하기 때문에 그 변화를 파악하기가 힘들어
졌다는 것을 들 수 있겠지요.

● 보수 수준은 어느 정도인가요?
개인 나름이기 때문에 얼마 정도라고 말하기는 힘들지만 지금 현
재 5,000 ~ 6,000만 원 정도의 연봉을 받고 있습니다.

● 독학은 가능한가요, 가능하다면 어떻게 시작하는 것이 좋을지요?
가능합니다. 인터넷의 전반적인 흐름 파악에 주력하고 관련 인맥
들과의 돈독한 유대 관계 형성에 노력한다면 꼭 교육기관을 이용
할 필요는 없을 것 같네요. 인맥 형성을 위해서 인터넷 관련 모임
에 필히 참석해야 하는 것도 잊지 마시고요.

● 현재 웹 마케터의 수요는 어느 정도가 되나요?
웹 마케터의 필요성을 실감하면서부터 필요로 하는 곳은 점점 늘
어가고 있습니다. 디자인과 프로그래머는 널리 확산되어 있으나
웹 마케터는 이제 시작 단계라고 할 수 있지요.

● 준비하는 사람들에게 해주고 싶은 말은?
하나의 인터넷 사이트가 운영되기 위해서는 자본, 기술, 마케팅의

3박자가 맞아들어가야만 실질적인 존속과 수익을 창출할 수 있습니다. 지금 같은 인터넷 벤처 대란이 오기 이전까지 대부분의 사람들은 인터넷은 자본과 기술(아이디어)만 있으면 성공한다는 착각 속에 있었는데 현재는 봉착한 수익 모델 창출에 급급해하고 있는 실정이지요.

이 수익 모델을 창출하는 직접적인 사람이 바로 웹 마케터인데 그러기 때문에 웹 마케터의 중요성은 날로 더해갈 것이므로 차분히 준비해 나가시면 좋은 앞날이 보장될 것입니다.

2. 몰 마스터 (웹의 새로운 대안)

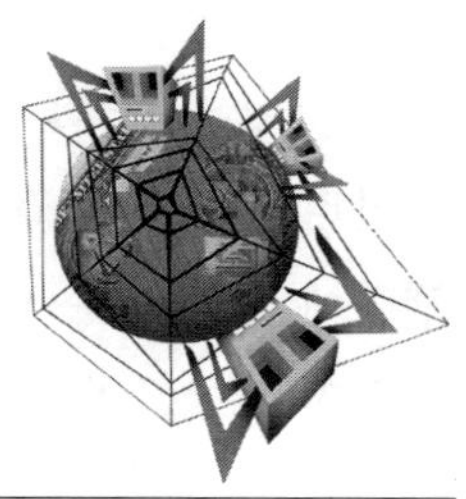

친구들끼리 백화점이나 동대문 쇼핑몰에 몰려다니면서 아이쇼핑하고 이것저것 사는 재미, 살아가면서 정말 빼놓을 수 없는 재미 중 하나입니다. 여자분들은 쇼핑을 같이 하면서 우정이 돈독해지는 경우도 많을 것입니다.

그런데 최근 이런 쇼핑 문화가 많이 바뀌고 있습니다. 인터넷에서도 쇼핑이 가능해져서, 요기 조기 보면서 클릭 한 번만 하면 필요한 물건이 코앞에 배달되니까 여러 가지 장점이 많습니다. 물건 하나 사러 멀리 운전하고 나갈 필요없으니 좋고, 쇼핑하는 걸 귀찮아 해서 여자 친구에게 끌려다니는 기분으로 백화점 찾던 남자들에게는 정말 최고의 환경이지요.

이렇게 쇼핑 환경이 점차로 전문화되고 있다는 것, 바로 인터넷 쇼핑몰이 주도했다고 할 수 있습니다. 그럼 지금부터는 전자상거래를 책임지는 사람들에 대해서 알아보겠습니다. 쇼핑의 새 시대를 연 사람들은 과연 누구인가.

온라인에서 마케팅이 떴다!

그런 사람들이 있습니다. 인터넷이라는 게 무슨 황금을 갖다 안

겨줄 노다지처럼 여기저기서 웅성거리고, 벤처 기업가가 우리 시대 신랑감의 1위가 되고, 인터넷 기업 주식이 얼마가 됐네 하고 난리난리 쳐도 코방귀만 뀌는 사람들. 솔직히 말하면 그게 우리 실생활에 뭐 그리 큰 영향을 주냐는 거지요.

솔직히 그런 사람들 말처럼 인터넷이 우리 생활에 뭐 그리 중요하겠어요. 밥을 주는 것도 아니고, 용돈을 주는 것도 아니고, 물론 활용만 한다면야 이런 저런 도움도 주고 재미도 주지만 지금까지 인터넷 없이도 잘 살았는데 이제 와서 인터넷 없으면 죽을 것처럼 하는 것이 우습다는 말이 일리가 있기도 하지요.

그런데 그렇게 "난 인터넷 모르고 살다 죽으련다"하고 무시하는 사람들에게 제가 하고 싶은 말이 있습니다. 인터넷 모르고 살아도 불편할 것은 없지만 딱 한 가지만큼은 인터넷 환경을 무시할 수 없는 것이 있습니다. 바로 전자쇼핑에 관한 부분이지요.

인터넷은 소비자와 회사가 1:1로 만나는 게 가능한 매체이기 때문에 직거래 환경으로 이용될 수 있는 장점이 있거든요. 그래서 그런 장점을 이용한 전자상거래가 인터넷의 꽃이 되어 가고 있는 것입니다.

일단 인터넷은 사이트를 통해서 물건을 주문하고 살 수 있기 때문에 굳이 쇼핑하는 고생 없이 물건을 살 수 있는 장점이 있습니다. 물론, 윈도우 쇼핑이 얼마나 재미있는데 라고 말할지 모르지만, 사이트 이곳저곳 뒤지면서 보는 것도 윈도우 쇼핑 못지 않게 재미있답니다. 또 몸이 힘들지 않기 때문에 더 많은 시간 쇼핑할 수도 있지요..

게다가 직거래 장터 같은 장점을 가지고 있는 만큼 오프라인보다 가격이 저렴하다는 장점이 있습니다. 말하자면 인건비, 물류비 등을 절감하고 그만큼의 가격을 낮출 수 있다는 것입니다. 만약, 직접 판매하는 경우가 아니고 전자쇼핑을 통한다고 하더라도 중간 단계가 많이 생략되었기 때문에 그만큼 가격이 저렴해질 수 있는 것이지요.

또 하나, 세계 곳곳의 물건을 살 수 있다는 큰 장점이 있습니다. 예전에 원서 사려면 대형서점을 가거나 외국 나가는 친구에게 부탁했었는데, 이제는 그럴 필요가 없겠지요? 사이트를 찾아서 주문만 하면 바로 읽을 수 있습니다.

자, 어떻습니까? 물론 예전처럼 시장 가서 물건 사고, 백화점 가서 물건 사도 생활하는 데 큰 불편을 주는 건 아닙니다. 하지만 좀더 편안하게, 좀더 저렴하게 좋은 물건을 살 수 있는데 이래도 인터넷이 필요 없다고 주장하시는 분은 없겠지요?

(1) 몰 마스터란?

웹 마스터가 웹을 전체적으로 책임지는 사람인 것과 마찬가지로 몰 마스터는 몰을 전체적으로 책임지는 사람이지요. 마스터라는 것은 각 영역별로 가장 우두머리격인 사람에게 붙여주는 이름인데, 검색엔진을 책임지는 사람의 경우는 써치 마스터라고 하지요.

몰 마스터의 경우, 전자상거래 디렉터라고 하기도 하고 E 거래 전문가라고도 합니다.

하지만 몰 마스터라고 이름이 따로 있기는 해도 실제로는 오프라인의 마케팅 업무를 생각하는 게 좋습니다. 또 대다수 전자상거래 사이트에서는 몰 마스터라는 개념 없이 웹 마스터와 더불어 웹 마케터가 같이 일하고 있기도 합니다.

웹에서 전자상거래가 점차 중요해지면서 전자상거래에 관한 많은 직업들이 새로이 생겨나기 시작하는 것이라고 생각하면 됩니다. 말하자면 웹 마스터가 하는 일에 웹 마케터가 하는 일을 짬뽕한 것이 몰 마스터가 하는 일이라고 할 수 있습니다.

오프라인의 상거래에서 구매와 판매가 한곳에서 이루어지는 경우는 없습니다. 구매 담당과 판매 담당은 영역도, 공간도, 사람도 다르지요. 하지만 웹에서는 그 모든 것이 한 공간에서 이루어질 수 있고 한 사람이 담당할 수 있습니다. 그 사람을 바로 몰 마스터라고 하는 것이지요.

잘 키운 몰 마스터 하나, 열 직원 안 부럽다. 이런 말이 무색하지 않을 만큼 몰 마스터는 사이트의 성공과 실패를 좌우하는 키를 쥐고 있습니다. 그렇기 때문에 전자상거래 사이트에서의 웹 마케터를 몰 마스터라는 이름으로 승격시킨 것이지요.

전자상거래 사이트의 경우는 마케팅의 역량이 가장 중요하기 때문에 전체의 마스터 자리에 올리는 것입니다.

(2) 몰 마스터가 하는 일

몰 마스터는 전자상거래 사이트의 모든 것을 책임집니다.

일단 상품의 구매와 판매를 관리합니다. 상품 중에 잘 나가는 물품은 뭔지, 네티즌들이 원하는 것들은 뭔지 정확히 파악해야 합니다. 또 변화 발전하는 사이트를 위해 끊임없이 새로운 물건을 찾아야 합니다.

특히 웹 마케터와 마찬가지로 가맹점 할인율에 가장 신경을 써야 하는 것도 당연하지요.

이처럼 기존 마케팅 업무를 온라인 상에서 삐그덕거리지 않도록 매끄럽게 처리해야 하는데, 여기에서 일이 끝나느냐 하면 결코 아니지요. 이후에 할일은 더욱 많아집니다.

전자쇼핑은 이용자와 사이트를 매개로 바로 만나는 것이기 때문에 이용자를 위해 여러 가지를 해야 합니다. 즉, 새로운 고객을 등록시키기 위한 광고와 이벤트에도 관여해야 합니다. 광고나 이벤트로 회원을 유치하는 것이 매출에도 곧바로 연결되기 때문에 전체 쇼핑몰 관리상 당연히 점검해야 하는 부분이지요.

뿐만 아니라 이용자들의 불편 사항을 체크해서 개선하고 문의 사항에 대한 답변도 점검해야 하는 등 쇼핑몰이 별탈 없이 운영되도록 여러모로 신경써야 합니다.

이처럼 단지 마케팅에 관련된 것뿐만이 아니라 쇼핑몰이 운영되는데 필요한 여러 가지를 모두 책임지는 위치에 있기 때문에 몰 마스터라는 새로운 이름으로 탄생한 것입니다.

(3) 몰 마스터의 자질

몰 마스터는 웹 마스터가 가져야 하는 모든 자질을 갖고 있는 게 좋습니다. 앞에서 다 설명한 내용이니까 굳이 다시 설명 안해도 되겠지요?

게다가 몰 마스터에게 필요한 능력은 일단 마케팅 능력입니다. 잘 팔릴 상품인지 아닌지 판단 내리는 능력이 가장 중요하겠지요. 생각해 보세요. 석 달 열흘 지나도 안 팔릴 거 내내 붙들고 있으면 얼마 안 가 그 쇼핑몰은 깡통 차게 될 게 확실합니다. 잘 팔릴 물건, 소비자가 원하는 물건을 제대로 감지해 내는 능력이 중요하지요.

그런데 파악만 하고 끝나면 그것도 문제입니다. 잘 팔릴 물건일수록 제발 쇼핑몰에 넣어 달라고 납품해 주지 않으니까요. 파악한 물건을 꼭 집어넣을 수 있는 협상능력도 있어야 합니다.

문제는 잘 팔리는 물건은 어디서나 똑같다는 데 있지요. A쇼핑몰에서는 잘 팔리는 게 B쇼핑몰에서는 파리 날릴 리가 없지요. 그러니까 그 물건을 들여오기 위해서, 또 보다 저렴한 가격에 들여오기 위해서는 끈기 있게 끝까지 해내는 능력이 필요합니다.

말하자면 몰 마스터에게는 어떤 일을 시작하면 끝까지 완결 지을 수 있는 끈기, 시장성을 제대로 가늠할 수 있는 판단력, 남들보다 먼저 판단하고 남들보다 먼저 행동하는 순발력, 시장을 지켜보면서 과감한 결정을 내릴 수 있는 결단력 등이 있어야 합니다.

(4) 몰 마스터의 전망과 보수

전자상거래 사이트는 인터넷 비즈니스의 가장 최전방에 서 있다고 할 수 있습니다.

기존 오프라인 기업들도 전자상거래에 뛰어들고 있고 전자쇼핑 전문 사이트도 생겨나고 있고 너나 할 것 없이 두 눈에 불을 켜고 인터넷 시장을 개발하고 있습니다.

뿐만 아니라 온라인 내부를 보더라도 처음에 포털로 출발한 사이트에서도 회원들을 기반으로 해서 전자상거래 분야를 추가하는 경우가 많습니다. 말하자면 전자상거래 사이트가 회원 유치를 위해서 커뮤니티를 조성하는 것과 마찬가지로 포털 사이트에서도 회원이 조성되면 전자상거래를 한 분야로 포함하는 것이지요. 어느 분야를 먼저 시작하느냐의 문제지, 결국 전자상거래 시장이 점점 확대되는 쪽으로 나아가는 결과는 마찬가지입니다.

또 지금까지는 전자쇼핑의 경우 물건을 살펴보는데 2차원적인 사진으로 보거나 확대해서 보는 수준밖에 안되었지요. 이렇게 물건에 대한 확실한 검토가 안되므로 전자쇼핑을 꺼리는 사람이 많았습니다. 그러나 앞으로 동영상이 더욱 발전하고 점차 3D 환경이 된다면, 즉 입체적으로 물품을 볼 수 있다면 전자쇼핑의 이용자들도 점점 많아질 전망입니다.

그렇기 때문에 오프라인에서 근무하던 사람들도 전자상거래 디렉터나 웹 마케팅 업무로 많이 뛰어들고 있습니다만, 아직까지 전자상거래 전문가는 그리 많지 않은 상황입니다.

웹에 관련된 일을 하고 있는 사람들은 대부분 기술 쪽에 관계된

사람들이 많아서 마케팅 업무에 대한 이해가 약하고, 오프라인에서 마케팅 업무를 했던 사람은 웹 환경에 대한 이해가 약하기 때문이이지요.

따라서 마케팅과 웹 환경에 대해 두루두루 파악하는 전문가에 대한 수요가 많고 또, 그런 전문가에 대해서는 대우도 좋은 편입니다.

물론 몰 마스터는 어느 정도 책임있는 역할을 하는 사람이므로 그 자리에 도전하기는 힘들겠지만 처음부터 웹과 마케팅에 대한 일을 차곡차곡 배우면서 경력을 쌓는다면 곧 마스터 자리에 오를 수 있습니다. 연봉은 3년차를 기준으로 했을 때, 대략 2,500만 원 정도입니다.

(5) 몰 마스터가 되는 길

몰 마스터는 가장 주된 업무가 상거래에 관한 부분인 만큼 상경대 전공이 유리합니다. 꼭 상경대 전공이 아니더라도 영업 마인드와 마케팅에 대한 기본적인 지식이 있어야 하고, 거기에 웹에 대한 지식을 쌓으면 됩니다.

몰 마스터는 초보가 바로 도전할 수 있을 만한 분야는 아니기 때문에 일정한 경력을 쌓는 것이 중요합니다.

오프라인에서 마케팅 업무를 하면서 상거래에 대한 감각을 쌓아도 좋고, 전자상거래 사이트로 바로 취업한다면 웹 MD 일에서부터 감각을 익혀나가는 것도 좋을 것입니다. 전자상거래 관리사 자격증을 따는 것도 취업에 많은 도움이 됩니다. 하지만 전자상거래 관리가 몰 마스터가 하는 일의 전부는 아니니까 그 이외의 부분은 개인적으로 계속 공부해야 합니다.

몰 마스터가 아직 신종직업이다 보니까 교육기관이 그리 많지는 않지만, 온라인 비즈니스 과정을 듣는 것도 도움이 되고, 웹 마케팅에 관한 교육을 받는 것도 도움이 될 것입니다.

국민대학교에서는 전자상거래 관리에 대한 과목이 개설되기도 한다니까 참조하는 것도 좋을 것입니다.

Q & A

⇨ **모든 쇼핑몰에는 몰 마스터가 있나요?**

: 그렇지 않은 곳도 있습니다. 몰 마스터라고 이름을 붙이고 전자상거래 시스템 전체를 책임지게 하는 곳도 있지만 사이트 운영은 웹 마스터가 하고 상거래 부분은 웹 마케터가 책임지는 곳도 많습니다.

말하자면 몰 마스터는 웹 마스터+웹 마케터라고 할 수 있지요. 웹 마케터가 하는 업무와 유사한 일을 하는 곳도 있고, 웹 마스터가 하는 일과 유사한 일을 하는 곳도 있답니다.

▶ **문의처**

강남 웹 정보 교육 센터 www.iweb114.co.kr
02-6203-3312

한국능률협회 www.kma.or.kr 02-3786-0114

인 / 터 / 뷰

● **소개를 부탁드리겠습니다.**

이름은 양승철이고, 지금 31세로 동신대학교 전자계산학과를 졸업했습니다. 현재 (주)인터넷114에 근무하고 있습니다.

● **회사와 맡은 업무를 소개해 주세요.**

저희 (주)인터넷114는 only one을 향한 21세기 신 가치투자를 목표로 최적의 인터넷 환경을 위해 인공지능형 검색엔진, 전자상거래를 통한 E—비지니스, 전자결제 시스템인 인터넷 통합카드, 신 먹거리문화 창달을 위한 농수산물 직거래, 신 문화체험의 장인 Cyber 박람회, IMT-2000 컨소시엄 계약 체결 등 IT 기술력을 바탕으로 기반을 다져 나가고 있는 벤처회사입니다.

저는 이곳에서 전반적인 회사 사이트 관리와 프로젝트 개발업무를 맡고 있습니다.

● **그 동안 어떤 일을 해오셨는지 말씀해 주세요.**

그 동안은 주로 컴퓨터 그래픽 쪽 일을 많이 해왔고 현재도 프로그램보다는 웹 디자인 쪽에 더 치중을 하고 있습니다.

KBS의 퍼즐특급과 네트워크 게임인 쥬만지에서는 캐릭터와 게임 개발을 했고요, 3D 애니메이션과 멀티미디어 컨텐츠 제작도 했습니다. 그러다가 Netsgo의 컨텐츠 ismusic에서 웹 사이트 개발을 하고부터 프로젝트 사이트 개발을 하게 되었지요.

컴퓨터 그래픽에서 다양한 분야를 경험한 상태에서 지금은 웹 사이트 개발자로 일하고 있습니다.

● 그래픽 일에서 인터넷 개발 업무로 전향하신 건데요, 인터넷 업무를 시작하게 된 계기가 있나요?

이전 회사에서 넷츠고에 CP로 참여하기 위해 인터넷 방송 사이트 개발 프로젝트 그래픽 팀장을 맡게 되면서부터 본격적인 웹 개발 일을 시작했다고 볼 수 있습니다. 물론 그 전부터 나름대로 웹 개발에 대해 준비를 하고 있었기 때문에 그런 기회를 잡을 수 있었다고 생각합니다.

● 왜 인터넷 업종을 선택하게 되었습니까?

웹 개발은 여러 가지를 하나로 합쳐 놓은 멀티미디어적인 성격이 큽니다. 프로그램, 그래픽, 사운드, 동영상, 편집 등 다양한 분야가 접목되어 있는 것이고, 여러 분야에 관심이 많았던 저에게는 그것이 또 하나의 매력으로 보였습니다.

● 어떤 준비를 하셨습니까?

처음에는 혼자서 HTML 코딩부터 시작하였고 혼자서 개인 홈페이지를 만들 수 있을 정도가 되었을 때쯤, 처음 웹 개발 프로젝트에 참여하게 되었습니다.

그 일을 통해 더 많은 것을 알고 싶어서 회사를 퇴사하고 서울산업대학교의 멀티미디어 전문가 과정을 수강했습니다. 그곳에서 JAVA와 CGI 등과도 접할 수 있었습니다.

● 일을 하기 위해서 필요한 자질이 있다면 어떤 것이 있을까요?

웹 디자이너, 웹 프로그래머, 웹 PD, 웹 마스터 등 웹 개발자도 많은 분야로 나뉘어져 있고 각기 하는 일도 다릅니다. 하지만 서로의 일에 대한 이해와 기본적인 지식을 필요로 합니다. 그리고 빠르게 변화해 가는 새로운 기술이나 동향에 대해서도 민감하게 대처할 수 있는 자세도 필요로 하지요.

● 지금 하는 일을 하기 위해서 필수적으로 알아야 하는 것이 있다면?
   될수록 많은 것들을 다양하게 알고 있어야 합니다. 기술적(기능
   적인 면)인 것은 기본이고 새로운 프로젝트를 시작할 때마다 다
   른 성격의 컨텐츠들을 어떻게 구성하고 어떻게 표현해야 할지를
   제시하기 위해서는 다양한 종류의 컨텐츠들을 많이 접해야 할 것
   입니다. 다른 사람이 만들어 놓은 것을 똑같이 만드는 일은 쉬운
   일입니다. 다른 사이트를 보면서 비판만 하기보다, 나라면 이 내
   용을 어떻게 구성하고 표현할 것인지를 생각하는 습관도 필수라
   고 생각합니다.

● 대학에서 전공이 도움이 됩니까?
   대학에서 전산을 전공하였기 때문에 데이터베이스나 프로그램
   logic에 관한 일반적인 부분에서는 많은 도움이 되었습니다. 논리
   적인 사고방식이 사이트 설계에도 많은 도움을 줍니다.

● 지금 하는 일과 관계된 학과를 소개한다면 어떤 곳이 있을까요?
   웹 프로그래머는 전산계열의 학과, 웹 디자이너는 디자인계열의
   학과라는 식의 통상적인 생각을 많이 하고 있고, 또 일반적인 기
   술에 대해서는 전공자가 더 유리한 것도 사실입니다.
   하지만 웹 개발 쪽에서는 개인의 능력이나 열의에 따라서 학교에
   서 어떤 전공을 했다는 것이 크게 작용하지는 않는다고 생각합니
   다. 새로운 것을 향한 상상력과 신기술을 접목시키기 위해 부단
   히 노력하려는 의지만 있다면 말입니다.
   문과계열의 전공자들도 웹 PD, 웹 디자이너, 전자상거래 디렉터
   등 여러 분야에서 많은 활동을 하고 있으니까요.

● 자주 들르는 웹 사이트는 어디인가요?

디자인 정글(jungle.co.kr), 해피CGI(happycgi.com), CGIKorea (cgi.ideakorea.com), 한국 웹 마스터(koreawebmaster.co.kr) 등을 많이 찾고 있고, 특정한 곳을 자주 가는 것보다는 새로운 곳을 찾아다니길 즐깁니다.

● 현직에 있는 사람으로 지금 하고 있는 일의 장점과 단점을 말한다면?

웹 개발은 그래픽이나 기술적인 부분에서 항상 새로운 것을 찾고 새로운 것을 구현해 나가며 자기 작품을 전세계 누구에게나 보여 줄 수 있다는 매력이 있습니다. 그러기 위해서는 항상 노력을 필요로 하며 신랄한 비판의 대상이 되는 것도 감수해야 합니다. 그런 고통을 이겨내는 것도 자신의 몫이지요.

● 처음 시작할 때와 지금 달라진 점이 있나요?

처음 HTML 코딩을 공부할 때만 해도 좋은 웹 에디터도 많지 않았고 인터넷 속도도 빠르지 않아서 제작에 많은 제약이 따랐습니다. 색상 팔레트까지 절약해 가며 그래픽을 제작하기도 하고… 지금은 그보다는 훨씬 좋은 환경임에는 틀림없지만 그 환경에 맞추어 컨텐츠의 양도 방대해져서 항상 부족하게 느껴지는 것은 마찬가지인 것 같습니다.

● 처음 일을 시작할 때의 연봉과 지금의 연봉이 어떻게 되는지 말씀해 주실 수 있으세요?

자세한 것을 밝힐 수는 없지만 96년 처음 그래픽 일을 시작했을 때는 연봉이 1000만 원 정도였는데 현재는 2,000~2,500만 원 사이를 받고 있습니다.

● **추천해줄 만한 교육기관은…?**

특정한 곳을 잘 알지는 못합니다. 하지만 교육기관을 선택해서 배우기를 원한다면 자신이 하고자 하는 일의 특성을 잘 이해하고 전문적으로 그 일을 교육해주는 곳을 찾는 것이 방법일 것 같습니다. 하루에 서너 시간 정도, 서너 달의 교육으로 전문인이 될 생각은 처음부터 하지 않는 것이 좋습니다.

● **독학은 가능한가요? 가능하다면 어떻게 시작하는 게 좋은가요?**

물론 개인의 능력에 따라 독학도 가능하겠지만 많은 어려움이 따르리라고 생각됩니다. 많은 정보의 공유가 필요한데, 같은 생각을 가지고 같은 길을 가는 사람들과 서로 도와가면서 공부한다면 좀더 쉽지 않겠습니까? 어떤 툴(프로그램이나 그래픽 도구)을 익힐 것인가도 신중하게 선택하시길 바랍니다.

● **마지막으로 준비하는 사람들에게 한말씀 해주세요.**

막연하게 시작하지 마십시오. 겉으로 보기에 좋아 보여서 자신의 능력이나 적성도 고려하지 않고 시작하게 되면 개인 홈페이지 정도를 만드는 데서 끝나게 될 수 있습니다. 그것이 목표가 아니라면 자신의 인생이 달린 문제입니다. 수시로 날을 샐 수 있는 체력도 있어야 하고 아름다움을 표현할 수 있는 감각도 필요하며 항상 새로운 것들을 받아들일 수 있는 노력도 필요로 합니다.

자신의 경쟁자는 바로 옆 사람이 아닙니다. 쉽고 빠른 길을 찾아가는 것보다는 튼튼한 기본기를 닦아 나가세요. 주위사람들이 불안해 하고 흔들릴 때 같이 불안해 할 필요가 없어진답니다.

● **현재 지금 하는 일의 수요와 공급이 어느 정도가 되는지?**

요즘 많이 이야기하고 있듯이 인력난과 취업난이라는 기현상이

겹쳐 있는 것이 몸으로 느껴집니다. 많은 학원들에서 무책임하게 짧은 기간에 많은 인력을 배출하고 있기 때문에 경쟁률은 높지만 회사에서는 회사 나름대로 꼭 필요로 하는 인재를 구하기가 어렵습니다. 좀더 체계적이고 철저한 교육에 의해 전문화된 인력들만이 배출된다면 수요와 공급이 비슷하리라고 생각합니다.

3. 웹 컨설턴트 (웹이 힘들다구요?)

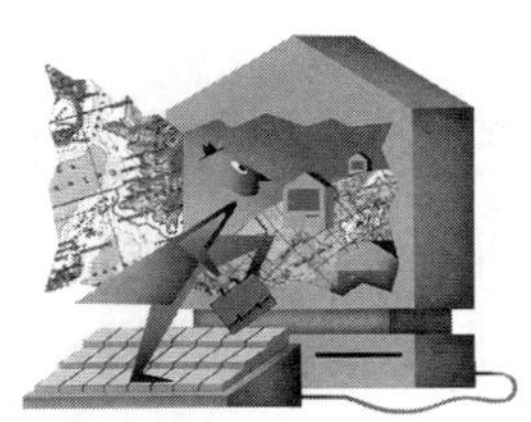

　새로운 세계의 문에 들어서는 순간에는 누구나 약간의 떨림과 두려움을 갖게 될 것입니다. 경험해 보지 않은 새로운 곳이기 때문에 아무 것도 모르는 입장에서 여기저기 부딪치며 멍들어 보자 하는 각오를 가질 수밖에 없을 거예요.

　인터넷 공간도 그렇습니다. 다들 아주 중요한 공간이라고, 새로운 광고와 비즈니스 공간이라고 숙덕숙덕 거립니다. 이대로 현실 세상에서만 만족하고 살기에는 주위 사람들의 움직임이 예사롭지 않지요. 나만 뒤떨어지는 것 같고, 사회의 흐름에 발 맞추어야 할 것 같고, 또 이야기를 들어보니 귀가 솔깃한 공간임에도 틀림없는 것 같습니다. 그렇기 때문에 한시라도 빨리 인터넷으로 달려들어야 할 것 같기는 한데, 문제는 인터넷에 대해 아무런 개념이 없다는 비극에 있지요.

　이럴 때 어떻게 해야 할까요. 지금부터라도 인터넷을 죽어라 공부해서 몇 년 후 하산하는 그날 온라인에 입성해야 할까요? 하지만 그때는 너무 늦는 게 아닌가 싶으시다고요? 그럼 그냥 이대로 주저앉아 버리고 말까요?

　이쯤에서 해결사 한 명을 소개해 드리겠습니다. 이럴 때 고민을 해결해 줄 우리의 구세주, 웹 컨설턴트입니다.

(1) 웹 컨설턴트란

요즈음 외국여행 나갔다 오는 사람들이 참 많습니다. 부모님 잘 만나 호화판 쇼핑하고 오는 걸 말하려는 것이 아니라, 1년 내내 땀 흘려 일한 돈 차곡차곡 모아서 우리와는 다른 문화, 새로운 세상을 보고 오는 모습은 언제 봐도 기특해 보이고, 그렇게 시야를 넓히는 일은 젊음의 특권이라 여겨지기도 합니다.

일단 유럽여행을 간다고 생각해 봅시다. 배낭여행을 간다고 하면 숙박할 곳, 교통편, 음식, 볼거리 등등에 대해서 아주 상세히 알아봐야 할 것입니다. 예전에는 책을 읽으면서 이것저것 계획을 세웠는데 요즘은 인터넷을 뒤져서 빵빵한 계획을 세우고, 계획에 맞춰 세세한 스케줄 짜고…….

하지만 그렇게 많은 준비를 한다고 하더라도 막상 도착하면 어김없이 문제에 부딪히게 되지요. 굳게 믿고 찾아간 숙박 시설이 어느새 없어져 버렸다던가, 큰맘먹고 찾은 오페라 하우스에 공연이 없다든가 등등…, 이런 갑작스런 문제를 해결해 나가면서 여행을 통해 한층 성숙해지는 자신을 발견할 수 있을 것입니다.

하지만 극복할 수 있는 문제라면 상관없지만 이탈리아에서 집시에게 모든 돈을 다 털렸을 때라든가 한참 다녀보니 여권이 없어졌을 때처럼 난감한 경우를 생각해 보세요. 으… 하늘이 노랗게 되는 기분일 것입니다.

이럴 때 옆에서 도움 줄 수 있는 사람 하나만 있으면 정말 평생 형님으로 모시겠습니다 라는 말이 바로 나오게 되겠지요.

만약 여행 전문가가 사전에 하나하나 조언을 해주었더라면 어떴을까요. 혼자서 어려움을 극복하는 긴장감과 묘미는 없었더라도 아마 좀더 쉽게 여행을 계획하고 다녀올 수 있었을 것입니다.

자, 다시 원래 자리로 돌아와서 웹에 대한 이야기를 하자면 이러한 조언자들, 경험자들을 컨설턴트라고 생각하시면 됩니다. 이들이 일하는 곳을 웹 에이전시라고 하는데, 웹의 세계에 들어갈 때 조언을 해주고 현재 사이트 구축에 실질적인 지식과 환경을 알려주는 사람들. 좀더 쉽게, 좀더 완벽한 사이트를 구축하도록 도와주는 사람들을 웹 컨설턴트라고 합니다.

(2) 웹 컨설턴트가 하는 일

컨설팅이 사이트 구축에 대한 전반적인 것을 도와주는 것이라고 했지요. 그렇다고 단지 사이트 구축에 관한 것만을 하는 것은 아니랍니다. 사이트를 기반으로 온라인 비즈니스를 하는 것이기 때문에 기본적으로 온라인 비즈니스나 투자에 대한 컨설팅도 해야 하지요.

웹 컨설팅 자체에서 이 모든 것을 다 포괄하기도 하지만 둘을 나누어서 일을 전문화하기도 하는데, 웹 기획이나 구축, 운영에 중점을 둔 웹 사이트 컨설팅과 온라인 비즈니스에 대한 부분을 전문적으로 하는 EC 컨설팅으로 나눌 수 있습니다.

그럼 컨설턴트들이 하는 일을 자세히 살펴볼까요?

웹 사이트 컨설턴트

웹 사이트 컨설팅은 사이트에 관련된 분야에 대한 컨설팅을 해주는 건데, 일단 사이트 자체 제작이 버겁거나 아니면 좀더 나은 환경의 사이트를 위해 의뢰를 하면 그에 따라 최적의 환경을 찾아 기획, 제작을 하고 운영하는 일이 제일 대표적인 일이라고 할 수 있습니다. 그러나 그 외에도 프로모션에 대한 부분이나 사이트 환경에 대한 컨설팅도 하고 있습니다. 그야말로 '사이트에 관련된 문제로 궁금한 자 나에게 오라' 를 부르짖는 일이지요.

다시 말하면 한 기업의 웹 마스터 일을 하는 것인데, 기획 단계만 컨설팅 하는 경우도 있지만 대부분 구축까지, 그리고 운영까지 요구되는 경우도 있기 때문에 구축과 운영을 할 수 있는 인력이 구성되어야 합니다. 그 인력을 관리하기도 해야 하고요.

대외적으로 보면 사이트 제작의 전반적인 사항에 대해 자문을 주는 역할을 하지만 내적으로는 사이트 기획, 제작을 관리하는 웹 마스터라고 할 수 있습니다.

EC 컨설턴트

온라인 비즈니스의 으뜸인 전자상거래에 대한 부분을 전문적으로 컨설팅하는 일을 합니다. 전자상거래의 경우 사이트 기획, 제작, 운영 면에 있어서 제작과 운영이 특히 중요하다고 할 수 있지요. 이용자와의 직접적인 관계이기 때문에 환경 구축은 물론이거니와 주력 상품의 선별과 물류, 법적인 문제, 이용자 정보 관리 등

에 이르기까지 운영 부분은 단지 관리 차원으로 넘어가서는 안되기 때문입니다. 그래서 이런 모든 부분을 전문적으로 처리하고 길을 안내해줄 전문가가 필요한 건데, 비즈니스 컨설팅과 웹 컨설팅의 모든 부분을 처리하는 것이기 때문에 실제 전문가가 그리 많지는 않습니다. 하지만 전자 상거래의 성장에 따라서 EC 컨설턴트의 필요가 점점 늘어나고 있어서 컨설팅 업체에서도 EC 컨설팅 분야에 많이 뛰어들고 있고, 미래 환경을 예상하고 전자상거래 부분을 공부한 사람들이 컨설팅 업체에서 전문가로 나서고 있습니다.

(3) 웹 컨설턴트의 전망

누구든지 웹에 뛰어들지 않는 사람들이 없는 세상입니다. 오프라인에서 보던 기업이나 신문, 방송들도 인터넷에 들어가면 또 한 번 환하게 인사를 하지요. 그만큼 인터넷의 미래에 대해 확신하는 게 있으니까 하나 둘 뛰어드는 것이겠지요.

그런데 인터넷의 성장 속도가 눈 깜작할 새 휙 지나가 버리는 엄청난 것이다 보니까 발전하는 속도에 제때 따라오지 못하고 저 뒤에서 헉헉 가쁜 숨 몰아쉬는 기업들이 있을 겁니다. 또 온라인 사업에 대한 가능성은 보이는데 그 많은 인력 채용하기가 버거운 기업들도 있을 것이고요. 그런 기업들에게 웹 컨설턴트는 비오는 날 우산 같은, 말복날 수박 같은, 지친 여름 맥주 같은 존재가 아닐 수 없지요. 또 앞으로 웹 환경은 그 가능성이 무한하기 때문에 순간마다 새로운 환경에 대한 자문을 주는 도우미의 필요성은 당분

간 끊이지 않을 전망입니다.

그런데 미래는 그렇게 파란빛을 띠고 있는 반면, 현재의 모습을 보면 웹 컨설팅의 역사가 그리 길지 않은 만큼 전문가가 많지 않은 실정입니다. 또 초보가 할 수 있을 만한 일이 아니기 때문에 경력자가 아니면 쉽사리 나설 수 있는 일도 아니구요. 설령 일을 하게 된다고 하더라도 아직 체계적으로 자리잡은 직업이 아니고 도움될 만한 참고자료도 없어서 뭐든지 부딪쳐 가면서 일해야 합니다. 그만큼 확실한 작업 환경이 아니기 때문에 지금 당장은 많은 어려움이 따르겠지요.

하지만 그만큼 개척의 여지가 많다는 것이고 지금의 웹 컨설턴트가 하는 일 하나하나가 앞으로 웹 컨설팅의 기준이 된다는 걸 뜻합니다. 남들보다 앞서 세상을 바꾸려고 했던 개척자들의 마음으로, 새로운 것을 만들어 내던 발명가의 마음으로 울퉁불퉁한 자갈밭인 컨설팅의 길을 매끄러운 8차선 도로로 만들어 보세요.

(5) 웹 컨설턴트가 되는 길

컨설팅이라는 직업은 원래 존재하고 있었던 직업입니다. 사업 컨설팅, 개업 컨설팅, 하물며 집 앞의 부동산을 지나가도 부동산 컨설팅이라는 간판이 떡 하니 붙어 있으니까요. 그렇게 뭐든지 시작할 때라든가 정보를 얻고 싶을 때 찾는 곳이 컨설턴트인데, 웹에서도 마찬가지입니다. 처음 시작하는 초보자들이나 좀더 나은 사이트를 원하는 사람들이 컨설턴트를 찾아오는 것이지요.

그런데 생각해 볼까요. 남들이 뭔가를 물었을 때 내가 대답을 해주려면 어때야 할까요? 당연히 지식이 많아야지요. 어떤 걸 물어도 바로바로 대답해 줘야지 조금이라도 쭈빗거리거나 '알아봐서 내일 전화로 알려드리지요' 등의 대답이 나온다면 찾아오는 사람들이 뭐라고 할까요. 내일 알 것 같으면 내가 직접 알아보지 뭐하러 찾아왔겠냐 하겠지요. 그렇기 때문에 웹 컨설턴트라는 직업은 초보가 덤빌 만한 직업은 아닙니다. 웹 분야에서 어느 정도 경력이 있는 사람들이 컨설턴트로 자리를 옮긴다던가 아니면 경력을 자본 삼아 컨설팅 회사를 차린다든가 하지요. 또 전자상거래 부분의 강사들이 EC 컨설턴트로서 활발히 활동하고 있고, 웹 프로그래머나 웹 마스터로 경력을 인정받은 사람들이 웹 사이트 컨설팅을 하기도 합니다. 그렇게 쟁쟁한 사람들이 한다니까 나 같은 건 어림도 없겠구나 낙담도 되실 텐데, 지금 당장 웹 컨설턴트 명함 가져야 한다는 조급한 마음만 버린다면, 차근차근 준비할 수 있습니다.

일단 기본적으로 사업에 대한 자문에 대답을 해줘야 하고 완벽한 프로젝트를 성사해야 하는 만큼 논리적인 성격이어야 합니다. 문제를 다방면에서 논리적으로 푸는 훈련을 많이 해보세요.

그리고 의뢰인과의 관계, 작업 내부적인 관계를 잘 풀어야 하니까 대인관계에 모난 게 없는 사람이어야겠지요. 사업이라고 하더라도 사람과 사람의 관계에서 일을 하는 것이므로 인간관계 무시하고 일만 잘한다고 해서 되는 것은 아니니까요. 그렇다고 사람 하나 좋은 건 확실하다는 말 많이 듣는 사람들, 그 재산만 믿고 시작하려는 건 아니겠지요?

그런 기본적인 성격이 갖추어졌으면 반은 준비된 것이므로 그 위에 웹 기술을 익히세요. 한 분야의 전문가, 그리고 그 외 여러가지 부분을 넘나들 수 있는 실력을 길러주어야 하므로, 컨설팅과 웹에 대한 지식을 모두 가지고 있어야 합니다. 하지만 웹 기술보다도 웹 환경에 대한 지식이 우선이어야 하고, 컨설팅에 대한 지식이 더욱 기본이어야 합니다. 그러니까 컨설팅 지식+웹 환경에 대한 이해+웹 적용 기술 지식=웹 컨설턴트라고 정의할 수 있겠지요.

그렇기 때문에 경영학이나 경상대 전공이 도움이 될 것이고, 전공자가 아닌 경우에는 컨설팅에 대한 기본을 개인적으로 공부한 사람이어야겠지요. 전문적인 컨설팅 교육기관에서 배워도 도움이 될 것입니다. 그런 기본 위에 웹에 대한 환경과 기술을 익혀야 하기 때문에 웹 교육기관에서 기술을 익히는 것이 좋습니다.

그러나 무엇보다 웹 환경에서의 컨설팅이기 때문에 기본적인 지식만으로 버틸 수 있는 일은 아닙니다. 빠르게 변해가는 웹 환경에 적응해서 그 안에서의 사이트나 비즈니스에 대한 컨설팅을 해야 합니다. 그렇기 때문에 기본 지식 위에 경험이라는 이불을 단단히 덮어야 실력 있는 웹 컨설턴트로 설 수 있을 것입니다.

장래 직업으로 웹 컨설턴트를 생각하고 있다면 나는 꼭 웹 컨설턴트만을 할 테야 하고 다른 데는 눈도 돌리지 않는 외골수가 되어서는 안되고, 웹 환경에서 일을 하면서 많은 경험을 바탕으로 자신만의 경력을 만들어야 합니다. 그런 경험이 웹 컨설턴트가 되는 길을 좀더 앞당겨 줄 수 있습니다.

⇨ **웹 컨설팅이라고 하면 홈페이지 제작을 하는 것인가요?**

: 지금까지 웹 컨설팅이라고 하면 홈페이지 제작 업무에 치중하기도 했지만 점차 인터넷 산업이 번창하면서 영역이 늘어나고 있습니다. 홈페이지 제작도 하지만 마케팅에 대해 기술, 시스템 솔루션 등 사이트를 제작, 운영하는 모든 분야에 대해 컨설팅을 하는 쪽으로 업무가 넓어지고 있는 것이지요.

그래서 단순히 홈페이지 제작만을 잘한다고 해서 웹 컨설턴트로 성공할 수 있다고 생각하는 것은 너무 성급한 생각입니다. 웹에 관한 여러 가지 지식을 가지고 컨설팅에 대한 지식까지 갖춰야 하는 것이지요.

⇨ **아무래도 많은 경험이 있어야 가능한 일 같은데, 초보가 바로 웹 컨설턴트로 시작할 수도 있나요?**

: 물론 아무래도 실무적인 일이니까 한 분야의 전문가로 경력이 인정된다든가 여러 가지 경험이 있는 것이 도움이 될 것이고 문제 해결을 많이 해본 사람이 유리하겠지요. 그렇기 때문에 경력을 인정받은 사람들이 창업하는 경우가 많습니다.

하지만 초보가 전혀 할 수 없는 일은 아닙니다. 일을 시작하면서 여기 저기 도전해 보고 많은 경험을 쌓아 나가다 보면 웹 컨설턴트 전문가가 될 수 있으니까요. 웹 컨설팅 전문 업체에서 처음부터 일하는 것도 경험을 쌓는 좋은 길일 수 있습니다.

인/터/뷰

● 소개를 좀 해주시겠습니까?

이름은 전병순이고 경력 2년 차입니다.

현재 일하고 있는 곳은 월드 웹 컨설팅입니다.

● 그 동안 했던 일을 말씀해 주시겠어요?

93년부터 98년까지는 일반 회사에 근무했습니다. (주)백양 (B.Y.C) 수출부에서도 근무했고, 동양화재에도 있었지요. 그러다 가 99년에 웹 마스터 과정을 배우고 나서 월드 웹 컨설팅을 창업 하게 되었습니다.

● 다른 일을 하시다가 웹 직업으로 들어오신 것인데, 처음 일을 시작 하게 된 계기가 있으신가요?

산업의 흐름으로 볼 때 인터넷은 용도와 사업 면에서는 이제 시작 에 불과하다고 생각했습니다. 그래서 신 산업에 동참하기 위해 계획적으로 컴퓨터를 배웠고, 웹 컨설팅(웹 에이젼시)이라는 새 로운 자리에 전망을 두게 되었습니다.

● 많은 웹 직업이 있는데 그 중에서도 왜 컨설팅 일을 선택하게 되었 나요?

홈페이지 제작사업을 하다보니 인터넷에 무지한 사람들에게 앞 으로 인터넷의 비젼을 제시해 주어야 할 필요성이 있다고 생각했 고, 이 분야 또한 주식 애널리스트나 부동산 컨설턴트처럼 전문가 들이 웹 분야의 흐름을 분석하고 교통정리를 해주어야 한다고 생각했습니다.

● **학원 수강이나 자격증, 독학 등 어떤 준비를 하셨습니까?**

재취업훈련학원에서 인터넷 홈페이지 만드는 교육을 받았고, 이를 바탕으로 홈페이지 분석, 전자상거래 등에 대한 공부를 통해서 웹 컨설팅이란 자리까지 오게 되었습니다.

● **대학에서의 전공이 도움이 됩니까?**

전혀 도움이 되지 못했습니다. 대학에서는 어문 계열을 전공했는데 80년대 어문계열에서 컴퓨터를 쓸 일은 거의 없었거든요. 대학 졸업 후에 따로 공부하면서 이 길을 찾게 되었지요.

● **회사 소개와 맡은 업무를 소개해 주시겠어요?**

월드 웹 컨설팅(World Web Consulting. www.worldwc.co.kr)으로 홈페이지 전문제작업체입니다. 사실 저는 대표라고는 하지만 직접 실무에서 뛰고 있습니다. 회사 설립 당시부터 웹 컨설팅에 관심을 많이 가졌고, 고객의 주문에 따른 웹 설계를 잘해야지만 회사가 발전한다는 믿음을 가지고 있거든요.

사실 웹 컨설팅이라는 것이 거창한 일은 아닙니다. 고객이 원하는 사이트를 잘 설계해 주고 마케팅이라든지 그에 따르는 적절한 기술을 첨가하여 고객이 지향하는 방향으로 효율을 극대화 시켜 주는 웹 설계사라고 생각합니다.

● **현직에 있는 사람으로 지금 하고 있는 일의 장점과 단점을 말한다면?**

장점이라면 웹 정보나 기술에 대한 새로운 지식을 접할 수 있다는 것이고, 단점은 그 기술을 습득하여 실제 사업에 적용하려면 끊임

없이 공부를 해야 하기 때문에 그 스트레스가 크다는 것이죠.

● 처음 시작할 때와 지금, 변한 점이 있나요?

처음 영업을 시작할 때는 고객들이 인터넷과 홈페이지에 대해서 알지도 못하고, 알려고 하지도 않았고, 컴퓨터가 없다는 이유로 무조건 거부부터 했는데, 불과 몇 개월이 지난 요즘은 웹에 대한 개념을 어느 정도 잡고 있는 분들이 많고, 구체적으로 알아보려는 분들이 많아졌습니다.

핸드폰도 처음 나올 때 몇몇 사업에 필요한 사람만 소유했지만 지금은 대중화가 되었듯이, 웹을 통한 홈페이지나 전자상거래도 일반 모두의 생활용품이 될 것으로 믿습니다.

● 웹 컨설턴트가 되기 위해서 독학은 가능한가요?

독학도 가능하지만 일정부분 집중적인 교육을 받는 것이 시간단축 및 시행착오를 줄일 수 있는 길이라고 생각됩니다. 그리고 그만큼 웹에 대한 전반적 이해도 빠를 것입니다.

● 지금 하는 일을 하기 위해서 필수적으로 알아야 하는 것은 어떤 것이 있을까요?

홈페이지 작업에 대한 전반적 이해라고 할 수 있겠지요.

● 준비하는 사람들에게 해주고 싶은 말은?

집을 지으려면 기초공사가 우선되어야 하듯이 웹 컨설팅 일을 하기 위해서는 그 기초인 홈페이지에 대한 이해가 있어야 합니다. 그 위에 차곡차곡 지식을 쌓아 나가는 것이 필요하다고 생각됩니다.

4. 웹 정보 검색사 (웹의 모든 정보를 한눈에)

현대 사회는 정보 전쟁의 사회라고 합니다. 유용한 정보를 얼마나 가지고 있느냐에 따라 승부가 판가름된다는 이야기인데, 남들이 모르는 정보를 한 발 먼저 갖기 위해서 사람들은 바쁘게 뛰어다닙니다.

그런 정보를 얻기 위한 일들이 요즘은 인터넷 덕분에 참 편리해졌습니다. 예전에는 자료 하나 찾으러 먼 길을 가야 하고, 흐릿한 팩스 때문에 몇 번씩 송신을 하기도 했는데, 지금은 인터넷 들어가서 몇 군데만 들르면 원하는 정보를 금세 알아낼 수 있습니다. 며칠씩이나 걸렸던 일들을 반나절만에 처리할 수도 있고요.

그런데 지금도 이렇게 편리한데 한발 더 나아가 편리함을 주는 직업까지 생겨났다는 거 아닙니까. 정보를 찾아서 정리하고 분석까지 해주는 정보 검색사가 있으니까요. 하긴 예전에 팩스 쓸 때도 정말 편리하다고 생각했는데 지금에 와서는 그것이 고생이었다고 생각하는 걸 보면 얼마 후에는 직접 정보를 찾던 지금이 고생스러웠다고 느낄지도 모르겠네요.

(1) 웹 정보 검색사가 하는 일

정보 검색사는 그야말로 정보를 검색하는 사람입니다. 의뢰인이 필요로 하는 정보에 대해서 인터넷을 뒤져서 찾아낸 다음에 원하는 대로 정리하는 일을 하는 거지요. 웹 써퍼는 사이트를 찾아내서 검색 엔진에 등록시키면 되는 거지만 정보 검색사는 그 안에서 원하는 정보를 찾아서 정리하는 일까지 하는 겁니다.

거기에 또 하나의 다른 점이 있는데, 정보 검색사의 생명은 속도라는 것입니다. 최대한 빠르게 정보가 될 만한 사이트를 찾아서 정리해야 한다는 것이지요. 정보를 빨리 가지는 사람이 앞서는 세상이니까 당연한 일이겠지요?

정리해 보자면 웹 써퍼가 보다 많은 사이트를 찾는 것을 목적으로 한다면 정보 검색사는 보다 빨리 싸이트를 찾는 것을 목적으로 합니다.

거기에다 정보 검색사는 단지 원하는 정보를 검색하는 수준에서 끝나는 게 아니라 이용자가 원하는 수준까지 가공도 해줘야 합니다. 일본 사이트에서 찾았으면 번역도 해줘야 하고, 개념이 어려우면 이용자가 알기 쉽도록 설명도 해줘야 합니다.

그런데 정보 검색사의 직업도 점차 분화되고 있어서 정보 중개인, 정보 분석원까지 등장하고 있습니다. 정보 검색사는 그야말로 써핑의 일을 담당하는 것이고, 분석하고 정리하는 2차 작업은 정보 분석원이, 그 정보를 사고 파는 일은 중개인이 하는 것이지요.

그럼 좀더 자세히 살펴볼까요?

(2) 정보 전문가와 정보 검색사는 한몸!

일단 의뢰인이 정보에 대한 요청을 하면 정보 검색사는 최대한 많은 자료를 수집합니다. 주로 인터넷을 써핑해서 의뢰한 사람이 원하는 정보가 들어가 있는 것을 찾아내는 것이지요.

그런데 주의해야 할 것은 인터넷 속의 정보가 꼭 정확하지만은 않기 때문에 이를 가려낼 수 있어야 합니다. 신빙성이 없는 정보를 가지고 자신 있게 작업해 봤자 그 결과에 대한 책임은 고스란히 정보 검색사에게 돌아오니까요.

풍부한 내용을 가진 정보가 될 수 있도록 가능한 많은 정보를 찾아내되 알토란같이 정확한 정보를 찾아서 넘겨야 하는 것이지요.

그 다음은 정보 분석가의 일이 됩니다. 이렇게 넘겨진 자료를 가지고 2차 작업을 합니다. 정리도 하고, 분석도 해서 의뢰인이 한 눈에 정확히 파악할 수 있을 만한 자료를 만들어야 합니다. 번역과 해설은 기본이고, 필요한 경우에는 통계나 그림도 들어가야 합니다. 정보를 잘 파악할 수 있는 방법은 모두 동원해서 의뢰인의 요구에 맞추는 작업을 해야 합니다.

그 다음으로는 정보 중개인의 몫입니다. 아직까지는 정보 중개인의 역할이 그다지 크지 않은 형편인데, 이는 인터넷의 특징 때문이기도 합니다.

인터넷상의 정보는 그 정확한 출처가 밝혀지지 않은 것이 많고, 여기 저기서 퍼오는 글이 많은데 그로 인한 문제가 상당히 많습니다. 오프라인의 출판물이나 방송에서는 저작권이라는 부분이 꽹

장히 중요한데 인터넷에서는 아직 정확한 선이 없는 형편입니다. 또 정확한 선을 잡는 것이 힘들기도 하고요. 하지만 앞으로 정보에 대한, 그리고 정보 사용에 대한 부분을 정확히 잡아야 하기 때문에 정보 중개인의 역할 또한 점차 커질 것입니다.

물론 아직까지는 정보 분석가와 정보 중개인의 일을 모두 정보 검색사가 해내고 있습니다. 그렇지만 앞으로 정보에 대한 요구가 점점 커지면 정보 검색사도 그 업무에서 많은 분화가 일어날 전망입니다.

(3) 정보 검색사의 전망

아직까지 정보 검색이라고 하면 그걸 뭐 사람까지 쓰면서 찾아야 하나 직접 하고 말지 하는 사람들이 대부분일 것입니다. 하지만 앞으로 인터넷이 훨씬 발달하고 보다 많은 사이트들이 생겨서 지금보다 훨씬 더 복잡해지면 상황은 지금과 판이하게 달라질 것입니다. 그 많은 사이트들 사이에서 정보를 찾아내는 정보 전쟁이 본격적으로 시작되는 시대가 오면 정보 검색사의 영역은 훨씬 넓어질 것입니다.

또 정보 검색사 자체의 일뿐만 아니라 넷츠고나 천리안 같은 통신 업체들의 서비스에서 정보를 제공하는 일로도 영역을 넓힐 수 있습니다. 구인·구직이나 쇼핑 업체 소개 등의 컨텐츠를 보신 적이 있을 텐데, 이런 정보를 제공하는 IP사업도 많은 정보를 찾은 후에 필요한 정보를 제공하는 것이기 때문에 정보 검색사들이 도전할 만한 일입니다. 또 이런 일들은 재택 근무로 할 수 있는 일이기 때문에 자유로운 직종을 원하는 사람들에게는 안성맞춤이지요.

문제는 정보 검색사 자체만을 바라보기에는 취업문이 그리 넓지 않다는 데 있습니다. 정보 검색을 그저 웹 직업의 기본으로만 바라보고 독자적인 직업으로는 여기지 않기 때문이지요. 또 정보 검색을 그저 웹을 찾아내는 것으로만 인식하고 있기 때문에 이런 경향이 계속되고 있습니다.

그래서 정보 검색사 자격증을 받으려는 사람은 수천 명이고 학원은 매일 미어 터지지만 정작 취업할 곳은 그리 많지 않기도 합니다. 현재 정보 검색사로 일하고 있는 사람을 100명 정도로 잡고 있는 것만 봐도 알 수가 있지요. 하지만 정보 검색사에 대한 인지도가 점점 높아지고, 정보 검색뿐만이 아니라 정보에 대한 모든 것을 책임지는 정보 전문인으로서 정보 검색사가 인정된다면 앞으로 그 미래는 밝아질 것입니다.

또 정보 검색사를 희망하시는 분들도 오직 정보 검색사 외길만을 고집하기보다는 그 외에 인터넷 기술을 같이 익혀서 정보 검색이라는 기본을 갖춘 상태에서 다른 직업까지 포괄할 수 있도록 하는 게 도움이 될 것입니다.

정보 검색은 그야말로 인터넷의 기본이라는 생각으로, 다른 직업으로 발전할 수 있는 지름길이라고 생각하면서 준비한다면 아마 많은 길이 보이지 않을까 싶습니다.

정보 검색사의 연봉은 1,200~1,800만 원 정도입니다.

(4) 정보 검색사가 되는 길

정보 검색사는 일단 학력의 차별이 없습니다. 다른 웹 직종도 그리 학력 차별이 많은 편은 아니지만 정보 검색사의 경우 전공 제한 없이 정보 검색사 자격증을 취득한 사람이 유리하게 일할 수 있습니다.

일단 정보 검색사 자격증은 1, 2급으로 나뉘어 있습니다. 이 자격증을 따면 정보 검색사로 인정을 받을 뿐만이 아니라 다른 직업을 희망할 때에도 상당히 유리하기 때문에 대부분 많은 사람들이 이 자격증을 따려고 하고 있습니다.

그런데 고등학교나 대학교에서 필수 자격 과정으로 개설된 곳도 많기 때문에 모르는 사이에 자격증을 취득하고 "어, 이게 그렇게 좋은 거야?" 하고 감탄하는 분들도 있을 것입니다.

하지만 아직 정보 검색사 자격증이 없으신 분들은 책을 보면서 혼자 공부하거나 학원을 다니면서 배우는 것이 좋습니다. 지역마다 직업 전문학교에 교육 과정이 개설되어 있기 때문에 배울 수 있는 곳은 많습니다. 물론 학원에서 배우는 하나보다 더 중요한 것은 내가 공부하는 아흔 아홉가지입니다.

웹 정보 검색사의 여러 직업

❶ 웹 써퍼 (Web Surfer)

정보의 바다 인터넷. 요즘은 바다라는 말도 그 엄청난 정보의 양 앞에서는 어깨를 늘어뜨리고 도망갈 만큼 정보가 넘쳐나고 있습니다. 내가 알아야 할 모든 것은 유치원에서가 아니라 인터넷에서 배웠다고 할 만큼 우리가 알아야 할 모든 것들이 인터넷을 꽉 채우고 있습니다.

그런데 이 많은 정보를 일일이 다 찾아보려고 하다가는 아마도 정작 자료를 보기도 전에 지쳐버릴 것입니다. 또 미처 찾지 못해서 보석 같은 정보를 놓쳐버릴 수도 있겠지요.

이런 수고를 덜어주는 게 바로 검색 사이트입니다. 단어 하나만 입력하면 인터넷 안의 수많은 정보가 좌르륵 올라오는 검색 사이트들…. 아마도 이 검색 사이트들 덕분에 많은 사람들이 인터넷에 투자하는 시간을 절약하고 있을 텐데, 이렇게 고마운 일들을 과연 누가 하는 것일까요? 바로 웹 써퍼가 하고 있습니다.

사람들은 써핑하러 바다로 가지요? 하지만 웹 써퍼들은 인터넷으로 써핑을 간답니다.

사실 웹 써핑이라는 것은 누구나 하는 일입니다. 요즘 사람들 심심하면 인터넷 속에 들어가 여기저기 찾아내는 게 취미 생활이니까요. 요기조기 기웃기웃 하다가 너무나 소중한 사이트를 찾았을 때의 기쁨은 이루 말로 표현할 수 없을 것입니다.

하지만 우리가 하는 것과 같은 일을 웹 써퍼가 한다고 생각하면 큰 오산입니다. 우리는 재미 삼아 여기저기 기웃거리지만 웹 써퍼는 찾아야 한다는 목적의식 아래 인터넷 공간을 헤매고 다니는 것이고, 또 동시에 찾아낸 사이트를 분류하는 작업까지 하니까요. 우리가 검색엔진을 작동했을 때 좌르륵 올라오는 사이트들은 모두 웹 써퍼의 고된 노동 끝에 만들어진 산물이랍니다.

오프라인 직종과 비교한다면 웹 써퍼는 도서관 사서에 비유될

수 있습니다. 도서관 사서도 좋은 책을 들여온 다음에 문헌별, 내용별로 정리해서 찾기 쉽게 책꽂이에 꽂아 두잖아요. 웹 써퍼도 마찬가지입니다. 사이트를 찾아낸 다음에 우리가 쉽게 찾아볼 수 있도록 분류해 놓는 것입니다.

웹 써퍼들은 대부분 검색 서비스 업체에서 일을 하기도 하지만 웹 써핑을 전문으로 하는 업체에서 일을 합니다. 어느 정도 경력이 쌓여서 실력이 알려지면 창업을 하기도 하지요.

Q & A

⇨ 정보 검색사 자격증을 따도 정보 검색사가 되는 길은 좁다고 하던데요?

: 신문이나 잡지에서 유망 직업이라고 선전을 많이 하고 있지만 솔직히 정보 검색사라는 직업 문이 생각만큼 그리 넓은 것은 아닙니다. 또 워낙 많은 사람들이 정보 검색사 자격증을 가지고 쏟아져 나오기 때문에 더욱 그런 경향이 있습니다. 하지만 정보 검색사 뿐만이 아니라 웹 서퍼나 IP로 활동할 수 있는 배경이 된다는 점에서 정보 검색사라는 일은 중요하게 받아들여집니다. 그래서 인터넷 일에 종사하는 사람들의 대다수가 많은 자격증 중에서 정보 검색사 자격증을 기본으로 가지고 있습니다.

그러니까 단지 정보 검색사라는 것을 그 직업으로만 바라보지 말고 다른 직업과 연관되는 고리로 바라보는 것도 좋을 것입니다. 만일 오직 정보 검색사가 되기를 원하시는 분은 그 분야에서 자신의 영역을 확실히 잡으면 되겠지요.

⇨ 정보 검색사가 앞으로 쇠퇴하는 직업군이라는 말도 있는데요, 어떤가요?

: 정보 검색사를 모든 직업의 기본으로만 바라보는 경향이 없는 것은 아닙니다. 하지만 정보에 대한 제공과 인터넷에서의 지적 정보 소유에 대한 목소리가 높아지고 있는 만큼 그런 인식이 가능해진다면 정보 검색사가 단지 정보를 검색해 주는 것만이 아니라 정보를 중개하거나 정보를 설계해 주는 일로 발전할 가능성이 있습니다. 지금 그런 인식으로 차차 옮겨가고 있는 중이고요.

인/터/뷰

● **소개를 좀 해주시겠어요.**

이름은 이종관이고, 나이는 30세로 고려대학교 법과대학 법학과를 졸업했습니다. 일을 시작한 지 2년 차에 접어들어 있고 지금은 (주)지식발전소에 근무하고 있지요.

● **그 동안 했던 일과 지금 하고 있는 일을 말씀해 주세요.**

웹 에이전시 회사에서 사이트 구축에 참여했고, 인터넷 초보자를 대상으로 인터넷 기초와 정보 검색 기초를 강의했습니다. 지금은 엠파스 웹 써퍼로 일하고 있습니다.

지금 하고 있는 웹 써퍼 일에 대해서 말씀드린다면 회사나 기관, 단체 또는 개인들로부터 등록 신청을 받으면 일단 그 사이트를 직접 방문합니다. 그곳에 수록되어 있는 정보의 양과 가치, 이용의 편의성, 접속상태 등을 살펴보지요. 그런 후에 엠파스 등록조건에 적합한지 심사해서 가장 적절한 카테고리에 등록하는 일을 하고 있습니다. 또한 네티즌들의 관심사가 다양화됨에 따라 홈페이지에서 다루고 있는 주제도 다양해지고 있기 때문에 그에 맞추어 카테고리를 전문화, 세분화하는 일도 병행하고 있습니다.

● **처음 웹 써퍼 일을 시작하게 된 계기가 있나요?**

인터넷과 정보 검색을 공부하면서 웹 써퍼 일을 하고 싶어했었고, 작년 말 마침 엠파스가 오픈하면서 기회가 되어 이 일을 하게 되었습니다.

● 웹 써퍼 일을 선택하게 된 특별한 이유가 있으세요?

대학교 2학년 때부터 정보를 구하는 사람들에게 도움을 주는 일을 하고 싶다는 막연한 생각을 가지고 있었습니다. 그러다가 인터넷을 접하고서 '바로 이거구나' 라는 판단을 했지요. 그래서 '웹 써퍼' 를 선택하게 되었습니다.

● 그러면 웹 써퍼가 되기 위해서 어떤 준비를 하셨습니까?

인터넷 입문서나 정보 검색사 준비 서적을 읽고, 읽은 내용을 하루 종일 인터넷으로 직접 해보곤 하였습니다. 특히 정보 검색 쪽을 집중적으로 공부했는데, 검색엔진 사이트들을 방문해서 도움말 등을 교재로 반복 학습을 많이 했었습니다.

● 필요한 자질이 있다면 어떤 것이 있을까요?

인터넷을 샅샅이 뒤지는 일이다 보니까 하루 12시간 이상 모니터 앞에 앉아 있을 수 있는 근성은 필수적입니다. 그리고 사이트를 효율적으로 판별할 수 있는 통찰력과 그 사이트를 적절하게 분류할 수 있는 구조화 능력, 지적 호기심 등도 빼놓을 수 없는 자질로 들 수 있겠지요.

● 법학과를 나오셨는데요, 대학에서 전공이 도움이 됩니까?

저희 엠파스의 14개 대카테고리 중 제가 담당하고 있는 카테고리가 정치, 사회, 법 관련 사이트들을 모아 놓은 곳입니다. 이와 관련되는 사이트들 내용을 파악하는 데 제가 전공했던 법학이 많은 도움이 되고 있습니다. 그래서 흥미롭기도 합니다.

● 지금 하는 일과 관계된 학과를 소개한다면 어떤 곳이 있을까요?

현재 개설되어 있는 학과 중에서는 문헌정보학과가 가장 유사합

니다. 하지만 꼭 문헌정보학과가 아니더라도 전문 분야를 전공해
서 그 분야와 관련되는 사이트들을 다루게 되면 그것이 오히려 효
율적이라고 생각합니다.

● 자주 들르는 웹 사이트는 어떤 곳이 있습니까?
다른 검색 포털 사이트들을 가장 많이 방문하고, 사이트들을 순위
별로 모아 놓은 100hot과 각 신문사 사이트를 모아놓은 신문가게,
동창회 사이트인 아이러브스쿨, 인터넷 비즈니스 정보를 제공하
는 아이비즈 넷 사이트를 자주 들르고 있습니다.

● 현직에 있는 사람으로 지금 하고 있는 일의 장점과 단점을 말한다면
어떤 것을 들 수 있을까요?
우스운 말이지만 하루 종일 컴퓨터 앞에 앉아 인터넷을 한다는 것
이 장점이자 단점이라고 할 수 있습니다. 최신의 사이트들을 가
장 먼저 접하고, 좋은 사이트들을 발굴해서 많은 사람들에게 알릴
수 있는 것이 가장 큰 장점이라고 할 수 있겠고요.

● 개인적으로 처음 일을 시작할 때와 지금 달라진 점이 있다면 어떤
것이 있을까요?
처음에는 하고 싶은 일을 하게 되었다는 흥분과 생각하고 있는 것
을 한꺼번에 실현하고 싶은 욕심이 앞서는 경우가 많았지요. 그
런데 지금은 그때에 비해서 하나 하나 해나가면서 필요한 능력들
을 키워나가는 여유가 생긴 것 같습니다.

● 보수 수준은 어떻게 되는지 알려주셔도 될까요?
구체적으로 밝힐 수는 없지만 일반 회사 대졸 초임 정도입니다.
제가 작년 말에 입사할 때 그 정도 수준이었는데, 일하는 동안 두

번의 연봉 인상이 있었습니다. 처음 시작할 때와 비교해서는 많이 올랐죠.

● 특별히 추천해줄 만한 교육기관이 있습니까?
특별히 교육기관을 다녀야 하는 것은 아니지만 정보 검색사나 유사한 내용의 시험을 주관하는 한국정보통신진흥협회, 교육소프트웨어진흥센터, 한국능률협회, 한국생산성본부 등의 교육 과정을 수강하시는 것이 도움이 될 것입니다.

● 독학은 가능한가요? 가능하다면 어떻게 시작하는 게 좋을까요?
인터넷 입문서나 정보 검색사 자격증 준비 서적을 최소한 2~3권 정도 읽어서 인터넷의 개념이나 검색엔진의 기본 원리를 알아두는 게 일을 하는데 도움이 될 겁니다. 또 각 검색엔진의 도움말 등을 교재로 생각하고 공부를 하는 것도 방법이라고 생각합니다.
웹 써퍼는 디렉토리를 관리하는 직업이기 때문에 각 검색엔진의 디렉토리를 비교 분석하는 것도 좋은 공부가 될 것입니다.

● 웹 써퍼 일을 하기 위해서 '이것만은 놓치지 않아야 한다'고 할 수 있는 것은 무엇이 있을까요?
검색엔진에 대해 잘 알고 있어야 일을 하는 데 도움이 됩니다. 사이트들을 적절한 카테고리로 분류하고 또 새로운 카테고리를 만들어서 등록을 하기 위해서는 상식이 풍부해야 합니다. 시사에도 밝아야 네티즌들이 원하는 정보를 시기 적절하게 제공해 줄 수 있기 때문이죠.

● 웹 써퍼가 되기 위해서 준비하는 사람들에게 해주고 싶은 말이 있다면?

웹 써퍼가 적성에 맞는지부터 먼저 신중히 판단하라는 말씀을 드리고 싶네요. 그런 후에 적성에 맞는다면 많은 써핑을 통해서 위에서 말씀드린 자질을 갖추고 항상 준비하시면 될 것입니다. 그래야 기회가 왔을 때 자신의 것으로 만들 수 있을 것입니다.

● 현재 웹 써퍼의 취업문은 넓은 편인가요?
예전에 어느 조사결과에서 공급대 수요가 5:1 정도라고 본 적이 있습니다.
특별히 어떤 자격이 필요하다거나 준비하는 데 시간이 많이 걸린다거나 하는 게 아니어서 하고자 하는 사람은 많은데, 필요로 하는 곳은 디렉토리 검색서비스를 하는 곳 정도로 거의 고정되어 있어서 그런 것 같습니다. 때문에 그 문을 통과하기 위해서는 전문적인 자신만의 영역을 만들어 놓는 것이 좋습니다.

▶ 문의처
캐드뱅크 컴퓨터 그래픽 학원
　　　www.incadbank.com　02-3675-7174
한국정보통신진흥협회　www.internetccpak.or.kr　02-580-0580
소프트웨어 산업 연합회　02-704-3414

5. 웹 브랜디스트 (웹을 한눈에 볼 수 있는 길)

누구나 이름을 가지고 있는데, 이름이라는 건 정말 중요합니다. 한 사람의 운명을 정한다고도 하고, 듣기 좋은 이름은 그 사람의 이미지를 좋게 만들기도 합니다.

그래서 아이가 태어나면 좀더 좋은 이름을 짓기 위해서 작명소도 찾고 스님도 찾고 국어사전, 옥편 뒤져가며 이리저리 머리를 굴리지요. 사람의 이름 못지않게 기업의 이름도 중요합니다. 또 상품의 이름도 정말 중요하지요. 그 내용보다 이름으로 먼저 다가오기 때문에 중요할 수밖에 없을 것입니다. 그래서 기업을 만들 때 그 이름 하나 때문에 머리를 쥐어짜며 밤을 지새우는 것입니다.

이런 만큼 이름으로 먼저 다가가는 인터넷 사이트의 경우도 이름에 대한 고민이 남다를 거라는 건 안 봐도 알 수 있을 것입니다. 그래서 웹 세계에서는 이름을 짓는 일이 아주 중요하게 여겨지고 있습니다. 이제부터 알아볼 웹 브랜디스트도 그래서 탄생하게 된 직업이지요.

21세기 노다지 산업, 도메인

도메인이 중요하다고 생각되기 시작한 것은 얼마 되지 않았습니다. 그저 웹 사이트를 대표하는 것쯤으로 생각하고 있었으니까요. 그러다가 98년쯤이었나 한 외국 기업이 합병할 때였지요. 우리 나라 젊은이 한 명이 그 도메인을 선점하고 있다가 수억 대에 파는 일이 사람들의 관심을 끈 적이 있었는데, 그 이후부터 도메인에 대한 관심은 커지기 시작했습니다.

최근에 들어서는 도메인 열풍이 더욱 거세져서 닉스에서는 도메인을 공모하는 데 1억 원을 상금으로 걸기도 했고, 얼마 전에 시작된 Korea.com은 도메인이 이미 다른 나라에 등록되어 있어서 수억 대의 돈을 지불하고 사왔다고 합니다.

그런데 왜 이토록 도메인에 열을 올리는 걸까요? 그야말로 사이트의 이름일 뿐인데 왜 엄청난 돈을 지불하면서까지 원하는 도메인을 갖기 위해 애쓰는 것일까요?

사이트는 일단 도메인으로 이용자에게 인식되기 때문입니다. 써핑하기 전까지는 사이트의 성격을 정확히 알 수 없고 도메인에서 일단 사이트를 느끼게 되기 때문이지요. 제대로 된 도메인을 가지는 것이 사이트 마케팅의 시작이기 때문에 저마다 마음에 드는 이름을 잡기 위해 눈에 불을 켜는 것입니다.

그래서 도메인을 무단으로 점거하는 스쿼팅이 종종 신문에 등장합니다. 가수 스팅이 도메인 무단 점거에 대한 소송을 했다가 기각됐다느니, 엘리자베스 테일러 도메인을 등록한 사람이 소송에 패해서 엘리자베스 테일러 도메인을 못 쓰게 됐다느니 하는 기사 읽어보신 기억이 있을 것입니다.

도메인을 미리 선점해 놨다가 나중에 필요로 하는 사람에게 거액으로 파는 일도 속출하는 상황에서 도메인은 그야말로 21세기의 노다지 산업이 아닐까 싶습니다. 이렇게 점차 중요해 지는 도메인 분쟁 때문에 브랜디스트들도 할일이 많아지는가 봅니다.

(7) 웹 브랜디스트가 하는 일

웹 브랜디스트는 사이버 브랜디스트라고도 하지요. 부르는 말은 달라도 모두 사이트의 이름을 지어주는 사람들을 말합니다. 네이미스트에서 분화된 직업이지요. 가령, 초록매실, 화이브 미니 같은 상품의 이름을 만드는 사람을 네이미스트라고 합니다. 웹 브랜디스트는 웹의 도메인을 전문적으로 만드는 사람이고요. 구분이 되시지요?

이들은 기업의 이미지가 살아날 수 있는, 새로운 가상 공간 속에서 기업의 이미지를 잘 나타낼 수 있는 이름을 찾아 고민하는데, 우리가 쉽게 생각하는 이름들, 저거 짓는데 뭐 고민했을라고… 싶은 도메인도 사실상 많은 고민 끝에 나온 이름들이랍니다.

이런 경우도 많지요. travel이 들어간 도메인이 있어서 들어가 보면 여행용품 파는 곳이 나오고, sexy가 들어간 도메인이 있어서 음흉한 마음으로 들어가 보면 신혼 부부의 홈페이지가 나오는 경우도 겪어보신 적 있으실 겁니다.

이럴 때는 그저 허탈해 하거나 멋적게 웃는 것 외에는 따로 방

법이 없지요. 이렇게 이용자가 허탈해 하지 않도록 도메인과 사이트 내용이 딱 부합되도록 하기 위해서 브랜디스트들의 고민이 시작된답니다.

사실 생각해 보면 그 한 줄도 안 되는 도메인 짓는 게 뭐 그리 어렵겠냐고 할 수도 있겠지만 그렇기 때문에 더욱 어려운 게 브랜딩입니다. 수필 쓰는 것보다는 시 쓰는 게 백 배는 더 어렵잖아요.

모든 내용과 성격이 하나의 이름에 쏙 들어갈 수 있도록 하기 위해서는 매일 밤 머리에 쥐나는 과정을 거쳐야 하는 것입니다.

(2) 웹 브랜디스트의 전망

최근에는 영어뿐 아니라 한국어로도 도메인 설정이 가능하게 되었습니다. 따라서 도메인을 지을 때 좀더 자유롭고, 우리에게 낯익은 언어들이 도메인으로 등장했고, 브랜디스트들이 일하는 환경도 조금 더 나아졌을 것입니다.

지금의 웹 브랜디스트는 생긴 지 얼마 안되는, 그야말로 병아리 웹 직업입니다. 물론 예전에도 이름을 지어주는 곳은 있었지만 일반 이름과 도메인과는 분명 틀리지요. 또 아직까지 많은 사람들에게 알려지지 않은 직업이고 일하는 데에 한계도 많은 형편입니다. 그래서 아직까지 웹 브랜딩 업체도 많지 않고 브랜디스트 전문가들은 더더욱 얼마 되지 않지요.

이 얘기는 브랜디스트가 개척할 영역이 많고, 곧 그만큼 일할 영역이 넓다는 걸 말하는 것입니다. 어떤 곳이든지 초기에 뛰어드

는 사람이 성공할 확률이 높잖아요.

또 도메인을 만들어 내기 위해서는 혼자 작업을 하는 경우도 있지만 여럿이 회의에 회의를 거듭하고, 아이디어를 쥐어 짜내서 만들기도 합니다. 팀 단위로 일을 하게 되는 경우가 많지요. 하지만 고용된 브랜디스트가 아닌 경우 프리랜서라면 굳이 출퇴근이 필요하지 않은 일이다 보니까 재택 근무도 가능합니다.

또 도메인 하나에 보수도 상상할 수 없을 정도의 거액이 왔다갔다 하기 때문에 여러모로 업무 조건은 좋은 편입니다. 하지만 아무나 달려들기에는 약간 무리가 있을 것입니다. 무엇인가를 창조해 낸다는 것이 그리 쉬울 리는 없으니까요. 여러 가지 직접적이건 간접적이건 경험과 고민에 의해서 만들어질 수 있는 것이기기 때문에 독서도 많이 해야 하고 사회적인 관심도 많아야 합니다.

또 주어진 룰에 한치의 불만도 없이 살아가는 모범생 같은 사람들보다는 약간은 삐딱하게 살아가는 사람들이 더 유리할 수 있습니다. 남들이 생각하지 못하는 것을 생각할 수 있는, 하나를 보더라도 또 다른 방향에서 생각이 되는, 책을 읽을 때 주인공보다는 엑스트라에 더 애정이 가는 사람들에게 적합한 일이라고 할 수 있겠지요.

Q & A

⇨ **웹 도메인만 전문적으로 지어주는 곳이 있나요?**

: 대부분 상품이나 기업 네이밍 작업을 하는 곳에서 도메인 브랜딩 서비스까지 담당하고 있는 경우가 많습니다. 인터넷이 생활에 가까워지면서 도메인 서비스를 시작하게 된 것이지요.

이런 업체의 경우 도메인 등록 서비스를 하는 곳과는 좀 차이가 나는데, 도메인 등록 서비스의 경우는 오로지 도메인을 등록하는 서비스를 하는 반면에 브랜딩 서비스를 하는 곳에서는 기업의 이미지에 맞는 브랜드를 만들고 그 도메인을 등록하는 일까지 한번에 해주고 있습니다.

인 / 터 / 뷰

● 소개를 좀 부탁드립니다.

이름은 전성환이고, 29세입니다. 일을 한 지는 3년 정도 되었습니다.

● 그 동안 어떤 일을 해오셨지요?

MBC 멀티미디어 사업국에서 웹 사이트 관리를 했었고, (주)케이시박에서 전산 및 홈페이지 관리를 했습니다. 지금은 (주)제로텐에서 인터넷 홈페이지 개발업무 외 도메인 관련 사업을 담당하고 있지요.

● 처음 일을 시작하게 된 계기가 있으신가요?

인터넷을 접한 대학시절 이후 학원에서 그래픽을 공부하면서 인터넷 개발을 시작했습니다. 그러면서 자연스럽게 인터넷 업종으로 오게 되었습니다.

● 어떤 준비를 하셨습니까?

E4 멀티미디어 학원을 다녔고, 경실련 웹 마스터 과정을 수강했습니다. 그 이외의 부분은 독학을 했습니다.

● 필요한 자질이 있다면 어떤 것이 있을까요?

인터넷 업무의 대부분이 창조의 작업이라, 머물러 있는 생각보다 앞선 생각이 중요합니다. 무엇보다 기술 습득을 빨리 해야 합니다. 그리고 닫혀 있는 생각보다는 열린 생각으로 일하는 게 도움

이 됩니다.

● 대학에서 전공이 도움이 됩니까?
대학에서의 전공과는 그렇게 큰 관련이 없다고 봅니다. 저도 지금 대학 전공과는 무관한 일을 하고 있거든요.

● 회사 소개와 맡은 업무를 소개한다면?
제로텐은 인터넷 컨텐츠 사업을 하는 회사로 현재 경매와 역경매 솔루션 개발을 하고 있는데, 저는 그 중에서 도메인 관련 업무를 맡아보고 있습니다.

● 자주 들르는 웹 사이트는?
주로 웹 마스터에게 필요한 정보를 얻기 위해 프로그램 사이트와 NT 관련 사이트를 서핑합니다. www.advisor.co.kr는 매일 들러 정보를 얻고 있지요.

● 현직에 있는 사람으로 지금 하고 있는 일의 장점과 단점을 말한다면?
새로운 작업의 연속이므로 일의 지루함은 없고 개인 능력에 따라 보수와 직급이 달라질 수 있어서 능력에 맞는 대우를 받을 수 있습니다. 하지만 보수에 따라 회사를 이직하는 비율이 타 직업보다 많고 현직에서 일할 수 있는 나이의 한계가 타 직업보다 짧아 미래에 대한 불안감이 있다는 단점이 있지요.

● 일하시면서 변화가 느껴지는 부분이 있나요?
대중적으로 인터넷이 알려지기 전에는 몇 가지의 기술만으로도 현업에 종사하는 데 충분하였지만 IT업계의 빠른 발전으로 현재

는 새로운 기술을 습득하는 데 급급할 때가 있는 듯 합니다

● 보수 수준은 어떻게 되나요?
현재 다른 업계의 보수보다는 그리 많지 않다고 생각됩니다. 인
력의 부족현상이라든지 고급인력이라는 차원에서 외국과 비교해
서는 적지만 우리 나라 실정에서는 적당한 수준이라고 생각합니
다. 그 역시 개인 능력차에 따라 그 등급의 차이가 많이 나기 때문
에 어떻게 정확한 기준을 정할 수가 없네요.

● 추천해줄 만한 교육기관이 있나요?
비트 교육 센터로 학원 중 몇 안 되는 전문 교육기관입니다. 흠이
라면 교육비가 비싸서 무턱대고 수강하기는 힘이 들지요.

● 학원을 수강한 후에 독학을 하셨다고 했는데요, 어떻게 시작하는 게
좋을까요?
독학은 물론 가능합니다. 하지만 명심해야 할 것은 쉽지만은 않
다는 것입니다. 일단 학원이나 교육기관에서 가르치는 기본 수준
을 배운 후에 그 기본 수준을 이해하기 위해 책을 독파하는 게 훨
씬 빠르고 경제적이라는 거지요. 하지만 문제는 역시 현장 경험
입니다. 경력을 쌓기 위해서는 현장작업이 가장 빠른 기술 습득
장소라고 할 수 있어요. 현장에서 경험을 쌓으면서 자신의 분야
를 찾아나가는 것이 좋을 듯 합니다.

● 준비하는 사람들에게 해주고 싶은 말이 있다면 한 말씀 해주세요.
자신이 하고 싶은 분야에 대한 열정이 많아야 합니다. 배움의 열
정이 없으면 하루가 다르게 새 프로그램과 기술이 나오는 이 분야
에서는 적응할 수 없기 때문이지요. 자기 발전의 좋은 배경이 될

수도 있는 끝없는 배움의 장소라고 생각하면 될 것입니다.

● 현재 지금 하는 일의 수요와 공급이 어느 정도가 되나요?
현재 불경기라 뭐라고 말할 수는 없지만 인력이 부족했던 시절은 지난 듯합니다. 문제는 정말 실력이 있는 사람을 찾기가 어렵다는 건데, 학원에서 많은 교육생들을 배출하고 있지만 수요층인 기업에서는 아직도 경력자를 원하고 있습니다. 그래서 학원생은 많지만 아직도 기술력을 가진 경력자를 뽑는 기업에서는 인력이 부족한 상태라고 할 수 있지요.

▶ **문의처**
브랜드 메이저 02-558-5721
인피닛 02-736-7533

6. 웹 경찰 (웹 가상 세계 지킴이)

인터넷이 생활에 가까이 다가오고, 생활에 필요한 여러 가지를 해결해 주면서 우리의 삶은 점점 편리해져 가고 있습니다. 현실 공간에서만 가능하던 일들이 가상 공간에서 가능해지고, 직접 몸을 움직여서 하던 일들을 사이버 공간에서 해결하면서 시간적, 공간적인 절약이 가능하니까요.

그렇지만 인터넷의 보급이 꼭 좋은 방향으로만 작용하는 것은 아닙니다. 그에 따른 문제가 서서히 드러나고 있지요. 인터넷의 보급으로 점점 개인화 되어가는 것, 인내의 주기가 짧아지는 것, 언어 폭력에 별다른 대처를 할 수 없다는 것 등은 새로운 사회 문제로 대두되고 있습니다.

그러나 무엇보다 심각한 것은 인터넷상의 정보에 관한 부분입니다. 인터넷상의 무수한 정보에 대해서, 또 개인 정보에 대한 보안은 자칫 잘못 다루었다가는 심각한 문제가 될 수 있으니까요.

그래서 이 사람들이 필요하게 되었습니다. 누구냐고요? 바로 웹 경찰(Web Cop)입니다.

(1) 웹 경찰이란

　어느 날 집에 들어갔더니 미친 개 한 마리가 날뛴 것처럼 집안 이곳저곳이 흐트러져 있을 때, 집에 가는 어두운 골목길에서 낯선 사람에게 이유 없이 몇 대 맞고 돈을 빼앗겼을 때 우리는 가장 먼저 어디에 연락을 할까요?

　어떤 문제가 생겼을 때나 생활에 위험을 느꼈을 때 우리는 가장 먼저 경찰서를 찾습니다. 생활상의 여러 가지 문제들에 대해서 해결해 주고 도와주는 일을 하는 곳이니까요.

　그와 마찬가지로 인터넷 공간 안에서 문제가 발생했을 때, 누군가 나의 정보를 도용하거나 내 개인 정보를 이용하고 있을 때 우리는 당연히 경찰을 찾아야 합니다. 이렇게 인터넷 공간을 책임지는 경찰들을 웹 캅(Web Cop) 또는 사이버 캅(Cyber Cop)이라고 부릅니다.

　사실 인터넷에서 어떤 새로운 사이트를 찾아서 회원 등록을 하려고 했을 때 '이미 사용하고 있는 주민등록번호입니다' 라는 문구가 뜨는 경험을 해보신 분 많을 거예요. 누군가 나의 주민등록번호를 이용하고 있다는 거지요. 그 순간 저 낭떠러지 아래로 곤두박질 치는 기분이 들 것입니다.

　또 보안이 최우선이 되어야 할 사이트들, 가령 국가 기밀에 관계된 것이라든가 실험 결과에 대한 것이 기록된 사이트들도 해킹 당하는 경우가 많이 있습니다. 영화에서도 많이 나오지만 이런 경우 아주 무서운 결과를 가져올 수도 있기 때문에 보안 문제에 최선을 다 해야 하는 것이지요.

이런 인터넷 안에서의 보안에 관한 문제들에 대해서 책임을 지는 것이 바로 사이버 캅입니다. 이미 해킹을 당하거나 정보를 도난 당했으면 그 해커를 찾아내는 일을 하는 것이고, 정보의 보안이 필요한 사이트는 미리미리 보안 프로그램을 작동시켜서 정보가 유출되지 않도록 지키는 것이지요.

물론 초기에는 사이버 캅에 대한 필요성을 그렇게 심각하게 생각하지 않았을 거예요. 인터넷 공간이 그렇게 중요하게 인식되지 않았을 테니까요.

하지만 지금은 모든 오프라인 기업들이나 관공서도 홈페이지를 마련하는 등, 온라인에 점점 더 비중을 두고 있는 만큼 보안에 관한 문제는 더더욱 중요해지고 있습니다. 오프라인에서야 중요한 정보가 있으면 금고에 집어넣고, 경찰 배치하고, 적외선 탐지하고, 3중 4중으로 보안 처리하면 되지만 사이버 공간에서 믿을 건 오직 하나! 바로 보안 프로그램뿐이니까요.

그럼 사이버 캅들은 무슨 일을 하는지 한번 알아봅시다.

(2) 웹 경찰이 하는 일

사이버 경찰은 일단 정보를 지키고 불량 정보를 제거하는 일부터 시작합니다.

뉴스에서 보았겠지만 요즘은 주민등록 검색 프로그램이 있어서 그 프로그램을 돌리면 사용 가능한 주민등록번호가 나온다고 합니다. 그렇게 해서 남의 귀중한 주민등록번호를 이용하는 거지요.

오프라인처럼 사람의 얼굴을 직접 보고, 신분증과 대조하고 회원 등록을 하는 것이 아니고 그저 페이지상으로만 작성하는 것이기 때문에 이런 일은 꽤 많다고 합니다. 또 이용 사실이 발각된다고 하더라도 사이버 공간에서 익명으로 활동하는 것이기 때문에 그리 심각한 죄라고 생각하지 않는다고 합니다.

문제는 이런 주민등록 도용이 자칫 잘못하면 심각한 문제로 발생할 수가 있다는 데 있습니다. 그래서 대부분의 사이트들은 회원이 등록을 하면 신용정보가 정확한 것인지에 대해서 조사를 하는데, 주민등록번호와 개인 정보가 일치하는지 등을 본 후에 그렇지 않은 정보의 경우 'reject!' 하는 것이지요.

하지만 아직은 이런 조사를 빠져나가는 일이 전혀 불가능한 것은 아니기 때문에 인터넷상에서 또 다른 내가 헤매고 다니는 일이 비일비재 합니다.

다음으로 보안 프로그램을 만드는 일을 합니다.

무엇보다 개인 정보의 문제에 관해서 가장 중요한 부분은 전자상거래 결재 시스템에 관한 부분일 거예요. 누군가 나의 신용 정보를 가지고 결재를 하게 된다면 물건 한번 써보지도 못하고 아무 상관도 없는데 고스란히 그 비용을 떠안아야 하는 것이니까요.

그렇기 때문에 대부분의 전자상거래 사이트에서는 신용정보 보안 프로그램을 작동합니다. 하지만 단지 프로그램을 실행만 시켜놓는다고 일이 끝나는 건 아니지요. 끊임없이 침입하려는 사람들을 상대해야 하니까요.

그래서 사이버 캅이 해야 하는 일이 또 하나 있는데, 바로 보안 프로그램을 제대로 작동하도록 살피고, 사이트에 침입하려는 사

람들을 찾아내는 일이지요.

우리가 일반적으로 해커(Hacker)라고 알고 있는 사이트 무단 침입자들을 찾아내는 것인데, 엄밀히 말하자면 크랙커(Craker)들을 잡아내는 것입니다.

우리에게 잘 알려지지는 않았어도 지금 인터넷에서는 해커와의 전쟁을 벌이고 있습니다. 정보가 필요해서 사이트에 침입하는 경우도 있지만 자신의 컴퓨터 실력을 입증하고 싶어서 사이트에 침입하는 경우도 많으니까요. 그러나 어떤 일에서 시작을 했든 유출되어서는 안 되는 정보들이 공공연히 돌아다닌다면 큰일이겠지요.

결론적으로 사이트가 오픈 되지 않도록 미리 막고 오픈된 경우에는 침입자를 찾아내는 것, 바로 이 일을 사이버 캅이 해내고 있습니다.

(3) 웹 경찰의 매력과 전망

사이버 캅은 일단 컴퓨터에 관해서는 자타가 공인하는 사람이라고 할 수 있습니다. 가령 예를 들자면 그런 것이겠지요. 적을 알고 나를 알아야 백전백승! 삼국지에 나오는 형님의 이야기가 그대로 적용되는 거지요. 해커를 잡기 위해서는 해커 이상의 해킹 실력이 있어야 한다는 것입니다.

사실 현직 사이버 캅으로 일하고 있는 사람들의 다수가 해커의 전력을 갖고 있다고 합니다. 사이버 보안 수사대에서 해커로 등록

되었던 사람들이 역으로 그 전력을 직업으로 활용하는 거지요.

그런데 해커들의 경우 대부분 자신의 실력을 테스트하기 위해서 해킹을 하는 경우가 많다고 합니다. 꼭 그 보안망을 뚫어야 할 이유가 없으면서도 자신을 시험하기 위해서, 또 대기업의 보안체제가 자신의 발 밑에 있다는 것을 입증하고 싶어서, 그 보람을 느끼기 위해서 끊임없이 노력하고 있다는 겁니다. 그래서 MS나 국방부 등의 사이트는 하루가 멀다 하고 수십, 수백의 해커들의 공격을 받고 있지요.

그렇다면 해커들이 그렇게 공을 들이는 사이트를 지켜낸다면 그것 역시 엄청난 보람이겠지요. 날고 긴다는 전세계의 해커들의 공격을 막아낸다면 인터넷의 질서도 유지하고 자신의 실력도 입증 받는 다각도의 효과를 얻는 거니까요. 현직으로 일하는 사람들은 그 보람을 느끼며 일을 하고 있습니다.

그렇지만 이 보안에 관한 것이 그렇게 쉽사리 성과가 나오지 않는다는 데 어려움도 있습니다. 저마다 컴퓨터에 도사라는 사람들이 달려들어 뚫으려고 하는 사이트를 지키는 것이고, 그 도사들을 찾아내는 것이다 보니 그리 만만한 작업도 아니고 그만큼 성과물이 쉽게 나타나지 않으니까요. 그래서 쉽사리 포기하고 다른 길을 찾는 사람들도 많다고 합니다.

하지만 앞으로 인터넷 보안이 점점 사회 문제가 되고 인터넷 공간에서의 정보 질서에 대한 요구가 높아지면 사이버 캅에 대한 수요도 점점 많아질 겁니다. 또, 새로운 공간의 질서를 자신이 지켜낼 수 있다는 사명감도 잊으면 안되겠지요.

인터넷 공간이 오프라인 공간에 이은, 오프라인에 못지 않은 새로운 공간으로 나서기 위해서 그 안에 필요한 사람들은 참으로 많습니다. 인터넷 공간을 발달시키고 더 편리하게 사용할 수 있도록 기술을 개발하는 사람도 필요하고, 더 폼 나게 꾸미는 사람도 필요하겠지요. 하지만 그 모든 것은 원활한 정보 질서가 유지되는 조건 하에서 가능합니다.

아직까지는 그저 초보적인 시골 비포장 도로 같은 인터넷이지만 쭉쭉 뻗는 고속도로가 되기 위해서 단연 사이버 캅은 가장 필요한 인력 중의 하나라는 것을 잊지 맙시다.

(4) 웹 경찰이 되는 길

사이버 캅이 되기 위해서 가장 기본적으로 알아야 할 것은 컴퓨터에 대한 지식입니다. 그 다음으로 해킹에 대한 실력을 갖추어야 하는 것이지요.

보다 쉽게 말하자면 사이버 캅이 되려면 그 전에 해커가 되라는 이야기인데, 도둑 잡기 위해서 도둑 될 수는 없는 노릇이지요. 앞으로는 사이버 상에서의 범죄자도 오프라인과 똑같은 법률을 적용하겠다고 하는데 괜히 잘 사는 사람 범죄자 만들면 안되겠지요.

실제 사이트를 해킹하는 대신 테스트 서버를 많이 해킹하면서 어떤 부분이 취약한지, 어떤 부분이 해킹하기 쉬운지, 어떤 것이 해킹하기 어려운지 등을 점검해 나가면서 실력을 기르면 될 것입니다.

지금까지 정보 보안 프로그램에 대한 것이나 해킹 방지에 대한 교육을 하는 곳이 없었기 때문에 대부분 개인적으로 공부를 하는 경우가 많았습니다. 그런데 최근에 해킹 방지에 대한 사설 교육기관도 생겼습니다. 그런 곳에서 여러 사람과 함께 만나면서 실력을 쌓는 것도 중요하겠지요.

그러나 무엇보다 잊지 말아야 할 것은 자신의 실력을 함부로 하지 않는다는 가치관의 정립입니다. 해커가 사이버 캅이 될 수 있다는 얘기는 사이버 캅도 해커가 될 수 있다는 얘기니까요. 그럴 리는 없겠지만 일을 하면서 어떤 곳에서든지 유혹이 오더라도 결연히 뿌리치는 의리 있는 홍콩 영화의 주인공 같은 모습을 가져야 한다는 거예요. 비록 단시간에 성과는 안 보이고 앞에 나서는 직업은 아닐지라도 내가 있으므로 해서 인터넷 공간이 평화롭게 돌아간다는 것을 보람으로 여기면서 말이지요.

인/터/뷰

● 소개를 해주세요.

이름은 김성유라고 합니다. 현재 26세이고, 국립 밀양대학교 컴퓨터공학과를 졸업했고 2001년 3월 고려대학교 정보보호학과에 입학할 예정입니다(인터뷰 당시의 상황임).

● 이제 다시 학교에 들어가면 학생 신분으로 일을 하시는 거네요. 아직 나이도 그렇게 많지 않으신데, 그 동안 경력으로 들 수 있는 게 어떤 것이 있을까요?

실제 회사에 다닌 경력은 그렇게 많지 않습니다. 학부 때 벤처 동아리 창설했던 경험이 있습니다. 4년 동안 서버를 공부할 때 보안에 대해서 공부했었고요. 그러면서 2000년 5월에 지금 다니는 (주)사이버 리서치 http://www.cyberesearch.co.kr에 입사해서 일하고 있습니다.

하지만 회사를 다닌 경력은 없지만 학생 때 시스템 프로그래머로 활동했고, 서버관리 및 운영에 관한 학습과 보안에 관한 프로그래밍 경험이 있으니까 전혀 경력이 없다고 할 수는 없지요. 보안 프로토콜 개발에 참여했고 네트워크 관련 하드웨어 개발에도 참여했었으니까요.

보안 쪽에서는 중앙일보 교육사업단과 함께 호암아트홀에서 보안세미나 기획을 직접 개최한 적이 있고, 현재는 테크노 유니버스에서 정보보안 관리자를 양성하고 있으며, 2000년 7월에는 세계 해킹대회에 참여해서 저희 회사 직원들과 함께 1등을 한 적도 있습니다.

현재는 보안교육을 중심으로 활동중이며 무료 보안 세미나 및 보안 컨설팅, 보안 프로그래밍 등을 하고 있습니다.

● 처음 사이버 캅 일을 시작하게 된 계기가 있으신가요?
보안이라는 카테고리는 정보화 산업에 있어서 최고의 위치에서 활동해야 하는 일인 만큼 상당히 매력적이라고 생각했습니다.

● 사이버 캅이 되기 위해서 어떤 준비를 하셨습니까?
제가 컴퓨터를 공부한 지가 15년째 거든요. 근데 전 학원수강 경험은 없습니다. 순수하게 독학으로 지금까지 왔지요.

● 사이버 캅이 되기 위해 필요한 자질이 있다면 어떤 것이 있을까요?
할 수 있다는 마음가짐과 진취적 사고와 논리적 사고 등등이 필요하겠지요.

● 대학에서의 전공이 도움이 됩니까?
실질적으로 전 컴퓨터공학을 전공했는데, 제 입장에서는 나름대로 도움이 많이 되었습니다.

● 사이버 캅과 관계된 학과를 소개한다면 어떤 학과가 있을까요?
정보보호학과, 컴퓨터공학과, 전자계산학과, 정보통신공학과 정도가 유사하다고 하겠지요.

● 지금 (주)사이버 리서치에서 근무하신다고 했는데, 맡은 업무를 소개해 주세요.
현재 소프트웨어 개발실 팀장과 교육사업부 팀장을 같이 역임하고 있고, 보안 프로그래밍 개발 및 교육사업, 컨설팅 등을 담당하고 있습니다.

● 특별히 자주 들르는 웹 사이트가 있으세요?
  wowhacker.com이나 ids.co.kr , kisa.org 등등이 있고, 공개할 수
  없는 사이트 10개 정도가 더 있습니다.

● 현직에 계시는 입장에서 생각하기에 사이버 캅이 직업으로서 갖는
  장점과 단점은 어떤 것이라고 생각하세요?
  장점이라면 인터넷 업계에서 보안이라는 것이 최상의 개념이고
  그만큼 보안 없이는 인터넷이 유지될 수 없기 때문에 굉장히 자부
  심이 크지요. 하지만 보안기술이 해킹기술을 따라갈 수 없기 때
  문에 새로운 해킹기술에 대한 끝없는 학습을 통해서 공부를 많이
  해야 하거든요. 그래서 잠을 많이 못 잔다는 것이 굉장히 큰 단점
  입니다. 제가 하루에 4시간 정도 자거든요.

● 처음 시작할 때와 지금 다른 점이 있다면 어떤 게 있을까요?
  처음 제가 일을 시작할 때는 참고서적이나 정보가 거의 없었고,
  인식 자체도 그리 높지 않았는데 지금은 인식 수준도 높아졌고 정
  보도 넘치도록 많지요.

● 보수 수준은 어느 정도나 되나요?
  월 250 정도이고, 거의 연봉 계약으로 일하고 있습니다. 연봉으로
  따지면 2,500만 원 정도라고 할 수 있겠네요.

● 독학을 하셨다고 했는데, 어떻게 공부하셨는지 좀 알려 주세요.
  일단 무수히 많은 시간과 열정을 쏟아야 가능합니다. 진취적인
  사고 및 끈기있게 할 수 있다는 자신감이 필요할 것 같습니다.

또 기회는 기다리면 오지 않거든요. 기회를 잡기 위한 노력도 필요하다고 생각합니다. 그런 마음가짐을 가진 후에 서점에 가면 보안 및 해킹 크래킹 등등의 자료가 엄청 많아요. 서점을 많이 뒤지거나 보안에 관련된 웹 사이트를 써핑하면 도움이 많이 될 겁니다.

● 사이버 캅이 되기 위해서 반드시 알아야 하는 게 있다면 어떤 게 있을까요?

network, 서버에 관한 전반적인 지식, 네트워크에 관한 전반적인 지식 정도하고 프로그래밍 중급 정도 실력이면 충분합니다.

● 현재 사이버 캅 직종의 흐름이 어떤가요? 준비하고 있는 사람들에게 한말씀 해주세요.

신문이나 자료에서 정보보안에 관한 예산이 계속 늘어난다는 이야기를 들었고, 현재 보안업체 및 대기업 중소기업 보안에 대한 인지도가 상당합니다. 그러나 실제 보안인력을 구하기는 힘들다고 그러더군요. 제가 기획을 하고 커리큘럼을 만들어서 교육하고 있는 이유도 그 때문이고요.

정보 보안이라는 건 그저 없으면 안 한다가 아니고 꼭 필요한 것이기 때문에 많은 사람들이 이 계통에서 프로가 되어야 한다고 생각합니다. 그만큼 매력적인 일이라는 것도 덧붙이고 싶네요.

▶ 문의처

셀 인터넷 캠퍼스　www.webchating.co.kr

테크노 유니버스 IT　www.technouniverse.com　02-3424-0660

즐겁지 않으면 웹이 아니다 III

웹을 새로운 매체로
웹 방송 PD

웹 안의 연예인
웹 자키

웹은 사랑을 싣고
웹 커뮤니티 가드너

5Cm 배너의 효과
웹 광고 기획자

게임 세계를 이끄는 힘
웹 플랫폼 디렉터

1. 웹 방송 PD (웹을 새로운 매체로)

요즘 TV 프로그램이 끝날 때쯤이면 어김없이 뜨는 자막이 있습니다.

"본 방송은 인터넷 www.@@@.co.kr에서 다시 보실 수 있습니다."

인터넷에서 방송을 본다고? 거 참 신기한 일이네. 이렇게 말하는 사람이 있다면 아마 그 사람은 산골 오지에서 막 상경한 사람이거나 온갖 방송 매체에는 도통 초월한 신선임에 틀림없습니다. 컴퓨터에서 TV 시청이 가능한 것이 분명 어제 오늘 일은 아니니까요. 그런데 인터넷이 TV 방송을 재방송하는 수준에만 머물러 있느냐 하면 그건 또 절대 아니지요. 인터넷 방송에서 일반 TV 방송을 다시 볼 수 있는 것은 이미 오래 전 일이고 이제 전문적인 프로그램의 자체 제작에 이르기까지, 웹 방송은 우리 생활 곳곳에 파고들고 있으니까요.

이렇게 인터넷은 언제인가부터 라디오, TV, 영화를 잇는 새로운 매체로 부상하기 시작했습니다.

98년에 동영상 영화 사이트를 기획할 때만 해도 이것이 과연 가능할까 고민했던 기억이 생생한데, 정말 그 발전 속도가 놀라울 뿐입니다.

　무한한 공간을 우리에게 열어 보이며 방송의 재미와 인터넷의 장점을 한곳에 모은 인터넷 방송. 이제 그 세계의 사람들을 만나러 가겠습니다.

(1) TV 방송과 인터넷 방송의 차이점

　우리가 보기에 방송 프로그램은 MC와 패널, 또는 MC와 연예인으로 이루어지는 것 같지만 그 속의 방송 제작현장을 보면 얼마나 많은 사람들이 방송 하나를 위해서 머리를 쥐어짜는지 입이 딱 벌어집니다. 하나의 방송을 만들기 위해서 작게는 수십 명, 많게는 수백 명이 동분서주하고 있으니까요,

　이렇게 많은 사람들의 수고로 그 동안 TV 방송은 우리 삶에 많은 활력과 감동을 선사했습니다. 아침에 등교하면 "너, 어제 그 프로 봤어?"로 인사를 대신했던 기억, 드라마 다음 줄거리가 어떻게 될지 입을 모아 이야기하던 기억, 다들 있으실 겁니다.

　그런데 기존의 TV 방송 매체는 다양한 재미와 정보를 던져주는 대신 큰 약점을 가지고 있습니다. 시청자들의 자유를 보장해 주지 못한다는 것이지요. 가령, 드라마를 볼 때 드라마 결론이 마음에 안 든다고 하더라도 눈 질끈 감고 끝까지 봐야 하고, 보고 싶은 내용이 있어도 방송사에서 제작하지 않는 한 TV 화면을 통해서 볼 수 없고, 시사토론이 자기 생각과는 전혀 다른 방향으로 흘러가도 두 주먹만 불끈 쥐고, 애꿎은 오징어 다리만 물어뜯을 수밖에 없으니까요.

물론 사회가 고도로 분화되지 않아서 획일성이 강했을 때는 일방적이거나 획일적인 메세지라 하더라도 별 불평없이 받아들일 수 있었습니다. 하지만 지금은 다릅니다. 지극히 다양한 개성들을 가지고 있는 사람들이 사회의 주요 구성원으로 자라나고 있고, 사회 역시 고도로 전문화되고 있잖아요. 한 사람의 이익이 다른 사람에겐 피해가 될 수도 있는 상대적인 사회, 솔직히 말하면 복잡하기 그지없는, 신경 쓸 일 많고 두통 생길 일 수두룩한 세상이 되어버린 것이지요.

그렇기 때문에 기존 매체는 점점 소비자의 욕구를 충족시켜 주지 못하고 있습니다. 아무리 옴부즈맨이라든가 시청자 참여를 확대한다고 하더라도 기본 정체성이 일방적이고 수동적인 매체이기 때문에 그 한계를 뛰어넘을 수 없는 것이지요.

이 때 저 멀리 혜성처럼 나타난 매체가 있었으니 그 이름하여 바로 인터넷입니다. 자신의 주관대로 선택할 수 있는, 이용자의 의도대로 고를 수 있는 매체가 다가온 것이지요. 그렇게 각자의 의견을 반영할 수 있는 인터넷이 새로운 매체로 떠오르면서 웹 방송은 우리 곁으로 다가왔습니다.

그런데 인터넷 방송이 태어나게 된 데는 결코 잊지 말아야 할 숨은 공로자들이 있습니다. 웹 방송 PD라고요? 물론 웹 방송 PD가 인터넷 방송의 주역이기는 하지만 그에 앞서 인터넷 방송을 개척한 공로자가 있습니다. 누구일까요?

(2) 웹 방송의 숨은 공로자들

초고속 통신망

나? 요즘은 모두들 익숙하게 사용하지. ADSL이나 ISDN 등의 초고속 통신망으로 인터넷 속도가 많이 빨라졌으니까 인터넷 방송이 가능해진 거야. 일반 모뎀 사용하면 동영상 보는 거 생각하기 힘들지. 5분짜리 간단한 영화 한번 보려고 해도 툭툭 끊기고 화면 정지되고. 그렇게 동영상 하나 보려고 해도 인내의 쓴맛을 느껴서야 어디 인터넷 방송이라고 할 수 있나. 아마 내가 없었다면 인터넷 방송도 이렇게 빨리 다가오지는 못했을 걸…

스트리밍

으흠, 나로 말하자면 말이야. 동영상을 받을 때 없어서는 안되는 존재라고 할 수 있지. 예전에는 일단 영상이 완전히 다운되어야 볼 수 있었는데 그거 기다리려면 얼마나 지루했어. 그런데 나는 말이야. 파일을 한번에 보내지 않고 작은 단위로 쪼개서 보내기 때문에 받는 동시에 볼 수 있단 말이지. 내가 없었다면 인터넷 방송, 거 불편해서 못 보지…. 아, 그런데 잊을 뻔했네. 내 부인을 소개해 줄게.

버퍼링

나는 스트리밍이랑 함께 다녀. 스트리밍이 없는 곳엔 나도 없지. 스트리밍이 아무리 물 흐르듯이 잘 흘러가도 갑자기 네트워크 상황으로 끊기거나 정보량이 줄어들거나 할 때가 있거든. 그럴 때 내가 살짝 나타나서 끊어진 앞뒤를 잘 기억해서 연결시켜 주지 않으면 실수를 하더라구. 우리 스트리밍은 나 없이는 끊어진 데이터가 어딘지 기억을 잘 못하는 거 있지….

VOD

나는 주인께 충성을 맹세하는 지니라고나 할까. 주인이 원할 때는 언제나 나타나서 원하는 걸 보여 드리지. 원래 이름은 Video on Demand 인데, 너무 길어서 대부분 VOD라고 불러. 주인이 원하는 비디오 콘텐츠를 미리 화면에 저장했다가 원하는 그때마다 스트리밍을 불러서 보여주는데, 일반 방송과 차이나는 웹 방송만의 특징이라고 할 수 있지. 가끔 GOD하고 형제 아니냐고 하는 사람들 있는데 그러지 마. 내 동생이 섭섭해 하거든. 내 동생 이름은 AOD라고 해서 Audio on Demand라고 해. 앞으로 내 동생 이름 잊어 버리면 안돼.

자, 숨은 공로자들과 대화 잘 나누어 보셨나요?

처음에는 인터넷 방송의 대부분이 라디오나 음악이었습니다. 동영상 기술이 발달하지 못했기 때문에 어쩔 수 없었던 것이지요.

하지만 기술 개발과 함께 나타난 위 친구들의 도움으로 Audio뿐만이 아니라 Video까지도 인터넷상에서 가능해지게 되었습니다.

물론 지금도 음악 방송이 상당한 인기를 끌고 있지만, 위 숨은 공로자로 인해서 지금과 같이 웹 방송 프로그램이 많이 개발되고 새로운 매체의 무궁무진한 세계를 제공해 주게 된 것입니다. 그러니 우리 모두 함께 외쳐 줍시다. 땡큐!

(3) 웹 방송 PD가 하는 일

이제부터 이렇게 새롭게 등장한 웹 방송에서 웹 방송 PD는 어떤 일을 하고 있는지 알아보겠습니다.

일단 PD가 하는 일이 뭐냐 라는 질문에는 초등학생들도 대답할 수 있을 것입니다. PD야 예전이나 지금이나 워낙 인기 직종이다 보니까 하는 일에 대해서는 거의 다 알고 있고, 누구나 고개를 끄덕일 테니까요. 그 고개 끄덕거리는 내용에다 한 가지만 더 첨가하면 웹 방송 PD가 하는 일이 됩니다. 뭐냐고요?

기본적인 제작의 경우를 생각한다면 일반 방송국 PD들의 경우에는 프로그램을 제작하고 기획하고 촬영하고 편집하고 딱 거기까지 합니다. 그 다음 송출까지는 생각하지 않아도 되기 때문에 종편까지 끝내면 따뜻한 물에 몸 담그는 휴식만이 기다리고 있지요. 그런데 웹 방송 PD가 거기까지만 하고 사우나로 직행한다면 어떨까요? 물론 큰일나지요. 웹 방송의 특성상 그 다음 일까지 생각해야 합니다.

웹 방송이란 게 일반 방송처럼 TV가 아니라 네트워크를 통한 컴퓨터로 보여지기 때문에 VHS 테잎 형태에서 작업이 끝나서는 안된다는 것인데, VHS 테입은 기존의 아날로그 방식이기 때문에 네트워크 상에서 송신하기 위해서는 디지털로 인코딩해야 합니다. 또, 웹 방송은 한번 송출되고, 또는 재방송되고 마는 게 아니라, 이용자가 요구할 때는 언제든지 보여주고 들려주어야 합니다. 그러기 위해서는 내용을 DB화 하는 것까지 끝내야 하루의 피로를 말끔히 씻어줄 사우나로의 직행도 가능한 것이지요.

요즘 들어 웹 방송국 중에는 그 수준이나 기술이 훌륭한 외주 프로덕션 정도의 수준을 갖추고 있는 곳도 등장하고 있습니다. 하지만 아직은 대다수 웹 방송들이 영세한 수준이기 때문에 방송에 관한 모든 것을 거의 다 PD 한 명이 책임지고 있는 경우가 많습니다. 일반 방송처럼 기획, 제작, 편성으로 나뉘어진 곳도 있지만 모두 망라해서 PD 혼자 하는 곳도 많고, 엔지니어가 따로 없이 PD가 모든 걸 다 처리해야 하는 경우도 있습니다. 이것도 신경 쓰고 저것도 신경 쓰고 홀어머니만 있는 외아들에게 시집간 며느리처럼 할일은 많고 손 갈 곳은 끝도 없는 것이지요. 방송 PD들만 봐도 참 할일이 많은데, 거기다 기술적인 것까지 다 해내려면 웹 방송 PD들은 얼마나 힘들까 절로 생각될 것입니다.

(4) 웹 방송 PD의 매력

아직 웹 방송이 완전히 정착된 단계가 아니어서 열악한 제작환

경으로 고생하는 사람들이 참 많습니다. 그럼에도 불구하고 왜 많은 사람들이 웹 방송으로 못 들어와서 안달일까요?

일단, 웹 방송은 미래의 대안매체로 자리잡고 있습니다. 라디오와 TV, 영화는 지금까지 많은 사람들을 즐겁게 해준 매체지요. 하지만 너무나 익숙한 나머지 끊임없이 변화되는 세상의 흐름과 사람들의 요구를 고스란히 수용하는 데에는 매체의 성격상 한계가 있지요. 이러한 한계와 조금은 권태로운 매체의 성격을 극복시켜 주는 것이 바로 웹 방송입니다. 웹 방송은 이용자의 선택에 대한 자유를, 내용이든 시간에 관계없이 보장해줍니다. 기존 공중파 방송들이 슬그머니 웹 방송에 진출한 것만 봐도 알 수 있지요. 그렇기 때문에 새로운 매체로 떠오르는 웹 방송에 목숨을 거는 젊은이들이 늘어나고 있습니다.

또, 웹 방송 PD들은 자신이 원하는 프로그램을 만들 수 있습니다. 애완 동물을 좋아하면 애완 동물 방송국을 만들어서 끊임없이 애완 동물에 관한 방송만 만들면 되고, 자연 다큐멘터리에 관심 있으면 자연 다큐 방송국을 만들어서 그 방송만 하면 됩니다.

현재 웹 방송국을 살펴보면 일반 채널을 재방송해 주거나 뮤직 비디오, 영화 등을 상영해 주는 곳도 있지만 그 외에도 아주 다양한 방송국이 있는 것을 알 수 있습니다. 교육 전문, 애완 동물 전문, 자연 다큐 전문, 영화 전문 등 각각 전문적인 한 영역만을 고집하는 것이 웹 방송에서는 가능합니다.

기존의 방송은 제작하는 입장 역시 수동적입니다. 시청률이라든가 방송사 입장을 먼저 고려하지 않을 수 없기 때문이지요. 거대 자본을 투자해서 만들어진 방송사이고 전국민을 대상으로 하

는 공중파 방송이라 다양한 내용을 만들어내는 데는 한계가 있습니다. 하지만 웹 방송은 불특정 다수를 상대로 방송을 만들 필요가 없습니다. 프로그램을 보기 원하는 소수를 위해서 방송을 제작하고 그들과 교통해 가면서 유지하면 되니까요. 자신이 원하는 것을 할 수 있는 직업, 웹 방송 PD만의 매력입니다.

다음으로 웹 방송은 생동감이 있습니다.

일반 방송은 그 방송을 보는 즉시 시청자들의 마음을 알아낼 수가 없습니다. 물론 전화를 활용하기도 하고, 인터넷을 통한 시청자 참여가 있기는 하지만 시간적인 텀을 무시할 수는 없지요.

하지만 웹 방송은 이용자들의 의견이 순간순간 웹을 통해 쏙쏙 올라옵니다. 또 이용자가 선택해서 보는 프로그램이기 때문에 비판에서부터 제안까지 많은 의견이 공유될 수 있지요. 그래서 프로그램의 반응이 어떤지 방송 즉시 알 수 있습니다.

물론, 이 점은 상당한 스트레스로 작용하기도 합니다. 실시간에 반응을 볼 수 있기 때문에 자칫 실수가 일어나면 거침없는 비판을 감수해야 하니까요. 하지만 그런 비판을 두려워해서는 안되겠지요. 비판이 두렵다면 발전도 없을 테니까요. 그런 비판을 초전에 박살내기 위해서 항상 최선을 다하는 모습을 갖는다면 이용자들의 반응을 두려워하기보다 기다리게 될 것입니다. 조금이라도 루즈한 생활을 견디지 못하는 젊은이들에게 생동감 넘치는 웹 방송국은 긴장감과 함께 최고의 성취감을 줄 수 있을 테니까요.

(5) 웹 방송 PD의 전망과 보수

99년 초까지만 해도 웹 방송이 이렇게까지 활발하게 이루어지지는 않았습니다. 다들 "웹 방송을 한다고는 하는데, 그게 될까?" 하고 근심 어린 시선을 거두지 않았으니까요. 하지만 현재 인터넷 방송국 수는 대략 1,000개에 육박할 것이라고 합니다.

뿐만 아니라 전자상거래나 일반 포털 사이트에서도 웹 방송을 많이 활용하게 될 전망입니다. 이용자에 대한 서비스 차원에서 웹 방송을 고려하고 있는 곳이 많으니까 그만큼 웹 방송 PD에 대한 수요도 많아지겠지요. 물론 웹 방송의 경우 아직 수익성에 있어서 두드러질 만한 성과를 보이는 곳은 그리 많지 않습니다. 적자 경영을 하는 경우도 많고, 웹 방송 PD의 경우 일반 방송 PD들에 훨씬 못 미치는 보수를 받는 사람도 많이 있습니다.

하지만 지금 현재보다는 미래에 대한 희망을 갖는 것이 필요합니다. 현재 대다수의 웹 방송 PD들도 앞으로의 발전 가능성이라는 매력 때문에 이 직종을 선택했으니까요.

현재까지는 기존 공중파 방송의 PD나 촬영 감독들이 웹 방송 PD로 일하는 경우가 대부분입니다. 하지만 웹 방송 PD의 특성상 일반 방송과는 시스템 자체가 다르지요. 그래서 그 변화를 견디지 못하고 중도에 하차하는 사람들 역시 많습니다.

다시 말하면 전문적으로 웹 방송 PD를 준비하는 사람들만이 앞으로 웹 방송에 필요한 인재가 될 것이라는 뜻이지요. 웹에 대한 이해와 방송에 대한 이해를 모두 갖고 있는 새로운 사람들이 앞으로 더 많이 필요하게 될 것입니다.

그리고 지금 웹 방송 PD의 경우 PD 혼자서 기획, 촬영, 편집, DB화까지 모두 망라하는 경우가 많지만 앞으로는 점점 더 분화 될 예정입니다. 일반 방송국의 경우도 80년대 말까지만 해도 다양한 스텝의 개념이 없었다고 합니다. 점차 방송이 활성화 되면서 분화되기 시작한 것이지요. 방송이 좀더 원활하게 돌아가기 위해서 이제 곧 PD, 촬영감독, 편집감독, 작가 등으로 각자의 영역이 분화될 예정이니까 하는 일이 많을 것 같아서 망설이시는 분들 걱정 붙들어 매시기 바랍니다. 잠깐의 고생을 두려워한다면 이 세계에 아예 발을 들이밀지 않는 것이 좋습니다.

보수는 경력 6개월 정도 기준으로 연봉 2,000~2,500만 원 정도입니다. 하지만 아시죠? 돈보다는 멀리 미래를 봐야 한다는 것.

(6) 웹 방송 PD의 자질

웹 방송 PD는 웹의 성격과 방송의 성격을 고루 잘 이해하고 있어야 합니다. 거기에다 한 가지 더, 이용자들과의 왕래가 많은 만큼 이용자를 만족시킬 수 있는 엔터테이너의 기질을 가지고 있어야 합니다. 그러나 무엇보다 중요한 것은 웹 방송인으로서 주인된 자세를 정확히 견지해야 한다는 것입니다.

아직까지는 웹 방송 PD가 완전히 자리잡지는 못했습니다. 임금, 업무시간은 물론이고 만들어내는 방송 내용에 관해서도 확실한 규제가 없는 상태이지요. 그래서 어디까지 웹 방송의 자유를 보장해야 하는지에 대한 우려의 목소리를 듣게 되는 경우도 있는

데, 그 대표적인 것이 성인방송입니다.

우리 나라의 경우 웹 방송이 늘어나면서 성인방송이 많이 생기고 있는데, 물론 성인방송이 무조건 나쁘다는 것은 아닙니다. 성에 관한 부분은 지독히도 터부시하는 우리 나라의 모습이 옳은 것도 것도 아니고요. 하지만 방송은 사회에 대한 책임 없이 수요와 공급의 원칙에 의해서 무조건적으로 운영해서는 안되지요. 대중 매체는 사회에 대해서 일정한 책임이 있으니까요.

성문화를 바로잡고, 깨우쳐 나가는 웹 방송으로 자리잡을지, 또 하나의 옐로우 문화를 만들어낼지에 대한 판단은 웹 방송에 몸을 담고 있는 사람들의 가치관에 달려 있습니다.

이것은 비단 성인방송에 관한 문제만은 아닙니다. 웹 방송의 장점인 표현의 자유라는 부분에 대해서는 한번 심각하게 고민을 해 봐야 합니다. 일반 방송의 틈새 시장을 파고들어서 성공하려면 어떻게 해야 할까… 웹 방송에 대한 자기 생각을 A4 10장 넘게 술술 써 내려갈 수 있을 만큼의 자신감을 갖고 시작해야 할 것입니다.

자, 이렇게 자신의 가치관도 바로 잡고, 웹에 대한 기본적인 지식도 있고, 사람들을 즐겁게 해주는 재주도 좀 있는 것 같은 분들은 이제 웹 방송의 문을 두드리는 일만 남았네요.

SBS 인터넷의 경우는 정식 공채 시험으로 인원을 뽑고 있으니까 지원해 보는 것도 좋은 방법이고, 대부분의 웹 방송은 자체 방송 내에서 모집하고 있으니까 원하는 방송을 계속 모니터하면서 기회를 보는 것이 좋겠지요.

대부분 응시 자격은 컴퓨터를 이용한 영상 편집이 가능하고, HTML과 Flash를 다룰 수 있는, 홈페이지 제작이 가능한 사람으로

제한하고 있으니까 이것만큼은 틀림없이 마스터하고 두드려야 합
니다.

내게 그런 재주가 있을까 아직 잘 모르겠다는 분들, 하고 싶기
는 한데 어떻게 준비해야 할지 난감한 분들은 학원을 다녀보는 것
도 좋을 것입니다.

작년까지만 해도 웹 방송 PD를 전문적으로 양성하는 학원은 그
리 많지 않았습니다. 대부분 일반 방송 아카데미를 다니고 웹에
대한 공부는 따로 하는 경우가 많았지요. 하지만 점점 웹 방송이
늘어나면서 웹 방송 인력 교육기관도 늘어나고 있습니다.

웹 PD라고 개설된 학원도 잘 들여다보면 웹 방송 PD를 교육하
는 곳인 경우도 많고, 웹 캐스팅이라고 개설된 곳도 많습니다.

물론 학원을 다닌다고 해서 모든 게 해결된다는 생각은 금물이
라는 거 아시죠? 자신의 노력 90%에 학원은 10%의 도움만 주는
거라는 사실을 잊지 맙시다.

▶ **문의처**
인터넷 방송아카데미 www.castservice.com/new_academy.com
한국인 인터넷 방송협회 www.koreawebcast.net
동아대학 인터넷 방송과 www.cafe.daum.net/inbang/
아이팝콘 www.ipopcorn.co.kr
웹 플러스 www.webpd.sbspd.com
Real TV www.realtv.co.kr

Q & A

⇨ **웹 PD와 웹 방송 PD가 어떻게 다른 거지요?**

: 웹 PD는 사이트의 디렉터입니다.

영화나 음악에서도 프로듀서라는 개념을 쓰는데, 전체적인 디렉팅을 하는 사람을 말하지요. 이처럼 사이트를 디렉팅하는 사람을 웹 PD라고 합니다. 방송과는 관계가 없는 개념이지요.

그와 구별해서 방송 PD를 맡는 사람들을 웹 방송 PD라고 하는데, 대부분 학원들의 웹 PD 과정을 보면 웹 방송 PD 과정인 경우가 많습니다. 아직까지 개념과 이름이 정확히 정해지지 않아서이지만, 점차로 웹 PD와 웹 방송 PD를 구별해서 쓸 것입니다. 학원에서는 디렉팅에 관계된 부분은 웹 PD 과정으로, 웹 방송에 관계된 부분은 웹 캐스팅 과정으로 강좌를 개설하기도 합니다.

⇨ **웹 방송 PD가 일반 방송 PD보다 더 알고 있어야 하는 것이 있나요?**

: 당연한 이야기지요.

프로그램을 제작하고 방송한다는 점에서 PD의 기본적인 자질은 가지고 있어야 하지만 그 외의 부분에서 일반 방송과 웹 방송 시스템이 차이가 나기 때문입니다.

아직까지 웹 방송 PD가 기술 분야까지도 담당해야 하기 때문에 기술 부분을 확실히 알고 있어야 합니다. 또 인터넷 기술이 계속 발전하는 만큼 좀더 선명하고 빠르게 방송을 내보내도록 끊임없이 기술을 익혀야 합니다.

인/터/뷰

● 소개를 부탁드립니다.
이름은 박상윤이고, 나이는 30살입니다. 인터넷 방송국 채티비에서 일하고 있고 경력은 4년째 되고 있습니다.

● 그 동안 어떤 일을 하셨나요?
삼성 영상사업단에서 제작하는 캐치원과 큐 채널에서 프로듀서를 했고, 신세대 C&C에서 웹 마스터, 홍익 인터넷에서는 웹 프로젝트 매니저를 했습니다. 그리고 지금은 인터넷 방송 채티비에서 일하고 있지요.

● 처음 웹 방송 일을 시작하게 된 계기가 있으신가요?
처음에 방송에 입문한 후에는 IT쪽의 일을 했는데, 그러다가 다시 방송 쪽에 관심이 가더군요. 그래서 웹과 방송의 모든 것을 경험할 수 있는 웹 방송으로 눈을 돌렸지요.

● 웹 방송 일을 굳이 선택하게 된 이유가 있습니까?
인터넷 쪽에 입문한 것은 앞으로는 인터넷이 매체로 성장할 것 같아서였고, 대중매체이든 소수를 위한 매체이든 그 안에 들어가는 메세지에 대해서 컨셉을 갖고 만드는 일이 매력적이라고 생각했습니다.

● 웹 방송인이 되기 위한 준비는 어떻게 하셨나요?
대학에서 설득 커뮤니케이션이라는 신방과 수업을 들었는데, 그

때 광고에 관심을 갖고 광고 공부를 꾸준히 하였습니다. 그 다음에는 멀티미디어에 대한 이해와 웹 마스터 정도의 인터넷 지식과 광고 등의 상업적 커뮤니케이션 기법을 꾸준히 업데이트했었고요.

● 웹 방송 PD가 되기 위해 필요한 자질은 어떤 것이 있을까요?
남에게 보여지는 면에서 자신이 있어야 한다고 봅니다. 자신이 무엇을 하든 남과는 다르게 효과적으로 전달할 수 있는 창의적 자질이 필요하고, 끊임없이 변화하는 비즈니스 환경과 기술적 지식을 지속적으로 섭취하는 부지런함은 필수라고 할 수 있지요.

● 대학에서의 전공이 도움이 됩니까?
전 심리학을 전공했는데, 다른 정보통신이나 방송관련보다는 사회과학적인 학문이 기초적으로 많이 도움이 됩니다. 인터넷 방송이란 것은 커뮤니케이션 툴이기 때문에 결국은 인간에 대한 이해만큼 중요한 지식 베이스는 없다고 봅니다. 인터넷과 같은 매체가 변하든 그 안의 메시지가 변하든 변하지 않은 것은 인간이라고 봅니다.

● 웹 방송 PD가 하는 일과 관계된 학과를 소개한다면?
객관적으로 생각한다면 정보통신 관련학과, 멀티미디어 학과와 방송 쪽 이 세 가지 분야가 종합된 것이 인터넷 방송분야입니다. 하지만 아직까지는 특별하게 학과가 제한되어 진입하는데 문제가 있는 분야는 아닌 것 같습니다.

● 회사와 맡은 업무를 소개해 주세요.
채티비는 인터넷 방송국이자 인터넷 방송을 만드는 곳으로 단순

한 컨텐츠 기반인 인터넷 방송이 아닌 확실한 비즈니스 모델을 갖추려고 노력중입니다. 컨텐츠 기획팀은 인터넷 방송국을 만들어 주는 데 있어 컨텐츠의 전략적 측면에서 접근하는 컨설팅 업무와 인터넷 생방송, VOD 서비스 등의 클라이언트 개발 업무를 하고 있습니다.

● 자주 들르는 웹 사이트가 있나요?

미국의 스트리밍 관련 웹 사이트를 자주 들릅니다. 추천하고 싶은 사이트는 www.streamingmedia.com과 www.on2.com 등입니다. 스트리밍 관련 포탈 사이트도 많이 찾고 있습니다.

● 현직에 있는 사람으로 지금 하고 있는 일의 장점과 단점을 말한다면 어떤 게 있을까요?

지금 웹 세계는 HTML과 단순한 어플리케이션의 1세대에서 멀티미디어와 유저 지향적인 2세대 웹으로 진화중입니다. 이러한 시점에서 인터넷 방송은 그 흐름을 볼 수 있는 좋은 곳이라고 봅니다.

● 보수 수준을 말씀해 주실 수 있으실까요?

정확히 연봉을 밝히기는 곤란하고, 말씀드릴 수 있는 건 처음 일을 시작할 때와 지금을 비교했을 때, 지금 연봉이 처음 연봉의 정확하게 3배라는 것입니다.

● 웹 방송국에서 가장 많이 다루는 콘텐츠는 어떤 게 있을까요?

단연 음악방송입니다. 음악방송국은 전체 방송국의 23.5%를 차지하고 있고, 콘텐츠로만 봐도 64.5%라고 합니다. 정말 어마어마하지요? 다음으로 종합방송, 성인방송의 순이라고 할 수 있지요.

2. 웹 자키 (웹 안의 연예인)

우리 부모님 세대의 문화는 단연 DJ 문화라고 할 수 있지요.

DJ라고 하니까 대통령 생각이 난다는 분들도 계시겠지만, Disk Jockey의 약자랍니다.

요즘 다방이라고 하면 나이 지긋한 분들이나 가는 곳이지만 예전에는 젊은이들이 자주 가는 곳이었다고 합니다. 그곳에서 LP를 가지고 음악을 틀어주던 사람들이 바로 DJ였는데 지금 세대들은 겪어보지 못한 문화지만 참 운치있을 것 같다는 생각이 듭니다.

요즘 젊은 세대에는 DJ 대신 VJ, Video Jockey를 이야기할 수 있습니다. 케이블 TV가 개국하면서 음악방송을 중심으로 생긴 VJ들은 새로운 문화를 알려주는 얼굴이라고 할 수 있겠지요.

그렇다면 앞으로의 문화는 누가 이끌어 가게 될까요. 단연 WJ, 바로 Web Jockey라고 할 수 있습니다.

웹이 우리 생활에 가까워지고 웹 방송이 이곳 저곳 생겨나면서 이미 웹 자키는 웹 방송을 빛내는 존재로 벌써 인기 직종으로 떠오르고 있지요. 이제부터 모두 뒤져서 여러분께 알려 드리겠습니다.

(1) 웹 자키란

자키라는 말은 워낙 익숙하게 들어서 모르는 사람이 없지만 확실한 뜻이 뭔지 아는 사람은 그리 많지 않을 것입니다.

Jockey, 뭔가 소개한다, 알려준다 그런 뜻일 것 같지만, 의외로 경마 기수를 이르는 말입니다.

과천 경마장에 가면 기수를 만날 수 있는데, 경마 기수가 하는 일은 어떤가요? 말이 자기 기량을 최대한 발휘하도록 조련하고, 말과 하나가 되어서 속도를 최대한 빠르게 내도록 하는 사람이지요.

그런 것처럼 웹 자키는 웹과 하나가 되어서 웹을 최대한 활용하는 사람을 말합니다. 예전에 VJ는 Video를 활용하는 사람이고, DJ는 Disk를 활용하는 사람인 것처럼 말입니다.

웹 방송에서 웹 자키의 역할은 일반 방송에서 연예인이나 MC의 역할과 비슷합니다. MC가 프로그램을 이끌어 가고 연예인이 그 프로그램의 재미를 더해주는 것처럼 웹 자키는 웹 방송이 매끄럽게 진행되도록 이끄는 것입니다. 방송국의 꽃이 연예인이라면 웹 방송의 꽃은 웹 자키가 되는 것이지요.

현재 웹 자키의 대부분은 음악방송에서 가장 많이 볼 수 있습니다. 우리 나라 웹 방송의 1세대가 음악방송인 만큼 웹 자키의 개념이 처음 생겨난 곳도 음악방송이었지요.

하지만 요즘은 동영상 방송이 점차 자리잡으면서 웹 영상방송 프로그램을 이끄는 웹 자키들이 늘어나고 있습니다. 또한 이제 웹 자키 내부에서도 점차 분화가 이루어지기 시작했지요. 웹 자키라

는 개념 아래에 CJ, NJ, CL 등등의 이름이 생겨나기 시작했으니 웹 자키 세계도 참 복잡해졌지요?

하지만 이렇게만 설명해서는 무슨 암호문 같기도 하고 뭘 나타내는 건지 하나도 모를 거예요. 그래서 제가 그 많은 이름의 자키들을 한곳에 모두 모아 보려고 합니다.

CJ(Cast Jockey)

한메일로 잘 알려진 다음 넷(daum.net)에서 얼마 전 캐스트 자키를 모아서 화제가 되었습니다. 캐스트 자키란 웹 방송 프로그램을 추천해서 이용자들에게 알리는 일을 하는 사람인데, 방송을 편집해서 알릴 수 있도록 하는 것이지요. 일반 방송 프로그램으로 말한다면 리포터 정도라고 생각하면 될까요? 웹 방송 프로그램이 다양해지면서 프로그램을 안내해 주는 CJ가 필요하게 된 것입니다.

어쨌든, 웹 방송에 많은 관심을 가지고 있던 사람들에게 더할 나위 없이 유리한 일일 것이고, 동영상 프로그램 제작과 운영에 참여할 수 있는 일인만큼 호응도 대단하다고 합니다.

NJ(Net Jockey), CJ(Cyber Jockey)

NJ는 채팅을 이끌어 가면서 음악도 들려주는, 그야말로 인터넷이기 때문에 가능한 일을 하는데, 예전에 1:1 채팅이었을 때나, 화

상 채팅이 없을 때는 생각도 할 수 없었지요. 10명 정도의 접속자가 한 화면에서 화상 채팅을 할 수 있게 되면서부터 나타나게 되었는데, 처음에는 한 개인이 좋아하는 음악을 올리는 방식이었는데 그게 점차 인기를 끌면서 개인 방송국으로까지 만들어지게 된 것입니다.

10명 정도의 화상 채팅 방에서 NJ는 멘트와 함께 음악을 틀어주면서 방을 이끌어 가는데, 채팅 전문 업체인 '오 마이 러브'에서는 NJ 선발대회까지 열었을 정도로 인기라고 합니다. 다른 곳에서는 NJ를 CJ(Cyber Jockey)라고 하기도 합니다.

도메인이나 숫자가 가득한 제목의 채팅방은 거의 다 음악 방송을 진행하는 NJ나 CJ의 방이라고 보면 될 것입니다.

CL(Chatting Leader), **CJ**(Chatting Jockey)

전자상거래나 포털 사이트가 커뮤니티 운영을 중점적으로 생각하면서 동호회의 채팅이나 회원들 간의 토론방이 점차 활성화되고 있습니다. 그에 맞추어 생겨난 개념인데, 채팅 자키, 또는 채팅 리더로 불리는 사람들은 말 그대로 채팅을 이끌어 가는 사람들입니다.

대부분의 포털 사이트에 들어가면 어김없이 CL들이 운영하는 스페셜 채팅 사이트를 볼 수 있는데, 회원들과 의견을 좀더 다양하고 자유롭게 나눌 수 있도록 유도하는 역할을 합니다.

음성 인식이나 화상이 가능한 사이트에서는 NJ처럼 음악을 틀어주거나 직접 노래를 부르기도 한답니다.

IJ(Internet Jockey)

일반적으로 성인 방송국의 프로그램을 진행하는 자키를 말합니다. 이용자들의 요구에 응하면서 프로그램을 진행하는데, 그 이상은 더 말하지 않아도 알고 있으시지요?

방송국에서 보던 연예인들이 고스란히 옮겨가 활동하고 있을 것 같던 웹 방송국에 정말 많은 웹 자키들이 활동하고 있지요? 웹 방송에서는 기존의 연예인보다 웹 방송에서 첫 선을 보이고, 웹 방송 안에서만 활동을 하는 웹 자키들의 팬클럽이 생길 정도로 인기라고 합니다. 연예인의 경우도 좀더 팬들에게 가까이 다가갈 수 있는 공간이 되고 있기도 하고요. 결국 웹 자키는 미래 방송을 책임질 얼굴들이라고 할 만한 것 같습니다.

(2) 웹 자키가 하는 일

웹 자키는 웹 방송에 활력을 불어넣는 일을 합니다. 방송을 진행하면서 실시간으로 들어오는 이용자들의 요구를 받아들여서 요렇게 조렇게 방송을 꾸며 나가는 것이지요. 이때, 이용자들의 요구에 제때 응하지 않았다가는 바로 비판의 칼날이 날아오니까 진행하는 동시에 이용자들의 요구도 잘 파악해야 합니다.

대다수의 방송국들은 대규모의 방송국이 아닌 경우에는 웹 자키에게 기획, 대본, 방송까지 모두 맡기는 경우가 많습니다. 그렇기 때문에 그저 진행을 매끄럽게 하는 수준에서 그치면 안되고 웹 방송과 방송 내용에 대한 나름대로의 해박한 지식을 가지고 있어야 합니다.

웹 자키가 하는 일은 말하자면 일반 방송의 MC처럼 프로그램을 진행하는 것인데, 무엇보다 웹 자키의 진가를 보려면 웹 자키가 두드러지게 활동하는 음악방송이나 개인방송을 찾아야 합니다. 인터넷 기술의 발달로 개인 방송국 설립이 가능해지고 웹 자키도 그만큼 다양해지면서 일반 방송과는 차별화된 웹 자키만의 세계를 볼 수 있으니까요.

스파이크 리 감독의 '똑바로 살아라!' 라는 영화가 있습니다. 한국인을 비하하는 장면이 있다고 해서 더 유명해진 영화인데, 거기에서 본 인상깊은 장면이 있습니다.

어느 마을의 라디오 방송국이 있었습니다. 작은 부스 하나 마련해 놓고 음악을 틀어 주면서 지나가는 마을 사람에게 손도 흔들고 인사하고, 마을 행사도 알려주는, 정말 자유로워 보이는 라디오 방송국이었는데, 예를 들면 우리 나라 산골의 마을방송 같은 경우이지요. "나영이가 이번에 학교에서 개근상 받았다고 아버지가 떡을 하셨다네요. 다 함께 가서 축하해 주세요. 그럼 축하 음악도 틀어드려야 겠네요. 음악은…"

개인적으로 저는 그 영화를 보면서 가슴이 쿵 하고 내려앉았어요. 그래서 그날로 바로 방송작가가 되겠다는, 라디오 작가가 되겠다는 결심을 하게 되었지요. 그로부터 몇 년 후 지금, 비록 처음에 바라던 일은 하지 못했지만 항상 가슴속에 물결치는 꿈으로 간직하고 있답니다.

그런데 그게 가능해지는 세상이 드디어 오고야 말았습니다. 웹이 가능하게 만든 것이지요. 초고속 인터넷과 스트리밍과 압축 기술의 발달로 이제는 누구나 개인 방송국을 운영할 수 있도록 된 것입니다. 200만원 정도의 PC와 디지털 카메라만 있으면 누구나 인터넷 방송국의 주인이 될 수 있으니까요. 게다가 미국의 널 소프트사가 샤우트 캐스트 프로그램을 무료로 공급하면서부터 방송 운영이 가능해졌는데, 웹 방송국도 늘어나고 있는 데다가 개인 방송국 역시 늘어나고 있어서 웹 자키는 이제 우리 주변에서 흔히 볼 수 있는 직업이 되고 있습니다. 그런데 한 가지 잊지 말아야 할 것은 개인 방송국의 웹 자키는 아마츄어이고 자기 취미에서 시작하는 일이니까 무보수의 직업이라는 것이지요.

(3) 웹 자키의 매력

웹 자키의 매력은 뭐니뭐니 해도 사람들 앞에 설 수 있다는 것이지요.

요즘 청소년들의 장래 희망을 조사해 보면 연예인이 1위라고 합니다. 하지만 솔직히 연예인 되는 게 그리 만만한 일은 아니지요. 다들 지나가다 한번씩 뒤돌아 볼 만큼 얼굴이 대단하거나 가만히 앉아만 있어도 빛이 날 만큼 몸매가 받쳐 주거나 노래를 정말 너무너무 잘하거나 해도 연예인이 되서 대중 앞에 서는 것은 하늘의 별따기니까요.

또 어떻게 어떻게 해서 대중 앞에 선다고 하더라도 그야말로 스타가 되는 것은 눈물과 땀의 이중주를 몇 년 동안 연주해도 될까 말까 하지요.

그렇게 힘든 게 연예인 되는 거라고 하는데 그래도 사람들은 끊임없이 연예인이 되고 싶어합니다. 타고난 끼를 주체하지 못해서 밤마다 뜬눈으로 밤을 새우면서 말이지요. 그렇게 대중 앞에 서서 자신을 드러낼 수만 있다면 스타가 되지 않아도 좋다고 생각하는 사람들, 그들에게 길이 보이고 있습니다.

나를 알아주는 방송국이 없다고? 까짓 거 내가 하나 만들지 뭐. 이런 배짱이 가능해졌습니다. 내가 방송국을 만들어서 내 마음대로 방송도 하고 사람들과 교류도 하고, 그러다가 또 혹시 알아요? 뜨는 스타가 될지도.

또, 주변 사람들과 이야기하듯이 방송을 진행할 수도 있습니다.

앞의 영화에서 말한 것처럼 우리 집 강아지가 새끼를 네 마리나 낳았어요. 이런 것도 방송 멘트가 될 수 있고 옆집에 잘생긴 오빠가 이사왔어요. 이런 것도 방송 멘트가 될 수 있을 만큼 일반 방송보다는 굉장히 자유로운 분위기로 방송을 진행할 수 있습니다. 또 이용자가 하고 싶은 말을 전달하는 것에서 끝나는 게 아니라 서로 대화를 하면서 프로그램을 진행할 수도 있지요.

게다가 개인 방송국의 경우는 방송 시간과 음악도 마음대로 선택할 수 있습니다.

일반 방송국은 정해진 시간에 꼭 방송이 나가야 하니까 혹시라도 그 시간을 지키지 못하는 일이 생기면 피가 마릅니다. 오죽하면 죽더라도 방송은 끝내고 죽어야 한다는 말이 나왔겠어요.

하지만 개인 방송국의 웹 자키는 방송 시간을 마음대로 조정할 수가 있습니다. 오늘은 제가 미팅이 있으니까 방송을 밤 10시부터 하도록 하지요. 이래도 누가 뭐라고 할 사람이 없는 것입니다. 서로 의견만 맞으면 가능한 일이니까요.

어떠세요? 이만하면 웹 자키, 매력 만점 아닙니까?

(4) 웹 자키의 전망과 보수

대부분의 사람들이 미래의 새로운 대안 매체로 인터넷 방송국을 꼽고 있고 그만큼 인터넷 방송국은 점차 늘어갈 전망입니다. 그렇다면 웹 자키 역시 설 곳이 점점 많아지게 되겠지요.

문제는 웹 방송국이 어떤 형태로 서게 되느냐의 문제인데, 과거 케이블 방송국이 처음 등장하게 되었을 때 대다수의 사람들은 VJ들의 등장을 관심 있게 지켜보았습니다.

그런데 케이블에서 자신의 영역을 바로 잡는 VJ들이 있는 반면에 케이블을 공중파 진출의 통로로 삼는 사람들도 있었지요. 케이블 방송국의 경우도 케이블 자체의 인력보다는 공중파 방송인들을 우선적으로 대우해 주기도 해서 공중파 방송인들의 일할 공간만을 넓혀 주었다는 비판도 있었습니다.

웹 방송도 마찬가지입니다. 웹 방송이 자신의 전문성을 살리지 못하고 기존 공중파나 케이블과의 크로스로서만 존재한다면 웹 자키 역시 공중파로 진출하기 위한 발판으로 그 의미를 한정짓게 될지도 모릅니다. 그렇다면 또 공중파 인력의 공간만 넓어지게 되겠지요. 웹 방송의 장점을 잘 살릴 수 있는 웹 방송 전문 인력을

충분히 활용하는 방송이 되어야 웹 자키들의 영역도 그만큼 넓어지게 될 것입니다.

현재까지 웹 자키들의 경우 무보수인 경우가 많습니다. 웹 방송 자체가 확실히 자리를 잡지 못하는 상태에서 대다수 초보로 시작하는 웹 자키들은 보수 없이 경력 자체로 일을 하고 있고, 채팅 자키나 넷 자키들의 경우는 대부분 취미 생활처럼 무보수로 일하고 있거든요. 방송국은 장비를 제공하는 선까지만 하고 있는 것이지요. 하지만 웹 방송이 자기 자리를 잡고 웹 자키의 필요성이 부각된다면 웹 자키의 보수도 결정될 거니까 자신만의 방송 공간을 꿈꾸는 분들은 한번 도전해 보세요. 이용자들에게 인기를 끄는 웹 자키의 경우 채팅업체나 대규모 웹 방송국에서 계약 협의가 있다는 것도 잊지 마세요.

(5) 웹 자키가 되는 길

웹 자키가 되기 위한 제일 좋은 방법은 웹 방송국의 문을 두드리는 것인데, 알지넷이나 아이팝콘 등의 대다수 웹 방송들이 수시로 웹 자키들을 모집하고 있습니다. 하지만 아무 내용도 없이 두드리면 그 문은 곧 그대로 닫혀 버리겠지요. 자신이 하고 싶은 방송에 대한 준비나 웹 방송에 필요한 지식들을 미리 쌓아 놓고 어디든 찾는 곳이 있을 때, 자신 있게 문을 박찰 수 있도록 해야 합니다.

아직 웹 자키 전문 교육기관은 없지만 한국 인터넷 방송 아카데미를 자주 들러서 내용을 찾아보거나 기존의 웹 방송을 많이 서핑해서 웹 자키들이 하는 일을 자주 보는 게 좋을 것입니다. 전반적인 웹 방송에 대해서 교육하는 웹 캐스팅을 수강하는 방법도 웹 방송의 환경을 이해하는 데 도움이 될 것입니다.

또 하나 좋은 방법은 자신만의 방송을 운영해서 웹 방송국의 눈에 띄는 것입니다. 개인 방송 만드는 일이 그리 어렵지 않으니까 한번 시도해볼 만하지요.

개인 방송을 만들기 위해서 일반 채팅 업체의 채팅방을 이용하여 NJ로 활동하는 경우도 있지만 그보다 조금 더 대규모로 운영하고 싶다면 개인 방송국을 만드는 일도 생각해볼 수 있습니다. 개인 방송국 만드는 일이 일반 방송국처럼 몇 억이 왔다갔다 하는 수준이 아니기 때문에 약간의 무리를 한다면 가능하거든요.

웹 호스팅을 이용해서 사이트를 운영하고, 디지털 카메라와 인코딩 PC에 아도브나 쿨에디트 등의 소프트 웨어와 스트리밍 등, 그리고 컴퓨터에 대한 지식이 있으면 한번 도전해볼 만한 일입니다.

Q&A

⇨ **웹 자키면 웹 안에서는 연예인이라고 할 수 있는데 힘들지 않나요?**

: 물론 사람들을 상대로 자신의 모든 것을 보이는 일이다 보니까 내성적이고 남 앞에 나서기 싫어하는 사람들이 하기에는 어려운 일이지요.

하지만 자기가 가진 것을 남 앞에 내보이기 좋아하는 사람들, 또는 음악이면 음악, 영화면 영화 이렇게 어느 한 분야에 확실한 지식이나 자신만의 내용을 가지고 있는 사람은 충분히 가능성이 있답니다.

⇨ **웹 자키로 시작해서 공중파에 진출하는 것도 가능한가요?**

: 전혀 불가능하다고 할 수는 없습니다. 요즘은 웹에서 신인을 발굴해서 연예인으로 키우는 일도 많이 있으니까요.

자신이 운영하는 웹 방송이 이용자들에게 반응이 좋으면 당연히 방송국에서도 섭외가 오겠지요. 인기 있는 사람을 방송국에서 마다할 리는 없으니까요.

하지만 자신이 어떻게 일을 할 것인지 좀 정확하게 생각하는 게 좋을 거예요. 웹 방송 안에서 자신의 성을 확실히 쌓을 것인지, 아니면 공중파로 가는 통로로 웹 방송은 경험 삼아 할 것인지 말이지요. 물론 경험 삼아 한다고 하더라도 최선을 다해야만 다음 길이 보이는 건 알고 있으시지요?

인/터/뷰

● 소개를 좀 해주시겠어요?

이름은 이두호이고, 지금 23세로 대학 재학중입니다. 한국 웹 자키 커뮤니티에서 일하고 있습니다.

● 그 동안 어떤 일을 하셨지요?

1998년 아이팝콘 웹 자키(www.ipopcorn.co.kr)로 인터넷과 인연을 맺기 시작했습니다.

1999년 TMC(www.itmc.org) 간사로 일했구요. 웹 마스터로 이재오, 서청원, 임인배, 김문수 의원 사이트 제작 및 관리를 한 적도 있지요. 성명여중과 영남대 인지실험실에서 웹 강사를 하기도 했습니다. 그러다가 2000년 프리랜서로 일하기 시작했는데, (주)애드짱(www.adzzang.com)과 (주)위메진(www.weimagine.co.kr)의 웹 기획을 했고 (주)한자홀딩스(www.hansaholdings.com), 개그월드(www.gagworld.net)의 웹 마스터로 있기도 했습니다.

www.itmc.org에서는 웹 PD를 했고, (주)채널아이(www.channeli.net)에서 웹 자키를 맡은 적도 있지요. 그리고 현재는 한국 웹 자키 커뮤니티 회장(www.web-jockey.com)을 하고 있습니다.

● 인터넷의 많은 분야에서 일을 하셨는데, 인터넷 일을 어떻게 시작하게 되셨나요?

동기가 된 것은 딴지일보를 보면서 인터넷 속의 새로운 언론에 대한 관심을 갖게 된 것이었습니다. 그 후에 제 개인 홈페이지에 몇

가지 인터넷 방송 컨텐츠를 올리게 되었고 그것이 발전해서 www.ipopcorn.co.kr에서 사투리 나들이라는 방송을 올리면서부터 시작하게 된 것이지요.

● 그 중에서 특히 웹 자키라는 영역을 선택하게 된 이유는?
나만의 언론을 만들고 싶었고 나만의 생각과 개성, 자유로움을 표현하고 싶었습니다. 인터넷 방송은 개인의 끼와 생각을 표현하기에 가장 좋은 창구라고 생각합니다.

● 웹 자키라는 직업을 한마디로 표현한다면요?
요즘 '자키' 라는 말이 많이 쓰이고 있습니다. 자키군의 1세대로 디스크 자키를 들 수 있겠고 거기서 한 단계 발전한 VJ(비디오자키) 그리고 인터넷 세대의 자키인 웹 자키를 들 수 있는데, 방송프로그램의 내용과 형식에 따라 인터넷 자키, 웹 자키, 사이버 자키라고도 불립니다. 통칭해서 웹 자키라는 이름이 대표적으로 쓰이는데, 이는 인터넷 방송에서 진행과 작가, 연출을 포괄할 수 있는 능력을 가진 '다채널 엔터테이너' 라고 할 수 있습니다.

● 어떤 사람이 웹 자키가 될 수 있을까요?
먼저 웹 자키는 인터넷에 대한 정확한 이해를 가지고 있어야 합니다. 인터넷이라는 매체로 전달할 수 있는 내용과 방식을 이해하고 있어서 TV나 라디오 등 다른 매체와는 다른 방송을 보여야 하니까요. 그리고 음악방송을 위한 음악적 지식, 그 외 자신이 하고 있는 방송에 대한 포괄적인 이해와 지식, 자신감 등이 필요하겠죠. 인터넷 방송이라는 것은 만들어진 혹은 준비된 내용을 형식적으로 전달하는 것이 아니라 자신이 가지고 있는 생각과 사상을 네티즌들과 동등한 입장에서 나누는 것이라고 생각됩니다. 그러

니까 자신의 주관이 뚜렷해야 하고 네티즌들의 의견을 받아들일 수 있는 수용력이 필요하겠죠. 그리고 엔터테이너적인 요소로 자신의 끼를 펼칠 수 있는 자신감을 키우는 것이 중요합니다.

아직까지는 웹 자키에게 공인된 자격이나 자격증은 없어요. 하지만 방송아카데미 등에서 수료한 경력이 있으면 웹 자키 선발 때 가산점을 얻을 수 있습니다.

● 한국에서 '웹 자키'라는 직업은 어느 정도 대우를 받고 있나요?

현재 국내에는 100여 명 정도의 웹 자키들이 활동을 하고 있는데, 외국의 경우에는 어떤 대우를 받고 있는지 확실히 파악되지 않았습니다. 일단 명칭부터 차이가 있으니까요. 확실한 것은 웹 자키라는 것이 '직업'으로 대우받는 곳은 한국뿐일 거라는 겁니다.

한국이 일본이나 미국보다는 인터넷 방송국에 대한 인프라가 더 많이 활성화된 것이 요인이 아닌가 생각됩니다. 한국도 불과 몇 달 전만 해도 그냥 아는 사람을 통해서 인터넷 방송국에서 아르바이트를 하는 정도였는데 요즘에는 어느 정도 대우를 받으면서 활동을 하고 있습니다. 방송국마다 차이는 있지만 프리랜서의 경우 보통 1회당 15만 원 내외의 활동비를 받고 있는 것으로 알고 있습니다.

● 웹 자키의 전망은 어떻다고 생각하십니까?

앞으로 공중파는 디지털 미디어가 선두로 나서게 될 것이라고 생각됩니다. 디지털 TV가 그것인데요. 인터넷과 공중파의 결합이라고 해야 하나요? 물론 많은 공중파 방송인이 디지털 미디어로 전향할 것임이 분명하지만 현재 인터넷 방송에서 활동하는 웹 자키의 전성시대도 분명히 기다리고 있으리라 생각됩니다.

● 웹 자키가 되기 위한 가장 빠른 길은 무엇일까요?

지금까지 웹 자키가 되기 위해서는 인터넷 방송국들이 개최하는 웹 자키 선발대회가 주요 통로입니다. 저의 경우에도 웹 자키 선발과정에서 아이팝콘에 입사하게 되었으니까요. 하지만 이런 기회가 자주 있는 것이 아닌 만큼 좀더 뛰어난 웹 자키들의 빠른 데뷔(?)를 위해 웹 자키 커뮤니티에서 한국 웹 자키 선발대회를 기획하고 있습니다.

그리고 기존의 비디오 저널리스트들도 웹 자키로서 충분히 활동할 수 있는데, 웹 자키는 방송진행자의 역할뿐 아니라 방송을 기획하고 대본작성, 연출까지 포괄하여 완벽한 자신의 방송을 만드는 것입니다. 비디오 저널리스트도 자신이 담고 싶은 내용을 비디오에 담는 것이라는 면에서 비슷한 직업이라고 생각되네요. 그 내용을 인터넷으로 잘 전달하기만 한다면 아주 훌륭한 웹 자키가 되지 않을까 생각됩니다.

● 웹 자키 일을 하면서 에피소드가 있을까요?

얼마 전 한국 인터넷 방송 박람회를 하는데 전시자로 참석했었지요. 그때 누군가가 와서 이두호 씨가 아니냐고 하고는 싸인을 해달라고 하는데 얼마나 황당했던지요. 싸인을 해줄 수도 없고 안 해줄 수도 없고. 대충 얼버무리며 넘겼는데, 어찌나 땀이 나던지…. 알아보는 사람이 있으리라고는 예상을 못했었습니다. 웹 자키가 엔터테이너로 서서히 자리를 잡아가고 있다는 증거로 볼 수 있는 것 같습니다.

● 웹 자키가 되기 위해선 어떤 노력을 해야 할까요?

자료를 많이 찾아봐야 합니다. 논문은 물론이고 잡지, 인터넷 사이트, 유머까지 섭렵해야 하지요. 많이 읽고 나름대로 감각을 키우는 것이 전문 웹 자키로 성장할 수 있는 지름길이거든요.

● **웹 자키로 일하시면서 고충이라면 어떤 게 있을까요?**
한국에서 웹 자키의 활동이 왕성한 것은 사실이지만 직업으로서 '전문화'가 덜 된 탓인지 아직은 불안정합니다. 프리랜서로 활동하는 것이 대부분이고 일부만 인터넷 방송국의 소속으로 일을 하고 있지요. 그런데 방송국에 소속된 경우, 여러 프로를 맡고 있지 않다면 보통 1달에 4회 방송을 하기 때문에 남는 시간을 주체하기 어려울 정도에요. 빨리 전문 직업군이 되어야 생계(?)는 물론이고 좀더 전문화되는 과정도 확실해질 것 같습니다.
웹 자키 커뮤니티를 만든 것도 웹 자키들의 환경을 보다 높은 수준으로 끌어올리기 위한 노력의 하나라고 보시면 될 거예요. 웹 자키가 빨리 든든한 직업군으로 자리잡았으면 좋겠습니다.

▶ **문의처**
　웹 자키 클럽　www.web-jockey.co.kr 회장 이두호
　사이버 자키 클럽　www.cyberjockey.org 회장 이 철

3. 웹 커뮤니티 가드너 (웹은 사랑을 싣고)

요즘 온라인 동호회가 활기를 띠고 있습니다. 온라인 동호회 모임 약속으로 이리저리 바쁘고 동호회 사람들과 서로의 의견을 공유하고 있는 사람들이 많아지고 있는데, 주말이면 그저 집에서 TV와 속삭이던 사람들이 이제 동호회 모임으로 주말을 활기차게 보내고 있습니다.

동호회라고 했을 때 사내 동호회나 아침 조기축구 모임, 관광버스 대절해서 놀러 가는 어른들의 모임이 주로 생각난다면 그 사람은 인터넷이라는 공간과는 거리가 먼 사람이라고 할 수 있습니다. 온라인 동호회에 대해서 잘 모르고 있는 사람들이 있다면 쯧쯧쯧, 그 재미있는 생활을 아직도 못하고 있다는 것이 그저 안타까울 뿐이지요.

다양한 주제와 취미생활에 관련된, 동창이나 지역 모임에 관계된 다양한 동호회가 있어서 요즘 세상사는 재미가 새록새록 솟아난다고 하는 사람들도 많이 있는데, 우리 생활의 활력소가 되고 있는 동호회의 숨은 일꾼들 한번 만나러 가봅시다.

온라인 동호회, 왜 인기일까?

각 포털 사이트에 들어가면 어김없이 동호회가 있습니다. sayclub이나 iloveschool처럼 동호회를 목적으로 만들어진 사이트도 있지요.

그런데 온라인 동호회라고 하면 서로 얼굴을 맞대고 만나는 모임이 아니니까 어느 정도 한계가 있지 않을까 하는 생각이 들기도 합니다. 하지만 그런 생각은 푸른 하늘 저 멀리 던져 버려도 될 것 같습니다.

학교 졸업 이후 사회 생활 속에서 맺는 인간 관계는 이전과 성격이 다르지요. 그래서 조금씩 외로워하기도 하고 학교 때의 추억을 그리워하기도 합니다.

그런 사람들 사이에 온라인 모임이 다가왔습니다. 온라인 모임은 서로의 이해관계와는 아무런 상관 없이 모여서 단지 공통 관심사에 대한 의견을 나누면서 서로에 대한 애정을 쌓아나갈 수 있습니다.

뿐만 아니라 온라인 동호회에서는 서로의 외모나 환경, 학벌… 이런 것은 아무런 문제가 되지 않습니다. 익명으로 한 걸음 떨어져서 그냥 온전히, 한 사람으로만 만나게 되는 거지요. 살면서 외모 때문에, 학벌 때문에 손해보는 일이 얼마나 많아요. 그런 사람들에게 온라인 동호회는 자신의 콤플렉스에서 벗어날 수 있는 공간이기도 하지요.

또 바쁜 사람들에게 많은 시간을 투자하지 않고 모임을 만들 수 있다는 장점도 있습니다. 모임을 갖고 싶기는 하지만 시간이 없어서… 라고 입버릇처럼 말하는 사람들. 하지만 온라인 동호회는 많은 시간을 투자하지 않아도 됩니다. 직접 만나는 것이 아니라 자기 책상 앞에 놓인 컴퓨터를 통해서 만나는 것이기 때문에 적은 시간을 통해서 친숙한 모임을 만들 수 있습니다.

이렇게 많은 장점들로 온라인 동호회는 이 시대의 새로운 세력으로 점점 커져가고 있습니다. 이런 온라인 동호회를 기업들이 그대로 지켜보고만 있을까요?

(1) 커뮤니티 가드너란

이용자 유치를 위해 광고도 하고 경품도 걸고 할 수 있는 모든 것을 다 동원하던 사이트들이 한번에 많은 이용자가 유치되는 동호회를 그냥 놓아두지 않겠지요. 사이트 내에서 활동하고 있는 동호회 회원들이 동호회 모임만 하고 그대로 사이트를 빠져 나갈 리 없고, 가끔씩이라도 사이트를 둘러본다면 그건 곧 광고 효과와도 연결되는 것이고 전자 상거래 사이트의 경우라면 매출과도 직결되는 것이니까요. 그래서 대부분의 사이트에서는 온라인 동호회를 만들고 있고 회사 차원에서 많은 지원을 하고 있습니다. 그 지원의 최전방에 커뮤니티 가드너가 서 있고요.

그러니까 회사와 동호회 사이에 의견 교류를 해주는 역할이지요. 회사에서 할 수 있는 만큼을 동호회 각각에 맞춰 지원하고, 동호회에서 요구하는 바를 회사에서 해줄 수 있는지 대답해 주는 것입니다.

동호회 회원이 이용자 집단과 동일시되는 만큼 커뮤니티 가드너는 사이트 이용자의 관리라는 차원에서 중요하다고 할 수 있습니다. 커뮤니티 가드너가 어떻게 하는지에 따라서 동호회가 활성화되기도 하고 사그라지기도 하니까요. 더욱이 요즘처럼 각 사이트마다 동호회가 생겨나고 있는 걸 볼 때 동호회 유치에 대한 경쟁력도 엄청 나거든요.

그래서 커뮤니티 가드너는 동호회, 특히 동호회 시삽이 동호회를 잘 관리해나가도록 지원을 아끼지 않아야 합니다. 꼭 물질적인 지원이 아니라 정서적으로나 내용적인 부분에서 원하는 바를 챙겨줘야 하는 거지요.

회사에서 자신들의 동호회에 소홀하다는 생각을 하지 않도록 작은 것에까지 신경을 써줘야 합니다. 그래서 할일도 많은 것이지요.

그럼 커뮤니티 가드너는 무슨 일을 하나 한번 볼까요?

한 커뮤니티 가드너의 하루

▼ 아침 7시

아, 몇 시지… 어제 라틴댄스 동호회 모임에 가서 같이 놀다 보니까 오늘은 몸이 많이 피곤하네. 잠 좀 푹 자봤으면 좋겠는데…

▼ 아침 9시

오늘도 새로운 하루의 시작! 일단 커뮤니티 이용자 수부터 점검해야지.

어제는 주부 동호회에 사람들이 많이 몰렸네. 요즘은 주부들도 무시 못할 인터넷 이용자라니까.

어, 요즘 들어 영화사랑 동호회가 약간 활동이 뜸하군. 시삽과 의논해서 뭔가 이벤트를 마련해 봐야겠는데….

▼ 아침 11시

E-mail 점검을 시작해야지… 앗! 이렇게 많을 수가… 이거 일일이 답변해 주려면 시간 좀 걸리겠는 걸… 그래도 빼놓을 수 없는 일과니까 즐거운 마음으로 해야겠지.

▼ 오후 1시

동호회 전체 이벤트가 필요한 시점인 거 같다. 점점 싫증내고 있는 회원들에게 관심을 끌어내는 방법으로도 효과적이고, 새로운 회원 유치에도 좋은 방법이지.

이번엔 무슨 이벤트를 해볼까… 많은 사람들이 관심 있는 걸 해야 하는데…

▼ 오후 3시

커뮤니티 룸에서 DDR 동호회 정기모임이 있는 날이군. 오늘은 몇 분이나 오시려나…. 기다리는 동안 심심하지 않게 책이랑 음료수를 갖다 두어야겠다.

▼ 오후 5시

주말에 시삽 교육에 대해서 알려줘야겠군. 일단 메일 발송은 했지만 오랜만에 인사할 겸 전화도 한 통화씩 돌려야지.

▼ 오후 7시

오늘은 일찍 들어가서 쉬고 싶은데… 근처 동호회 정모를 어떻게 해야 하나? 그냥 모르는 척 가버릴까? 아니다. 잠깐 가서 인사라도 하고 가야지. 이러다 오늘도 12시에 들어가는 거 아닐까….

(2) 커뮤니티 가드너의 자질

커뮤니티 가드너가 하는 일은 정말 많습니다.

한 회사마다 동호회가 한 400~500개 정도가 있는데, 이 동호회를 열 명 가량의 커뮤니티 가드너가 관리하거든요. 그러니까 한 명이 100개 정도의 동호회를 관리하는 거예요. 어때요. 정신없겠지요?

더구나 그 일이 사람을 상대하는 일이다 보니까 일의 양이 배가 될 때도 많습니다. 사실 그렇잖아요. 사람 상대하는 일만큼 힘든 게 어디 있겠습니까?

그래서 일단 커뮤니티 가드너는 사람 사이에서 함께하는 것을 좋아해야 합니다. 여럿이 뭉쳐 다니는 것보다는 집에서 조용히 책 읽는 것을 좋아하는 사람이나 사람들 많은 틈에서는 먹는 것도 체한다는 사람은 아무래도 사람들 북적거리는 동호회 모임 관리하기에는 벅차겠지요.

관리라는 게 단지 온라인상에서의 관리뿐만이 아니라 오프라인 모임까지 관리해야 하니까 매일매일 새로운 사람들 만난다고 생각하면 될 거에요. 만약 오프라인 모임에는 안 나간다고 하더라도 회사 커뮤니티 룸에 찾아오는 사람들도 일일이 대접해야 하고요. 그리고 부지런해야 해요. 매일매일 동호회에서 쏟아지는 질문들 그때그때 대답해 주지 않고 며칠만 지나 버리면 어떨까요? 벌써 일은 엄청나게 커져 버리고 손을 대기가 힘든 지경까지 이르게 되겠지요. 또 조금이라도 대답이 늦어지면 이용자들이 금세 떠나 버리기도 하거든요. 항상 모든 관심을 기울이고 있다는 것을 알려내야 합니다.

또한 인터넷 기술에도 익숙해야 합니다. 이건 동호회 관리를 하는데도 필요하지만 동호회에서 보내는 질문에 대답하기 위해서도 필요한 부분입니다. 동호회 시삽이 태그에 관심이 있을 때, 음악을 띄우고 싶을 때 어떻게 하는지 알려주기 위해서 등 기본적인 것은 알고 있어야 합니다. 동호회 지원팀이니까 동호회 운영에 관계되는 것은 기본적으로 알고 있어야 하겠지요.

그 외에도 갖추고 있으면 좋은 것은 많습니다. 사람들을 상대하는 것인 만큼 엔터테이너의 기질을 가지고 있어야 하고 동호회 전체 모임이나 유치를 할 때는 이벤트 기획에 관한 감각도 있어야 하지요.

(3) 커뮤니티 가드너의 전망과 보수

인터넷 보급이 확산되면서, 각각의 사이트에서는 회원 유치에

열을 올리고 있습니다. 사이트가 살아남는 방법은 그만큼 많은 이용자들이 찾아와 주는 길 외에는 없기 때문이지요. 그래서 홈페이지 디자인도 이용자들의 눈을 끌게끔 하고, 내용도 이용자들이 좋아할 만한 것으로 구성하지요.

뿐만 아니라 사이트간의 경쟁이 거세지면서 기존 고객의 관리에도 최선을 다하고 있습니다. 경쟁 사이트에 회원을 빼앗기면 안 되기 때문에 최대한 많은 노력을 아끼지 않는 것이지요.

그래서 저마다 커뮤니티 구성에 열을 올리고 있는데요, LG 인터넷의 경우 커뮤니티 지원금만 월 3,000~4,000만 원을 투자한다고 합니다. 커뮤니티를 어느 정도로 중요하게 생각하는지 알려주는 단적인 예라고 할 수 있지요.

그렇기 때문에 그와 마찬가지 입장에서 커뮤니티 가드너의 필요성은 점점 커져가고 있습니다. 열 가지의 광고보다, 튀는 홈페이지 디자인보다 인간적인 교류를 가능하게 하는 커뮤니티 가드너가 회원 유치와 유지에 최선으로 작용하고 있기 때문이지요.

그러나 커뮤니티 가드너는 그 중요함만큼 하는 일도 많습니다. 관리해야 하는 것도 많고 챙겨야 하는 일도 많고 사람을 상대하는 일이다 보니까 스트레스도 이만저만이 아닐 때도 있다고 합니다.

하지만 사람 사이에 관계된 일은 힘든 만큼 보람도 크다고 하지요. 한 명 한 명 다 받아주고 위해 주면서 내가 지금 뭐 하는 건가 하는 생각도 들겠지만 누군가가 "난 이 사람 때문에 이곳에 있어"라고 한마디만 하는 날에는 그 말 한마디에 그 동안의 고생은 눈 녹듯 사라진다고 합니다.

사이트 유지를 위한 외적 관계 형성의 최전선에서 오늘도 정신

없이 뛰고 있는 커뮤니티 가드너 여러분. 여러분으로 인해 각박한 21세기에도 따뜻함은 계속될 거 같네요.

보수는 일반 대기업 정도의 수준입니다. 2년 경력에 연봉 2,000만 원 정도라고 할 수 있지요.

(4) 커뮤니티 가드너가 되는 길

커뮤니티 가드너는 특별한 기술이나 전공이 필요한 직업이 아닙니다. 말한 대로 사람 사이의 관계를 잘 풀어나갈 만한 성격과 자질을 가지고 있으면 됩니다.

하지만 아무리 그렇다고 해도 인터넷 안에서 일하는 직업인데 인터넷에 전혀 담쌓고 사는 사람은 곤란하지요. 어느 광고에 나오는 것처럼 E-mail 주소 불러달라고 하니까 종로구 관철동… 이러는 사람은 절대 불가능합니다. 적어도 프로그래밍이나 서버에 대한 기본적인 지식 정도는 가지고 있어야 합니다.

그런데 문제는 그렇게 인터넷에 대한 지식이 있어도, 또 아무리 인터넷 지식이 뛰어나다고 하더라도 일에 곧바로 연결되지 못한다는 겁니다. 커뮤니티 가드너라는 일이 워낙 사람들 안에서 하는 것이다 보니까 관계를 매끄럽게 하는 자질이 필요하겠지요.

그런 자질을 가장 우선으로 하기 때문에 대부분의 사이트에서 커뮤니티 가드너를 뽑을 때 중요하게 생각하는 것이 동호회 시삽을 해본 적이 있는가에 관한 것입니다. 활발하게 운영되는 동호회의 시삽이었던 사람은 별다른 문제없이 커뮤니티 가드너 일을 시

작할 수 있는 거지요. 아니, 오히려 대환영을 하고 있습니다.

그러니까 커뮤니티 가드너가 되고픈 분들, 인터넷 세상이 너무나 좋고 또 여러 사람들 안에서 부대끼며 사는 걸 즐기는 여러분, 여러 학원 다닐 필요 없이 지금 당장 동호회 하나 만들어 보세요. 동호회가 잘 굴러가게 되면 동호회 있으니까 재미있어서 좋고, 나중에 일할 때 경력으로 인정되니까 좋고, 그야말로 일석이조, 아니 일석삼조는 될 것입니다.

Q&A

⇨ 커뮤니티 가드너가 하는 일을 오프라인에서 비교한다면 어떤 게 있을까요?

: 사람들을 많이 상대한다는 점에서 영업직으로도 비교할 수 있고, 회원들을 관리하고 그 기준을 사업에 적용시킨다는 점에서 본다면 관리직으로 비교할 수도 있지요. 하지만 오프라인에서 비교하는 것보다 그냥 웹에서 커뮤니티 가드너를 이해하시는 게 좋을 것입니다.

요즘 사이트에 들어가면 커뮤니티나 동호회가 있는 곳이 꽤 많지요. 그 각 동호회의 대표를 시삽이라고 하는데, 시삽들이 동호회를 잘 운영할 수 있도록 지원해 주기도 하고, 각 동호회 이용자들이 편리하게 이용할 수 있도록 도와주고, 재미있는 이벤트로 회원도 유치하는 등의 일을 하는 사람입니다.

⇨ 커뮤니티 가드너는 인터넷에 대한 지식이 없어도 괜찮은가요?

: 가령 프로그래머나 디자이너 등의 경우에는 직접적으로 기술 부분과 연관되니까 기술 부분에 도사가 되어야 하지만 커뮤니티 가드너의 경우는 그렇게까지 도사가 될 필요는 없습니다. 하지만 그렇다고 인터넷에 대한 지식 없이 그저 회원들 관리만 하는 일이라고 생각하면 안됩니다. 어차피 인터넷 안에서 하는 일이기 때문에 인터넷 지식을 가지고 있는 사람이 유리하기 때문이지요. 하물며 페이지에 그림 하나라도 올리고 색이라도 예쁘게 넣으면 이용자들이 관심 가지는 것은 당연할 테니까요. 거기다 시삽들이 기술적인 부분을 물어봤을 때 마냥 모른다고 할 수도 없잖아요?

인/터/뷰

● 소개를 좀 해주시겠어요?

이름은 김천광이고, 지금 29세입니다. 마이클럽 닷컴에서 커뮤니티 일을 맡고 있지요.

● 그 동안 어떤 일을 해오셨나요?

학부 때부터 컴퓨터 관련 공부를 많이 했었고, 98년 졸업하고는 현대에서 무역일을 했었는데 마이클럽에는 2000년 5월에 들어와서 업무를 시작했습니다.

● 전혀 다른 일로 들어오신 건데 일을 시작하게 된 계기가 있나요?

인터넷업계에서 일을 하고 싶었죠. 그래서, 학부 때에도 컴퓨터 프로그래밍을 공부했고 무역일을 하면서도 틈틈이 전산공부를 했습니다. 그러다가 기회가 닿은 거지요.

● 인터넷 업계에서 일을 하기 위해서 어떤 준비를 하셨나요?

전자상거래 관리사 자격증과 정보처리기사 자격증을 가지고 있고 학부수업도 관련 과목을 많이 들었습니다.

● 인터넷 업계에도 많은 일이 있을 텐데 왜 굳이 커뮤니티 가드너 일을 선택하셨어요?

오프라인에서 고객과의 접점 역할을 하는 사람이 영업사원이라면 온라인에서는 커뮤니티 가드너라 할 수 있습니다. 무슨 직종에 있던지 고객과 접해있는 사람만이 그 회사의 진정한 가치를 판단할 수 있다고 봅니다.

● 커뮤니티 가드너가 되기 위해서 필요한 자질은 어떤 것이 있을까
요?

무엇보다도 서비스 정신이 투철해야 합니다. 그리고 온라인에 대
한 마인드도 필요하고, 동호회 시삽 활동을 오랫동안 해본 사람들
이 쉽게 적응할 수 있을 것 같습니다.

● 자주 들르는 웹 사이트가 있다면 좀 알려주세요.

하는 일과 관련된 곳을 찾다 보니까 주로 커뮤니티 사이트를 많이
다닙니다. 세이클럽이나 프리첼, 다음, 아이러브스쿨 등입니다.

● 현직에 있는 사람으로 지금 하고 있는 일의 장점과 단점을 말한다
면?

많은 사람들을 만날 수 있습니다. 발이 무지 넓어져서 나중에 뭘
해도 도움이 될 것 같아요. 또 유저들의 속성을 잘 알 수 있죠. 따
라서 어떤 서비스를 기획할 때에도 핵심 역할을 할 수 있답니다.
그런데 슬프게도 자기 시간이 전혀 없습니다. 주로 동호회 모임
이 주말에 있다보니 주말에도 회사나 모임에 나가는 경우가 대부
분이지요.

● 추천해줄 만한 교육기관이 있나요?

솔직히 추천해주고 싶은 기관은 없습니다.
괜찮은 강좌라고 해도 다 지나간 얘기를 하는 게 대부분이거든
요. 또 정작 실력 있는 사람들은 강의를 하려 하지 않더라고요. 그
시간에 뭐하나 만들려고 하지요. 워낙에 인터넷 업계가 시간에
민감한 곳이니까요.

제일 좋은 방법은 관심이 많은 사람들과 스터디를 하는 것이 아닌
가 합니다.

● 독학은 가능한가요, 가능하다면 어떻게 시작하는 게 좋은가요?
독학은 가능하기는 하지만 많이 힘들어요. 혼자 하기보다는 맘에
맞는 사람들끼리 모여서 스터디를 하는 것이 좋을 듯한데, 만일
독학을 하려면 인터넷 사이트를 분석해 보는 게 좋을 것 같네요.
예를 들면 아이러브스쿨이 왜 떴을까에 대해서 기술적/디자인/네
비게이션/기획력 등을 기준으로 세분화해서 나름대로 분석을 해
보는 거죠.
몇 개의 사이트를 분석하다 보면 어느 정도 답이 나올 거예요

● 준비하는 사람들에게 해주고 싶은 말이 있다면 해주세요.
일단 동호회 시삽 경험을 충분히 쌓으라고 말해주고 싶어요. 그
리고, 사이트에 대한 분석능력도 있었으면 좋겠고요. 예를 들면
채팅서비스 몇몇 사이트를 조사해서 비교하는 정도면 가능할 것
같습니다.

● 지금 하는 일의 전망을 어떻게 보시나요?
요즘 들어 커뮤니티의 중요성이 커지기 시작하면서 커뮤니티 가
드너에 대한 공급이 증가하고 있습니다. 앞으로도 계속 증가할
것으로 예상되지요. 하지만 이 분야의 전문가는 아직 없습니다.
그렇기 때문에 오프라인에서 영업사원의 비중이 큰 만큼 온라인
에서는 커뮤니티 가드너의 비중이 커질 것으로 생각됩니다.

커뮤니티 가드너의 여러 직업

❶ 커스터머 케어 (Customer care)

회원들의 커뮤니티 운영에 관한 일을 하는 사람들을 커뮤니티 가드너라고 합니다.

이 커뮤니티 가드너들은 동호회 전체 관리에서부터 시작해서 시삽들 관리, 메일 체크, 오프라인 모임 관리까지 커뮤니티 운영에 관한 전반을 책임지는 사람입니다. 그런데 커뮤니티가 만들어지지 않은 사이트의 경우 이용자들의 문의 메일을 체크하는 사람이 필요한데, 작은 사이트의 경우 운영을 관리하는 웹 마스터가 메일에 답하기도 하지만 대규모 사이트의 경우나 이용자와의 관계가 중요한 사이트의 경우 메일에만 전문적으로 답하는 등 이용자 관리를 하는 사람이 필요하겠지요. 이 사람을 커스터머 케어라고 합니다.

커스터머 케어는 주로 이용자 관리만을 전문적으로 하는데, 가장 기본적으로는 메일 관리를 합니다. 이용자에게 오는 메일에 대한 답변을 하고, 이용자에게 보내는 정기 메일을 체크하는 거지요. 일주일 간격으로, 혹은 매일매일 이용자에게 메일을 보내야 하는 사이트의 경우 커스터머 케어가 주로 그 메일에 관계된 부분을 체크하는 것입니다.

요즘 E-mail 마케팅이 점차 대두되고 있는데, 인터넷 특성상 1:1 연결이 가능해지고, target 마케팅이 가능해지면서 이용자의 특성에 따라 차별화된 메일을 발송함으로써 이용자 유치를 하는 것이지요.

　예를 들자면 나에게만 보내는 듯한 메일을 받은 적이 있으실 겁니다. 이용자들에게 모두 똑같은 메일을 보낼 수도 있지만 가령, '김아무개 회원님께' 라고 도착하는 메일이라든가 여성과 남성의 경우에 따라 다르게 오는 메일, 혹은 내가 관심 있다고 체크하는 것만 오는 메일 등을 보신 적이 있었을 텐데, 자신이 불특정 다수 중의 하나로 취급받는다고 생각되는 것보다 특별하게 대우받는다고 생각하게끔 유도하는 것이지요. 물론 받는 사람 입장에서는 다르게 받아들여지겠지요.

　그래서 이용자에 대한 관리를 하는 커스터머 케어의 역할도 점차 커지고 있습니다. 커뮤니티 가드너가 있는 곳에서도 E-mail 마케팅이 대두되면서 전문 커스터머 케어를 고용하고 있으니까요.

　이용자 각각의 신상명세, 관심사를 체크해서 관리해 나가려면 꼼꼼한 성격을 가지고 있어야 하고, 보다 친숙하게 받아들여지기 위해서 약간의 글솜씨도 필요합니다.

　현재까지는 많이 분포되어 있는 직업은 아니지만 이용자에 대한 관리가 중요해지면서 점차 많이 생겨날 전망입니다.

4. 웹 광고 기획자 (5 Cm 배너의 효과)

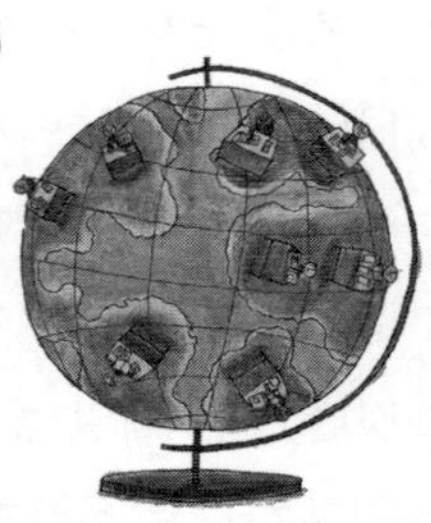

우리가 사이트를 찾았을 때 가장 먼저 우리를 반기는 것이 있습니다. 뭘까요? 사이트의 주인장이 예의 바르게 인사하는 걸까요? 아니면 문지기가 문을 열어주는 걸까요? 아니지요. 어떻게 보면 그 사이트와는 전혀 관계없는 광고들이 꾸벅~ 먼저 인사를 합니다.

이제 어느 사이트를 가나 광고 없는 곳이 없고, 광고를 보는 것도 꽤 쏠쏠한 재미로 자리잡아가고 있습니다. 뿐만 아니라 홍보 시장에서도 인터넷은 꽤 중요한 공간으로 부각되고 있습니다.

또, Volvo사가 신형 세단을 TV가 아닌 웹에서만 광고하겠다고 발표해서 화제가 된 적이 있는데, 이처럼 웹 광고는 점점 우리 생활에 파고들고 있습니다.

일반 광고와는 또 다른 웹 광고의 세계. 정말 웹 세계는 넓고 알아야 할 것도 많은 것 같습니다. 그럼 이제부터 웹 광고를 책임지는 사람들에 대해서 알아보도록 할까요?

(1) 웹 광고가 뜨는 이유

기업간의 경쟁이 치열해지는 현대 사회에서 광고는 너무나 중요합니다. 회사의 이미지를 어떻게 알려내느냐에 따라서, 물건을 어떻게 알려내느냐에 따라서 잘 나가던 회사가 하락세를 타기도 하고, 다 죽어가던 회사가 살아나기도 하니까요. '현대 사회는 자기 PR의 시대' 라는 말은 결코 개인에게만 적용되는 것이 아니기 때문에 각 기업들마다 엄청난 액수를 광고나 홍보사업에 투자하고 있습니다.

대부분 광고 매체라고 하면 먼저 TV, 라디오, 신문, 잡지 등을 생각하게 됩니다. 거기에다 달리는 버스나 지하철 안에, 그리고 건물의 옥상에 있는 대형화면에서도 광고를 볼 수 있으니까 광고 매체는 꽤 다양한 편입니다.

그런데 그런 익숙한 것들 말고 얼마 전부터 새로운 광고 매체가 등장하게 되었습니다. 바로 인터넷 광고지요. 일명 배너 광고라고 불리는 인터넷 광고는 등장한 지 얼마 되지 않아서 벌써 우리 생활에 너무나 가까워져 있습니다.

그런데 솔직히 말하면 이미 예술이라고까지 표현되는 TV 광고에 비해서 웹 광고는 상당히 초보적인 수준입니다. 어지간한 TV 방송보다는 광고만 보는 게 훨씬 재미있다고 하는 사람들도 많이 있으니까요. 하지만 그렇게 재미있는 TV 광고에 비해 배너 광고는 어떤가요? 단순한 비주얼에 튀는 문구, 그리고 마음을 혹하게 하는 경품 이벤트 외에는 내용을 전달할 방법이 없습니다.

그래서 웹 광고의 효과에 대해 낙관적 시각을 가지고 있는 사람

은 그렇게 많지 않습니다. 아직까지 온라인 광고보다는 오프라인 광고를 우선적으로 생각하고 있는 사람들이 대부분이고요.

하지만 왜 웹 광고를 광고의 새로운 장이라고 하는 걸까요? 그리고 왜 대기업들은 인터넷 광고를 하지 못해서 안달인 걸까요?

일단 TV의 경우는 불특정 다수와 만나는 매체이지만, 웹의 경우는 웹을 사용하는 사람들에게만 광고를 할 수 있습니다. 혹시 이것 때문에 웹 광고가 불리하다고 생각될지도 모르지만 그 속을 들여다보면 상황은 9회말 만루 홈런이 가져온 역전 게임처럼 뒤바뀌지요. 광고의 대상과 웹을 사용하는 사람들이 일치한다면 아주 좋은 광고 매체가 될 수 있으니까요.

게다가 웹 광고는 TV 광고와는 비교할 수 없을 만큼 가격이 저렴합니다. 어느 정도 광고 효과를 보기 위해서는 A급이나 프라임 타임급의 광고 시간대를 선택해야 하는데, 온라인 광고는 24시간 이용하면서도 비용면에서는 훨씬 저렴하거든요. 그 비용만큼을 배너 광고를 이용하는 소비자들에게 경품으로 돌린다면 기업 이미지에도 훨씬 좋은 영향을 끼칠 것입니다.

이런 이유 때문에 점차 온라인 광고가 증가하고 있지만 아직까지는 온라인 광고와 오프라인 광고를 동시에 하거나 오프라인에 비중을 두는 경우가 대부분이지요. 하지만 인터넷이 그 발전을 거듭한다면 Volvo사의 경우처럼 마케팅 전략에 따라 온라인 광고만을 주력으로 하는 곳도 곧 늘어날 거라고 믿습니다.

그렇기 때문에 웹 A.E가 여러모로 필요한 시대가 다가오고 있는 건데, 웹 A.E가 하는 일이 뭐 특별히 따로 있나요?

(2) 웹 A.E란

웹 A.E는 오프라인의 A.E가 하는 일을 웹으로 옮겨와서 하고 있습니다. 광고를 기획하고 제작하는 것을 관리하는 건데, 광고주의 의뢰에 따라 협상도 하고, 최고의 홍보효과를 낼 수 있는 광고를 고민하고, 제작까지 모두 담당합니다. 말하자면 광고 쪽의 총감독이라고도 할 수 있지요. 그런데 웹 A.E에 대한 설명을 이렇게 일반 광고 A.E와 다를 바 없이 끝낸다면 안되겠지요.

웹 A.E라는 직업이 오프라인에서 하는 일과 비슷함에도 불구하고 굳이 중요함을 이야기하는 것은 다 이유가 있습니다. 바로 웹이라는 매체 때문입니다. 웹 광고는 다른 매체의 광고에 비해서 아주 중요한 장점을 가지고 있습니다.

바로, 즉시 이동이 가능하다는 것입니다. TV나 신문 광고의 경우는 본 후에 이미지 저장까지가 광고의 역할이지만 웹 광고는 이미지 저장이 곧바로 행동으로까지 옮겨갈 수 있거든요. 베너를 클릭하면 바로 그 사이트로 갈 수 있잖아요.

그래서 좀더 적극적인 광고 효과를 기대할 수 있고 이런 점 때문에 웹 광고의 잠재가능성을 무시하지 못하는 것입니다. 그런 만큼 웹의 광고를 전문적으로 하는 웹 A.E는 순간적으로 이용자의 시선을 끄는 광고에 초점을 맞춰야 합니다.

그런데 솔직히 말하면 지금까지의 웹 A.E는 꼭 웹만 담당하는 광고인이라고 할 수 없는 경우가 대부분입니다. 아직까지는 온라인 광고가 그리 활성화되지 못했기 때문에 광고의 의뢰가 들어오면 그저 여러 매체의 하나로 웹이 분석되고 웹의 특성에 맞게 광고가 제작되거든요.

가령 여성 의류나 액세서리들이 여성 주간지에 주로 광고되고 PC software는 주로 컴퓨터 잡지에 광고되는 것처럼 젊은 감각의, 또는 젊은 층이 주로 관심 가질 만한 것들이 웹에 광고되고 있는 거지요. 그렇기 때문에 현재 우리 나라에서 활동하는 웹 A.E들도 대부분 기존 광고 기획사에서 일하고 있는 경우가 대부분입니다.

물론 지금처럼 웹 광고를 기존의 광고인들이 한다고 하더라도 그렇게 큰 문제는 생기지 않을 것입니다. 어차피 광고라는 것이 매체와 대상을 정확히 정해서 알릴 내용을 콕 집어주면 되는 것이니까요.

하지만 우리가 자장면을 먹을 때 왜 꼭 중국집을 갈까요? 순대 볶음을 먹으려면 왜 신림동을 찾을까요? 모두 전문가가 따로 있기 때문이지요. 만일 중국집이 없다면 아무 곳에나 가서 자장면 먹을 수 있겠지만 중국집이 있는데 굳이 한식집 찾아가서 자장면 먹지는 않잖아요.

그것처럼 광고 역시 마찬가지입니다. 다같이 광고하는 사람이지만 전문가라는 이름을 붙인다는 건 그 매체를 정확히 파악하고 있다는 것이지요. 웹 A.E는 광고인들 중에 웹을 정확히 파악하고 웹의 광고를 책임지는 사람이라고 할 수 있습니다.

(3) 웹 A.E들. 이것만은 잊지 마세요!

웹 광고는 기존의 광고에서 매체가 달라진 것뿐입니다. 그렇기

때문에 일단은 광고의 기본기에 충실해야 한다는 것은 당연하다고 할 수 있는데, 기존 광고 대행사에서 웹 광고에 관한 부서를 따로 만들어서 웹 광고까지 포괄하고 있는 것도 다 그런 이유 때문이지요. 이런 모습은 앞으로 계속될 것 같구요.

그러나 기존 광고쟁이들의 능력만 갖고서는 웹 광고가 불가능합니다. 웹의 기본 속성에 대한 이해가 뒷받침되어야 훌륭한 웹 광고 전문가로 나설 수 있지요. 기존 광고 매체와 웹은 하늘과 땅, 고양이와 개처럼 전혀 다른 속성을 가지고 있으니까 당연한 것입니다.

웹에 대한 이해는 일단 인터넷에 밝아야 한다는 데서 시작하는데, 이것은 인터넷 기술에 밝은 것이 아니라 인터넷 자체에 밝아야 한다는 것입니다.

물론 웹상에서 작업을 하는 거니까 실제 제작하는 사람들을 컨트롤하기 위해서도 기술에 대한 어느 정도의 습득은 필요합니다. 하지만 그보다 어떤 사이트들이 만들어지는지, 이용자들이 많이 찾는 사이트는 어떤 것이 있는지 수시로 보면서 인터넷 환경을 이해하는 것이 필수라는 이야기입니다.

TV의 경우 시간대만 잘 찾아서 광고하면 많은 사람들이 볼 수 있지만 인터넷의 경우 사이트를 잘 찾고 대상에 맞도록 공략해야 제대로 된 효과가 나올 수 있기 때문에 광고를 잘 만드는 것만큼이나 최고 효과를 낼 수 있는 공간을 찾는 것도 중요하지요.

대형 광고기획사의 경우 광고부분에서도 기획, 제작 등으로 나누어 기획자, 제작자, 그리고 광고할 곳을 찾는 프로모터 등으로 분류하고 있습니다. 하지만 웹 애드 매니저(Web A.E)가 모든 것을 책임지고 있는 경우가 대부분입니다.

또한 인터넷상에서 광고를 하는 것이기 때문에 인터넷 이용자들이 어떤 것에 흥미를 갖는지, 그 관심이 어디에 있는지를 정확히 파악해야만 성공적인 광고가 나올 수 있습니다.

인터넷 광고의 장점은 강조했듯이 바로 이동이 가능하다는 것입니다. TV나 신문 광고는 광고를 보고 관심이 가더라도 전화를 걸거나 직접 찾아가지 않는 한 자세한 내용을 알 수 없지만, 배너 광고는 클릭하는 즉시 더 많은 내용을 볼 수 있으니까 인터넷의 속도가 실감되는 순간이지요.

이 모든 것이 이용자들의 자유 의지에서 출발하는 것이니까 네티즌들의 성향을 정확히 파악하고 그들의 시선을 잡을 만한 광고 제작이 중요합니다.

(4) 웹 A.E의 전망과 보수

웹 광고 시장의 중요성이 점점 커지고 있는 만큼 그 전망은 밝다고 할 수 있습니다.

물론 지금의 웹 광고도 오프라인의 광고와 당당히 어깨를 겨누는 매체로 등장하고 있어 절대 그 존재를 무시할 수 없지요. 그러나 앞으로 웹의 기술이 발전됨에 따라 광고시장도 한층 발전할 수 있을 것입니다. 일단 지금까지의 배너 광고는 사이트 안의 작은 공간에 귀여운 캐릭터와 튀는 문구로, 혹은 이벤트로 이용자를 사로잡는 것이 대부분이었습니다.

　여기에서 한걸음 나아가 흐르는 웹이 현실화되는 기술이 가능해지면 웹 광고의 문도 활짝 열리게 될 것입니다. 즉, 흐르는 웹이란 지금의 웹이 책처럼 페이지를 넘겨야 하는 데 비해 TV처럼 화면이 이어지는 웹을 말하는 건데, 페이지와 페이지가 연결되어 열리는 웹이 아니라 이어지는 기술이 가능해진다면 사이트와 사이트 사이가 광고 공간으로 활용될 수 있다는 것입니다.

　또 아직까지는 문자가 중심인 웹이지만, 점차 음성인식도 가능해질 것입니다. 여기에서 더 나아가 영상 중심으로 변하는 것도 등장하고 있는데, 따라서 웹 A.E의 수요는 점차 늘어날 것으로 보입니다. 기존의 광고 대행사들이 웹 광고부를 새로 신설하고 웹 광고에 뛰어들고 있는 것으로도 알 수 있지요.

　그런데 지금까지의 기술에서 배너 광고의 효과가 어떤 식으로 결정될 것인지는 정확히 예측하지 못하고 있습니다. 낙관과 비관의 의견이 팽팽히 맞서고 있는 입장입니다.

　그렇기 때문에 현재로서는 무조건 웹 광고에만 목숨을 걸고 웹 광고에 뼈를 묻겠다는 각오보다는 광고의 기본기를 충실히 익히면서 매체로서의 웹을 분석하고 웹에 대한 이해를 갖추고 있는 것이 좋을 것 같습니다. 말하자면 광고 전체의 전문가로서, 웹 A.E로서도 손색이 없는 실력을 갖추어야 한다는 것입니다.

　그런 후에 점차로 변해 가는 웹의 속도에 뒤떨어지지 않게 실력을 쌓아 가는 게 미래의 웹 A.E로 설 수 있는 지름길이라고 할 수 있겠지요.

(5) 웹 A.E가 되는 길

웹 A.E가 되기 위해서는 일단 광고에 대한 기본 지식과 더불어 인터넷에 대한 기본 지식이 있어야 합니다.

아직까지 웹 A.E에 대한 교육을 하는 기관은 없지만 웹 광고가 점차 대두되면서 기존 광고 교육기관에서도 웹 광고에 대한 커리큘럼이 생기고 있습니다. 이런 곳에서 교육을 받으면 광고 전반적인 것과 웹에 대한 이해를 같이 갖출 수 있기 때문에 좋을 것 같습니다.

또 광고에 대한 교육과 웹 전반에 대한 교육을 따로 받는 것도 방법의 하나입니다. 이런 경우에는 좀더 전문적으로 각 영역에 대한 공부를 하고 그것을 자신이 하나로 종합해서 이해하는 것인 만큼 다양하게 공부할 수 있어서 좋고, 웹에 대한 기술을 익힐 수 있다는 장점도 있을 것입니다.

하지만 무엇보다 교육 이상으로 중요한 것은 개인의 노력입니다. 연기학원 수백 년 다닌다고 스타가 되지 않는 것처럼 광고 학원에 수억 갖다 준다고 해도 A.E를 꿈꿀 수 있는 건 아닙니다. 교육을 받으면서 계속 자신만의 감각을 길러야 합니다. 그래야 실무에 투입됐을 때 당황하는 일이 없게 됩니다.

이를 위해서 마음이 맞는 친구들과 함께 광고를 짜보거나 기업에서 하는 광고 공모전에 출품해 보는 것도 좋습니다. 입상 경력이 있는 경우 입사에서 큰 가산점을 얻게 됩니다. 미래를 정확히 결정하고 그를 위한 부단한 노력을 해보세요. 젊다는 거 하나면 못할 것이 없잖아요?

인/터/뷰

● 자신에 대한 소개를 해주세요.

이름은 이시은이고, 올해 28살로 일을 한 지 5년 차에 접어들고 있습니다. 지금은 디킴스에 근무하고 있지요.

● 그 동안 했던 일을 말씀해 주시겠어요?

그 동안 A.E로 일을 했는데, 코카콜라, 롯데월드, Intizen, Ok Cash Bag, Freechal, 대교, 유니텔 등등의 광고를 담당했었습니다.

● A.E 중에서도 특히 인터넷 광고 일을 선택하게 된 계기라도 있습니까?

개인적으로 PC통신을 즐겨했고, 광고 홍보에도 관심이 있었기 때문에 '인터넷 광고'가 이 두 가지 모두를 동시에 가능케 하는 일이라고 생각했습니다.

● 인터넷 광고 A.E가 되기 위해서 특별히 준비한 게 있으신가요?

5년 전 당시 멀티미디어 교육이 처음 유행하기 시작했을 때, 학원에서 멀티미디어 과정 교육을 받았습니다. 그리고 평소에도 통신이 곧 생활이었기 때문에 인터넷 환경에 대한 준비는 따로 할 필요가 없었고요.

● 인터넷 광고 A.E가 되기 위해서 필요한 자질이 있다면 어떤 것이 있을까요?

기본적인 컴퓨터에 대한 기술, 매일매일 새롭게 변화하는 인터넷
환경에 대한 지속적인 관심이 있어야 하고, 끈기, 성실성, 새로운
것에 대한 넘치는 호기심도 두루두루 갖추고 있는 게 좋습니다.

● 대학에서의 전공은 도움이 됩니까?
직접적인 도움이 있는 건 아니지만 부분적으로는 도움이 될 때가
있습니다.

● 인터넷 광고 A.E 일과 관계된 학과는 어떤 학과가 있을까요?
자세히는 모르겠는데 요즘 웹 관련 학과들이 많이 생겼다고 들었
고, 일반 광고 홍보학과도 결국은 광고라는 측면에서는 관계가 있
다고 생각됩니다.

● 지금 다니고 있는 회사와 맡은 업무를 소개해 주시겠어요?
디킴스는 온라인 광고 전문대행사로 올해 180억 매출을 달성한
회사이고, 프로스펙스, 인티즌, 신한증권, KFC, 대교, 현대해상,
동아오츠카, 정보통신부 등 국내 대기업은 물론 정부기관 닷컴 기
업 등 다양한 기업의 온라인 마케팅을 성공시킨 국내최고 온라인
전문 광고대행사입니다.
그 안에서 제가 맡은 업무는 광고주(Client)를 만나고 광고주와 의
견을 조율해서 전반적인 마케팅 전략을 수립하고 이를 제작팀에
전달하고 총괄하는 A.E(account executive)로, 하나의 광고가 나
오기까지 총괄 지휘하는 역할을 맡고 있다고 할 수 있지요.

● 자주 들르는 웹 사이트를 소개해 주시겠어요?
저는 웹에서 많은 것을 해결하고 있는 편인데, 일단 국내 최초
Hub 사이트인 인티즌(www.intizen.com)에 자주 들릅니다. 또

프리챌(www.freechal.com)도 들르는데, 커뮤니티 사이트로 각 분야별 동호회 총집합 사이트더라고요. 청원초등학교 18회 동창 모임도 이곳에서 하고 있지요.

생활에 관계해서 okcashbag(www.okcashbag.com)을 이용하고, 인터넷 관련 소식을 들으려면 아이비즈넷(www.i-biznet.com)을 갑니다. 또 채팅에 관해서는 타자게임방이 있는 세이클럽(www.sayclub.com)을 가고, 일하다가 복잡해진 머리를 식히기 위해서 게임 사이트 x2game(www.x2game.com)도 들르지요.

캐릭터 메일 사이트 씨즈메일(kr.cizmail.com)과 수수료 없이 영화를 예매할 수 있는 맥스무비(www.maxmovie.com)도 자주 들르고, 막히지 않는 길을 찾는 교통 검색을 위해서는 프리맵(www.freemap.co.kr)을 이용합니다. 인터넷 하드디스크 서비스를 하는 웹하드(www.webhard.co.kr)도 이용하고 있지요.

● 인터넷 광고 A.E 일을 하는 사람으로 지금 하고 있는 일의 장점과 단점을 말한다면 어떤 게 있을까요?

하루가 다르게 변하는 '인터넷' 이란 괴물에 끌려다녀야 하고, 또 24시간 광고가 가능하다는 매체의 특성상 근무시간 또한 24시간이 되어야 할 때가 많다는 점, 그리고 아직은 개척해야 할 것이 더 많은 분야이기에 맨땅에 헤딩하는 기분으로 체계를 만들어가야 한다는 점을 단점으로 들 수 있을 것 같아요.

반면에 매번 새로운 광고주를 접할 때마다 다양한 프로젝트에 참여할 수 있고 또 가장 앞서가는 매체, 사회 트랜드를 리드하는 분야에서 일할 수 있다는 점이나 다양한 경험을 할 수 있다는 것은 장점으로 볼 수 있을 것 같네요.

● 이제 경력 5년차에 접어들고 있다고 하셨는데, 처음 일을 시작할 때

와 지금, 환경 면에서 달라진 점이 있나요?

인터넷 광고라는 분야가 정착된 지 5~6년 지나다 보니 나름대로 체계도 갖추어 가고, 기존 매체의 단점도 보완한 강력한 매체로써 급부상하고 있다는 게 가장 많이 달라진 점이겠지요. 기존의 인식도 많이 달라졌고, 그런 환경을 보면서 스스로를 생각해 보면 나름대로 이 분야에 대해서는 가장 잘 알고 있다는 자만심도 생겼고 약간의 매너리즘의 증상이 보이기 시작하는 것 같습니다.

● 보수 수준은 어떻게 되는지 알 수 있을까요?

보수 부분은 정말 민감한 문제이긴 하지만 아직은 욕심에 비해 많이 부족하다고 생각됩니다. 앞으로는 더 많이 좋아질 거라는 기대를 하고 있는 수준입니다.

● 인터넷 광고 기획과 다른 매체 광고 기획은 특별한 차이가 있나요?

인터넷 광고는 인터넷이라는 매체 환경에 대한 각별한 이해가 있어야 하고, 네티즌이라는 또 다른 대상에 대한 충분한 이해가 반드시 수반되어야 합니다. 기존 매체 환경과 인터넷 환경은 확실히 큰 차이가 있기 때문이지요.

● 추천해줄 만한 교육기관이 있나요?

특별히 교육기관에서 무언가를 배운다기보다는 인터넷 환경에 대한 이해를 위해서 웹 서핑을 자주 하면서, 동시에 각종 신문, 잡지 구독의 생활화가 가장 좋은 교육이 아닐까 합니다.

● 인터넷 광고 A.E가 되기 위해서 필수적으로 알아야 하는 것은 어떤 것이 있을까요?

인터넷 관련 지식과 컴퓨터 기술, 광고에 대한 기본적인 제반지식은 반드시 알고 있어야겠지요. 거기에 대중에 대한 끊임없는 관심과 풍부한 상상력을 갖추고 있어야 하고요.

● 인터넷 광고 A.E를 준비하는 사람들에게 해주고 싶은 말이 있으신가요?
인터넷 광고를 하기 위해서는 단순한 의욕만으로는 안되고, 평소 생활 자체가 인터넷화 되어 있는 것이 가장 바람직하다고 생각합니다.
최신 유행에 뒤처지지 않고 남들 하는 것은 모두 할 줄 아는 만능 엔터테이너가 되세요. 그것이 인터넷 광고와 가장 가까워지는 지름길이에요.

● 인터넷 광고 A.E가 되는 문은 넓은 편인가요?
실무에 바로 투입되어야 할 1~2년 정도의 경력자는 턱없이 부족하고, 반면 전혀 경험 없고 단지 넘치는 의욕만 앞선 초보자들만이 넘치는 상태입니다. 가장 필요한 인력은 관련 분야에서 1~2년 정도 근무한 따끈따끈한 사람들인데 말이지요.
그러니까 그 정도 경력을 갖추기 전까지는 스스로를 개발시키기 위해서 열심히 노력해야 할 것입니다.

5. 웹 플랫폼 디렉터 (게임 세계를 이끄는 힘)

　인터넷 시장에서 한국이 특히 그 명성을 떨치고 있는 공간이 있습니다. 다름 아닌 게임시장인데, 게임 프로그램 세계나 프로 게이머들 세계에서 우리 나라는 단연 무시할 수 없는 강국으로 통하고 있지요.

　갤러그나 1942, 스트리트 화이터에 익숙한 세대들은 게임하면 동네 오락실과 50원짜리 동전이 떠오르겠지만 요즘은 PC방과 네트워크를 떠올립니다. 이제 오락실에서 하는 게임은 꼬마들이나 하는 초보 놀이가 되었고 게임이라고 하면 저마다 팀을 이루어서 하는 네트워크 게임을 말하고 있지요. 하다 못해 테트리스도 네트워크를 통한 게임을 하니까요.

　또 스토리에 따라서 가상 현실 속을 헤매고 다니는 리니지 게임은 그 부작용에 대한 의견이 많은 가운데에서도 인기를 더해가고 있습니다.

　이렇게 네트워크상에서의 게임은 인기에 인기를 거듭하고 있는데, 이런 네트워크 게임을 하기 위해서 필요한 사람들 중에는 게임 프로그래머도 있고 프로게이머도 있지만 새로운 이름, 바로 플랫폼 디렉터도 있습니다.

　게임 프로그래머들이 만들어 놓은 게임을 네트워크상에서 잘

이용되도록, 게이머들이 많이 찾아오도록, 이용하는데 불편함이 없도록 일을 하는 사람들이 플랫폼 디렉터인데, 그들이 하는 일은 어떤 것인지 한번 들여다볼까요?

(1) 플랫폼 디렉터란

게임은 애들이나 하는 것이라는 공식을 인터넷이 한순간에 바꾸어 놓았지요. 이제는 다 큰 어른들이 PC방에서 벌겋게 달아오른 얼굴로 자판을 두드리는 모습이 신기한 모습은 아니니까요.

게임이 순식간에 우리 생활로 파고들면서 게임 전문 사이트들도 많이 등장하고 있습니다. 들어가 보면 매시간 이용자들이 꽉 차 있을 정도로 인기를 끌고 있지요.

이런 게임 사이트들에서 플랫폼 디렉터를 찾아볼 수 있는데, 게임을 하기 위해서 몰려드는 수백, 수천만의 사람들. 그 많은 사람들이 몰리는 공간이 별 탈 없이 잘 이루어지도록 관리하는 것입니다.

그런데 이 관리라는 게 실로 엄청나서 하는 일이 굉장히 많습니다. 지금부터 알아볼 테니까 일단 심호흡부터 하세요.

평소에는 게임이 원활하게 이루어지고 이용자들에게 활기를 넣어주는 커뮤니티의 써퍼여야 합니다. 이용자들이 지루하지 않게 이용할 수 있도록 하고, 이용하는 데 불편하지 않도록 정보도 주어야 하고, 이용자들끼리 동호회도 만들도록 도와주는 일을 하는 것이지요.

또 사이트에서 이벤트의 하나로 게임 대회를 열면 심판의 역할을 해야 합니다. 그런데 심판이라는 역할이 그저 판정만 내려주면 되는 것 같지만 의견이 엇갈릴 때 정확한 결정을 해야 하기 때문에 게임에 대해서나 규칙에 대해서 정확히 알고 있어야 합니다. 말하자면 게이머를 능가하는 실력을 갖춰야 한다는 것입니다.

또 내부적으로는 게임 프로그램을 관리하는 엔지니어이기도 합니다. 동시간 대에 많은 사람들이 몰리는 만큼 서버도 자주 체크해야 하고 게임 프로그램도 체크해야 합니다. 또 갑자기 문제가 발생했을 때도 등장해서 장내를 평정하는 해결사가 되어야 하지요.

자, 그러니까 플랫폼 디렉터는 그야말로 일당백이어야 합니다. 어떤 상황에서도 당황함 없이 문제를 해결하는 우리의 수퍼맨, 맥가이버라고나 할까요.

(2) 플랫폼 디렉터의 매력

게이머들이 직업이 된다고 했을 때, 더구나 억대의 연봉을 받을 수 있는 직업이 된다고 했을 때 참 신기한 세상이야 하고 감탄했던 분들도 많았겠지만 아마 땅을 치셨던 부모님들도 많았을 겁니다. 내가 그때 우리 순돌이 오락만 한다고 구박하는 게 아닌데, 100원만 가지면 하루 종일을 오락실에서 살았던 거 보면 자질이 보였던 건데… 하고 말이지요.

게임이라고 하면 노는 거, 시간 때우는 거, 엄마한테 등 몇 대 맞아야 하는 거였는데, 이제는 시대의 유망직종으로 떠오르면서 개념 자체가 바뀌게 된 거 같아요. 또 모르지요. 몇 년 후에는 아이들이 학교 다녀오면 속셈이나 미술학원 가는 게 아니라 PC방에 가게 될지도… PC방 가기 싫다고 울고불고 하면 "너 나중에 커서 뭐가 되려고 그러니?" 하고 엄마에게 혼날지도 모르고, "엄마 나나가서 놀아도 돼?" 하는 아이 말에 "2시간만 게임하고 놀아" 할지도 모르지요. 그런 세상이 오면 정말 신나겠지요?

이런 상상이 가능한 이유는 게임이라는 무기가 단지 오락이 아닌 시대의 중심으로 설 수 있는 때가 왔기 때문인데, 플랫폼 디렉터는 그 게임 세계의 중심에 설 수 있습니다. 게임 세계로 몰리는 많은 사람들에게 게임을 안내하고 정보를 주고, 능숙하게 하는 법을 알려주는 사부님이 되는 것이지요.

일을 단지 일로써가 아니라 취미 생활의 연장으로 생각하는 게 가능해진 것입니다. 세상에서 제일 부러운 사람이 자기가 좋아하는 일하면서 먹고사는 사람이니까 플랫폼 디렉터의 매력은 엄청난 것이지요.

또한 게임 세계는 앞으로 발전이 거듭될 시장입니다. 게임에 중독성이 있다고 할 만큼 한번 빠져든 사람들은 헤어 나오지를 못하고, 어렸을 때 게임에 한번 빠져보지 않은 사람은 없을 테니까요. 그렇게 발전을 거듭하는 게임 시장을 이끌어갈 수 있다는 것도 무시할 수 없는 매력이겠지요.

그렇다고 그래, 나는 게임 하나만큼은 자신 있으니까 내 미래는 플랫폼 디렉터다 라고 하는 분들도 계실 텐데, 게임만 잘한다고 플랫폼 디렉터 할 수 있을까요?

(3) 플랫폼 디렉터가 알아야 하는 것

플랫폼 디렉터는 게임 세계의 커뮤니티 써퍼이기 때문에 사람들간의 관계를 만들어내는 건 기본입니다. 이용자들간의 관계뿐만이 아니고 이용자와 사이트 사이의 관계에 있어서도 삐그덕거림이 없도록 해야 하지요. 게임 이용에 대해서 이용자들이 궁금해하는 것들을 알려줘야 하는 건 당연하고요. 아무래도 게임에 대한 부분은 전문가에게 물어보고 배울 수밖에 없을 테니까요.

그러려면 새로운 게임을 들여올 때 많이 해보고 게임의 룰과 길을 알아야 합니다. 어떻게 문제를 해결해 나가야 하는지에 대해서도 알아야지요. 이용자들에게 알려주는 것뿐만 아니라 게임대회의 심판도 해야 하기 때문에 게임 세계의 무림을 평정할 정도의 실력이 되어야 하는 건 당연합니다.

그런데 게임만 잘한다고 해서 플랫폼 디렉터가 될 수 있을까요? 만약 게임만을 잘한다면 플랫폼 디렉터보다는 게이머로 방향을 전환하는 게 나을 것입니다. 플랫폼 디렉터는 그 외에도 알아야 할 중요한 것이 있기 때문이지요.

바로 프로그래밍과 서버에 대한 기술입니다. 게임에 대한 커뮤니티 운영이나 심판 등은 외적으로 중요한 부분이지만 내적으로, 또 기본적으로는 게임이 원활히 이루어지는 데 필요한 기술적인 지식이 있어야 하니까요. 이용자들이 불편하지 않도록 점검하고 새 게임이 들어왔을 때 어떻게 적용할 수 있을지 기술적으로 점검하면서 해보는 것, 문제가 생겼을 때 단시간 내에 바로 복구할 수 있는 시스템 기술이 필요합니다.

만일 게임 중에 시스템이 바부팅 된다면 그때 날아오는 돌은 아마 매트릭스 주인공이라 해도 피하기 힘들 걸요. 그러니까 돌이 날아오지 않도록 미리미리 막든지, 또는 빠르게 복구할 수 있는 실력이 있어야 할 것입니다.

결론적으로 그렇기 때문에 플랫폼 디렉터가 되기 위해서는 기본적으로 게임을 많이 섭렵해야 합니다. 되도록 많은 게임을 해보고, 새로운 게임일수록 꼭 경험해 보도록 하세요. 그런 후 위에 시스템에 대한 지식을 살짝 덮어줘야 합니다.

게이머 수준의 게임 실력을 갖춘 후에 학원에서 서버나 시스템 관리쪽을 수강하거나 게임 프로그래머 과정을 익혀도 도움이 될 것입니다.

(4) 플랫폼 디렉터가 되려는 사람들에게

게임 사이트가 인기를 끌고 있고 게임 산업이 점차 성장할 것으로 보이지만 아직 플랫폼 디렉터에 대한 인식은 그리 높지 못하고 그만한 실력을 갖춘 사람도 그리 많지 않습니다.

하지만 우리 나라 게임 시장은 점점 더 발전을 거듭하고 있습니다. 게임 사이트들도 늘어나고 있고, 그만큼 호응도 커지고 있습니다. 그런 만큼 앞으로 플랫폼 디렉터는 분명 그 수요가 폭발적으로 늘 것이기 때문에 준비하는 사람들에게 그 영광이 돌아갈 것입니다.

Q&A

Q&A

⇨ **플랫폼 디렉터가 프로 게이머와 다른 점이 무엇인가요?**

: 지금 우리 나라에서도 프로게이머들에 대한 인식은 많이 넓어졌지만, 플랫폼 디렉터에 대해서는 알고 있는 분들이 별로 없으신 것 같습니다.

플랫폼 디렉터는 게이머들이 게임을 잘할 수 있도록 도와주는 사람이라고 하면 될 거 같은데, 게임 사이트에서 온라인 게임을 하는 방을 책임지는 사람이라고 하면 쉽게 이해하실 수 있을 거예요.

그러니까 게임도 즐기면서, 서로 이야기도 나누는 게임 사이트를 운영하는 방장이라고 할 수 있고, 게임 사이트의 이벤트나 기획을 맡는 사람이라고 할 수도 있고, 게임할 때 불편함이 없도록 서버를 점검하는 서버 운영자라고 할 수도 있겠지요.

⇨ **게임을 잘하면 플랫폼 디렉터가 될 수 있나요?**

: 게임을 잘하면 플랫폼 디렉터가 되는 데 유리한 점은 있지만, 게임만 잘한다고 해서 플랫폼 디렉터가 될 수는 없습니다. 플랫폼 디렉터는 게임 이외에도 알아야 하는 것들이 많이 있거든요.

서버나 프로그래밍에 대한 지식도 있어야 하고, 전체 사이트가 잘 운영될 수 있도록 기획하는 일도 플랫폼 디렉터가 해야 할 일이기 때문이지요.

인/터/뷰

● 소개를 부탁드리겠습니다.

이름은 조성현이고, 만 29살로 연세대학교 경영학과를 졸업했습니다. 웹 및 게임 기획 2년 차에 접어들고 있고, 지금은 (주)일렉트릭아일랜드에 근무하고 있습니다.

● 그 동안 어떤 일을 하셨나요?

인터넷 카페와 유학원, 게임방을 경영했었고, 증권 관련 사이트와 자바 게임 전문 사이트를 기획했었습니다.

● 다양한 일을 하셨는데, 처음 플랫폼 디렉터 일을 시작하게 된 계기가 있으신가요?

제일 처음 계기는 인터넷 카페를 하면서 인터넷에 푹 빠져들게 됐다는 것에서 찾을 수 있을 것 같고, 그렇게 인터넷에 빠진 후에 게임에 다시 또 푹 빠지게 되면서 이 일을 하게 되었지요. 그러다가 재미있고, 자유롭고, 가능성 또한 무한하다는 생각이 들어서 직업으로까지 생각하게 되었습니다.

● 플랫폼 디렉터가 되기 위해서 준비를 하신 게 있나요?

거의 독학으로 했습니다. 인터넷 카페를 하면서 네트워크 공부를 했고, 중간에 정보처리기사 자격증을 땄지요.

그런 후에 여러 게임들을 직접 해보면서 나름대로 장단점을 찾아보고, 관련된 사람들과 계속해서 서로의 의견을 교환해 보는 정도의 준비를 했습니다.

● 플랫폼 디렉터가 되기 위해 필요한 자질이 있다면 어떤 것이 있을까요?

일단은 웹에 관계된 직업인만큼 인터넷이나 컴퓨터를 사랑해야 할 것 같고, 나름대로 창의성이 좀 있어야 하지 않을까 싶어요. 나머지 전문적인 기술은 학교나 학원에서도 충분히 배울 수 있으니까요.

● 대학에서 전공이 도움이 됩니까?

저의 경우엔 어느 정도 도움이 된다고 봐야겠죠. 비록 대학교 때 공부를 많이 하진 않았지만, 현재 제가 하는 일이 사이트 기획, 운영이나 게임 개발 이외에도 마케팅이나 기타 회사의 전반적인 일을 담당하고 있으니까요.

● 플랫폼 디렉터 일과 관계된 학과는 어떤 학과가 있을까요?

글쎄요, 딱히 현재의 대학에서 맞는 과는 없는 것 같고, 게임학과나 사회학과, 경영학과 이 정도쯤이 아닐까요?

● 지금 다니는 회사 소개와 맡은 업무를 말씀해 주세요.

저희 회사는(주식회사 일렉트릭 아일랜드-www.electricisland.com) 자바게임 전문 개발업체입니다.

자바는 썬 마이크로 시스템즈에서 개발한 언어로, 다른 언어로 만들어진 프로그램과는 달리 별도의 다운로드나 인스톨 과정이 필요 없는 뛰어난 호환성과 편이성을 가진 프로그램 언어인데, 저희 회사는 이러한 자바 언어를 이용해서 게임을 만들어내는 회사입니다.

저는 그 중에서도 자바를 이용해 만든 퍼즐게임을 가지고 퍼즐사이트(www.xpuzzle.com)를 운영하고 있습니다. 아직 우리 나라에서는 퍼즐게임이 많이 활성화되지는 않았지만, 외국에선 퍼즐게임이 사람들이 가장 많이 즐기는 게임 중의 하나입니다. 저희 엑스퍼즐은 다양한 퍼즐게임들을 소개하고 개발해서, 많은 사람들이 퍼즐게임을 즐길 수 있도록 할 예정입니다. 사이트는 이미 오픈해서 좋은 반응을 얻고 있고, 앞으로 지속적인 업데이트를 통해 퍼즐게임의 보급에 앞장설 생각입니다.

● 자주 들르는 웹 사이트가 있으세요? 아무래도 게임 관련 사이트를 많이 방문하시겠지요?

시간 날 때는 여기저기 다 돌아다닙니다. 다른 자바게임 사이트에도 매일 가고, 포털 사이트도 항상 들러보지요. 그리고 개인적으로는 주식에 관심이 많아서 팍스넷이나 www.daytrading.co.kr에 가서 매일매일 주식관련 정보를 보기도 합니다.

● 현직에 있는 사람으로 플랫폼 디렉터 일의 장점과 단점을 말한다면 어떤 게 있을까요?

장점이라면 자기 일에 대한 업무파악이 빠르다는 점 그리고 아무래도 생활이나 복장이 자유롭다는 점을 들 수 있고, 단점이라면 아무래도 이제 막 첫선을 보이는 직업인 만큼 일이 너무 많아요.

● 처음 일을 시작할 때와 지금, 생각이 바뀐 게 있으세요?

처음에는 제가 생각한 대로 모든 일이 진행될 거라고 믿고 또 그렇게 행동을 했었지요. 그렇지만 지금은 제 자신의 생각이나 행동만큼 다른 사람들의 생각도 중요하고, 회사 전체적인 측면에서의 조화가 무엇보다 중요하다는 걸 많이 느끼고 있습니다.

● 보수 수준에 대해서 말씀해 주실 수 있으세요?

요즘 들어 인터넷 업계가 연봉이 많이 올라갔다고 알고 있습니다. 어쨌든 확실한 건 경력에 대한 부분은 정확히 인정을 해준다는 건데, 물론 실력을 동반한 경력이어야 하겠죠.

그러니까 학교나 학원을 졸업한 처음부터 많이 받으려고 하는 것보다는 처음엔 월급 생각하지 말고 열심히 일을 배울 생각부터 하는 게 나을 겁니다. 그렇게 1~2년 경력이 쌓이다 보면 연봉은 아마 자신이 생각한 이상으로 많이 오르게 될 겁니다. 하지만 처음에는 박봉이라고 생각하시는 게 좋을 거예요.

● 독학을 하셨다고 했는데 어렵지 않으셨나요?

독학은 얼마든지 가능하다고 생각합니다. 가장 중요한 것은 기간이나 교재 이런 게 아니라 얼마나 많은 열정을 가지고 공부하는가라고 생각하거든요.

● 플랫폼 디렉터 일을 하기 위해서 필수적으로 알아야 하는 것은 어떤 게 있을까요?

기획도 같이 해야 하는 만큼 여러 분야에 관심을 가지고 있어야 하겠지요. 프로그램도 좀 알아야 하고, 디자인에도 좀 안목이 있어야 하고. 웹에 관한 모든 것을 많이 알고 있는 게 도움이 됩니다.

● 현재 플랫폼 디렉터가 되는 문은 넓은 편인가요?

벤처기업이 한참 왕성할 땐 사람이 많이 모자랐었는데 이제는 어느 정도 많은 사람이 웹 직업에서 일을 합니다. 그렇지만 지금도 인터넷 업계에서는 인력이 모자라지요. 제휴회사의 관리자 분이 그런 말씀을 하시더군요. 프로그래머가 40명이 돼든 50명이 되었든 인력은 항상 모자랄 거라고 말입니다.

그것과 마찬가지로 저희도 인력이 항상 부족하답니다. 그래서 일
이 힘들지요. 이제 막 시작하시는 분들께 하고 싶은 말은 일에 관
한 한 프로가 된다면 어디서나 문은 넓을 거라는 거예요. 열심히
하십시오.

▶ **문의처**
게임 아카데미 www.gameac.com 02-719-1425

웹으로 이사왔습니다
IV

....

대영 박물관? 난 집에서 가
웹 큐레이터

신속, 정확 소식의 모든 것
웹 방송 리포터

아직도 원고지 시대?
웹 기자 / 웹 작가

17인치 객장, 17인치 속 상담
웹 애널리스트

1. 웹 큐레이터 (대영 박물관? 난 집에서 가)

　주위에 보면 그림이나 조각 같은 미술품 보는 거 좋아하는 분들 의외로 많이 있더라구요. 필자도 그 중에 한 명인데, 미술 작품을 감상하다 보면 그 실력에 놀라는 만큼이나 정서적인 교감과 느낌이 전달되기 때문에 좋아합니다. 하지만 지방에 살게 되면서 전시회를 찾아갈 기회가 줄어들고 있어서 아쉬울 때가 많이 있는데, 웹이 생활에 가까워지면서 그런 아쉬움은 많이 줄어들게 되었습니다. 전시회에서 만큼의 맛은 아니지만 웹에서 그림을 보면서 마음을 달랠 때가 많이 있거든요. 또 루브르나 대영 박물관, 성 베드로 성당에 직접 가야만 볼 수 있는 명품들도 인터넷상으로 방문할 수 있지요.

　그런데 웹이든 일반 오프라인의 전시회든, 그림을 볼 때 정말 중요한 사람이 있습니다. 바로 큐레이터예요. 그림을 처음 접하는 사람에게도, 그림에 대한 지식을 갖고 있는 사람에게도 큐레이터는 중요한 역할을 합니다.

　큐레이터라고 하면 원래 일반 전시에서 그림을 설명하거나, 아니면 전시를 기획하거나 하는 사람들인데, 이 큐레이터가 웹으로 옮겨와 활동을 하는 사람이 웹 큐레이터입니다. 웹에서 큐레이터의 역할은 특히 중요합니다.

전시를 기획하고 설명하는 것까지는 기존 오프라인에서의 활동과 틀린 바가 없지만, 그것 외에도 해야 할 일이 있습니다. 웹의 특성을 활용한 직업이니까요.

웹은 이용자가 클릭해서 자신이 원하는 내용을 가져가려고 하는 특성이 있습니다. 말하자면 그림을 볼 때도 이용자가 원하는 정보를 줄 수 있도록 해야 한다는 거지요. 기본적으로는 그림에 대한 자세한 설명을 오프라인에서보다 좀더 상세히 실어 놓아야 하고, E-mail로 질문이 오는 경우 최대한 성심껏 답변을 해야 합니다. 또 전시를 기획할 때에도 이용자들의 의견을 무시해서는 안되는데, 이용자들이 원하는 전시가 될 수 있도록 그들의 의견을 적극 반영해야 합니다.

웹에서의 그림 전시는 아직까지 그림을 올리고 설명을 하는 형식이 대부분이고 기존 오프라인 전시에 대한 홍보 정보로 이용되는 정도가 대부분이지요. 그래서 기존 오프라인 큐레이터가 웹에서도 활동을 하고 있습니다. 하지만 앞으로는 동영상 기술이 좀더 발전되고 인터넷 분위기가 정착되면 전시회 분위기까지 실을 수 있게 될 전망입니다. 또, 미술 전문 인터넷 방송국이 생길 수도 있지요. 인터넷의 사이버 공간에서 시뮬레이션 기술을 활용한 전시회는 벌써 정착이 되어 있습니다.

그렇게 된다면 웹 큐레이터는 오프라인 큐레이터와 차별화된 또 하나의 직업으로 자리잡게 될 것입니다. 미술에 대한 기본기를 갖추고 큐레이터를 지망하는 사람들, 거기에 웹에 대한 감각을 덧붙인다면 미래에는 새로운 공간에서 웹 큐레이터로 설 수 있을 것입니다.

2. 웹 방송 리포터 (신속, 정확 소식의 모든 것)

　방송에서 리포터의 역할은 ENG(비디오에 의한 뉴스 취재)와 함께 부각되었습니다. 스튜디오 촬영이 아니고 야외에서 촬영을 해야 할 경우 리포터가 필요한데요, MC가 모든 코너를 이끌 수 없는 경우나 많은 시간이 필요한 경우, 그리고 여행 전문 코너나 레포츠 코너처럼 리포터의 전문적인 역량이 필요한 경우에 활발하게 활동하고 있지요.

　이 리포터가 웹 방송에도 뛰어들게 될 텐데, 현재까지 인터넷 방송은 음악 방송이 주류이거나 동영상으로 올린다고 하더라도 스튜디오 방송, 혹은 영화 속 뒷 이야기 등이 대부분입니다.

　하지만 앞으로 웹 방송이 점점 발전을 거듭한다면 지금의 TV 방송매체가 하고 있는 모든 프로그램이 웹에서도 가능해질 것입니다. 그렇게 된다면 지금은 웹 방송에 필요한 인원이 얼마 되지 않더라도 앞으로는 일의 영역도 분화되고 인원도 훨씬 많아질 겁니다.

　웹 방송 리포터는 다른 한편으로는 웹 방송 특파원이라고 할 수도 있습니다. 각 지역의 소식을 빠르게 전달할 수 있는 장점을 가질 수 있기 때문에 웹 방송이 다루는 내용을 좀더 넓게 만들어줄 수 있을 것입니다.

미국의 예를 들면 웹 방송 리포터가 하는 일이 좀더 쉽게 다가 올 텐데, 워낙 땅덩이가 큰 나라이다 보니까 미국은 지역 방송이나 케이블 TV가 굉장히 발달해 있습니다. 캘리포니아만 하더라도 우리 나라의 2.5배라고 하니까 지역 방송만 해도 포괄하는 지역이 우리보다 크지요. 그래서 헐리웃 영화를 보면 리포터가 카메라맨 한 명과 다니면서 사건이 생기는 곳의 소식을 바로바로 전하는 것을 볼 수 있습니다. 영화 〈Up Close & Personal〉에서 미쉘 파이퍼가 맡았던 역할을 생각하시면 될 거예요. 최근의 〈Scream〉에서도 나왔었지요.

촬영 한번 하려면 카메라맨, PD, 리포터, 조명까지 가는데 비해서 굉장히 간편하게 다니는 거지요. 물론 화질에서는 약간 떨어질지 모르지만 기동성으로 승부하는 것이지요.

우리 나라에서 웹 방송 리포터는 그런 모습으로 존재하게 될 수 있을 것 같습니다. 프로그램에 필요한 곳을 찾고 직접 내용을 만들어 오는 경우도 있겠지만 사건이 일어난 곳에 바로 가서 재빨리 찍어서 웹에 내보낼 수 있겠지요.

어떻게 보면 VJ(Video Journalist)들이 웹으로 간 모습이라고 할 수도 있을 텐데, 어쨌든 웹 방송이 정착된다면, 웹 방송 리포터가 익숙한 개념으로 받아들여질 것입니다.

3. 웹 기자/웹 작가 (아직도 원고지 시대?)

인터넷이 우리 주위에 자리잡으면서 가장 먼저 친근하게 다가온 것은 웹 진이었습니다. Web Magazine, 웹 진은 주로 문자로 정보를 전달하는 인터넷의 성격에 따라 웹과 잡지의 장점만을 따서 만들어진 것인데, 웹 진이 생겨나면서 웹 기자와 웹 작가라는 개념이 생겨나기 시작했습니다.

웹 작가는 솔직히 인터넷 환경을 잘 모른다고 하더라도 힘들지 않게 할 수 있는 일입니다. 오프라인에서 하던 대로 글을 써서 E-mail로 보내면 웹 진 기자들이 사이트에 등록을 시키면 되는 거니까요.

인터넷에 대한 이해가 기반이 되어야 하는 것은 웹 작가라기보다는 웹 기자라고 할 수 있는데, 일반 잡지는 한 달, 혹은 일주일 간격으로 나오지만 웹 진은 일반 잡지보다 업데이트 속도가 빨라야 합니다. 부지런히 업데이트시키지 않는다면 이용자가 금세 식상해 하고 바로 외면해 버리기 때문이지요.

또, 이용자가 원하는 정보에 대한 의견을 반영시켜야 합니다. 그렇지 않고 기자의 의견대로, 고집대로만 웹 진이 채워진다면 곧바로 조회수 하락으로 이어지니까요.

그래서 오프라인의 기자들은 일주일 단위나 한 달 단위의 마감

에 죽고 사는 반면, 웹 진의 기자들은 하루 단위로 마감이 오는 것이기 때문에 시간에 대한 콘트롤이 뛰어나야 합니다. 그리고 일을 꼼꼼이 하면서도 시간을 정확히 엄수해야 합니다.

4. 웹 애널리스트 (17인치 객장, 17인치 속 상담)

요즘은 주식 얘기 없이 하루를 마감하는 사람들이 거의 없는 상황입니다. 하다 못해 커피 마시면서, 점심 시간 쉬는 짬을 이용해 서라도 주식에 대한 이야기는 오가는데, 우리 나라의 주식 붐은 인터넷을 타고 왔다고 해도 과언이 아닐 만큼 인터넷을 통해 주식을 하는 사람들이 많습니다.

아직도 객장 나가서 오르락 내리락 하는 전광판 바라보는 사람 있어? 할 만큼 대다수의 사람들은 인터넷에 뜨는 정보를 가지고 주식 투자를 하고 있습니다. 또, 객장에 나가고 싶어도 직장 때문에 나가지 못하는 사람에게 인터넷을 통한 주식 투자는 새로운 투자방식으로 대두되고 있지요.

그런데 이렇게 인터넷 주식 투자가 활기를 띠면서 애널리스트들도 인터넷에 뛰어들기 시작했습니다. 웹 애널리스트라는 이름을 가지고 말입니다.

웹 애널리스트들은 포털 사이트의 금융, 주식란에 고정으로 투자 기법을 올리면서 사람들의 투자에 대한 조언을 해주고 있고, 잘 나가는 애널리스트들은 자신의 홈페이지를 만들어서 투자 조언을 하고 있습니다.

자신의 감각만으로, 신문에서 나온 이야기만으로 주식 투자하

기 부담스러웠던 많은 사람들이 웹 애널리스트를 찾고 있는데, 웹 애널리스트의 경우 1:1 상담도 가능하기 때문에 찾는 사람들이 끊이지 않습니다.

주식 투자를 하는 게 꼭 객장에 나가지 않고 자신의 사무실에서도 할 수 있는 것이었는데도 사람들이 굳이 나가 보려고 했던 이유는 투자에 대한 정확한 정보를 얻기 위해서였습니다. 따라서 웹 애널리스트가 나타나면서 인터넷 주식 투자가 더욱 더 활기를 띠고 있습니다.

그래서 앞으로는 웹 애널리스트가 새로운 웹 직종으로 부각되리라고 보는 사람들이 많은데, 주식에 대해 잘 아는 사람들이 조언을 하는 것이니 만큼 오프라인에서 주식에 대한 실전 경험이 많은 사람이 유리하겠지요. 그래서 대부분 오프라인 애널리스트들이 공간을 옮겨 시작하는 경우가 많습니다.

인사를 준비중인 웨퍼들

V

전세계의 날씨를 한번에
웹 기상 캐스터

지금은 동영상 시대
웹 캐머

전자상거래의 새로운 주역
웹 모델

1. 웹 기상 캐스터 (전세계의 날씨를 한번에)

저 멀리 반짝거리기만 하는 우주도 이웃 동네 마실 가듯이 가고, 사람 몸 속 정도는 어항 속 물고기 구경하듯이 자유롭게 볼 수 있는 세상… 문명이 점차 발달하면서 인간의 힘으로 통제하지 못하는 것은 하나 둘 사라지고 있습니다. 마음만 먹으면 모두 우리 마음대로, 사람들 살기 편한 방향으로 바꾸어놓을 수 있는 세상이 온 것이지요.

그런데 아직은 우리가 마음먹은 대로 할 수 없는 영역이 있습니다. 돈으로도, 권력으로도 어찌할 수 없는 것, 바로 자연입니다. 우주를 넘보는 실력도 왕창왕창 내리는 비 앞에서는 힘을 쓰지 못하고, 사람이나 동물마저 복제해 내는 과학도, 세차게 불어오는 바람에, 파도에 힘 못쓰고 날아가는 집들을 물끄러미 바라볼 수밖에 없습니다.

또 모르지요. 정말 과학이 엄청나게 발달해서 세찬 바람을 부드럽게 만들고 내리는 비를 그대로 모아서 식수로 쓰게 할 수 있을지도… 하지만 아직까지 그런 힘을 가지지 못한 우리는 자연만큼은 신의 영역으로 남겨두고 있습니다.

미래는 자연을 통제하는 능력을 가진 사람만이 우두머리가 될 수 있다는 말이 있습니다. 자연만큼은 인간의 힘이 닿지 못하는

영역이기 때문에 이런 말도 나오는 것이겠지요.

자연의 영향을 많이 받는 곳이나 그런 직업을 가진 사람들에게 기상에 대한 정보는 정말 중요하고 유용한 내용이 아닐 수 없습니다. 그러나 아직까지는 뉴스 시간에 전해지는 기상 예보만으로 만족해야 하지요. 내일의 날씨라든가 오늘의 날씨 등으로 뉴스 끝 부분에 잠깐 소개되는 일기예보가 우리가 접하는 기상 정보의 전부입니다.

도시에 사는 사람들은 그 정도 정보로도 만족할 수 있을지 몰라도 그렇지 않은 사람들도 많습니다. 우산을 가져가야 할지, 옷을 두껍게 입어야 하는지 아닌지 정도만 알아도 상관없는 사람에게 날씨라는 건 그저 기분을 좌우하는 것이지만 날씨와 직접적으로 연관된 농민, 어민들은 경우가 다릅니다. 또 항공사나 군부대도 매시간 일기의 변화를 체크해야 하지요.

웹이 발전하자 기상 정보와 관련하여 정말 편리하면서도 꼭 필요한 사이트가 생겨나고 있습니다. 24시간 제공되는 웹의 성격과 기상 정보를 한데 모아 신속, 정확하게 정보를 제공하는 사이버 기상 정보 제공 사이트가 바로 그것이지요.

현재 우리 나라에도 사이버 기상 정보 센터가 존재하고 있는데, w365.com이나 ilki.co.kr, www.kweather.co.kr 등의 사이트에서 맞춤 기상정보를 제공하고 있습니다. 이런 곳에서는 자동 지상 관측소나 위성 및 레이더를 통해서 기상 정보를 입력하고, 10분마다 기상 정보를 업데이트 시켜서 최대한 정확한 기상 정보를 알려주고 있습니다.

그런데 이 정도 수준에서 만족해야 하는 건 아닙니다. 이런 사

이버 기상 정보는 여기에서 그치지 않고 좀더 발전이 거듭될 것이
니까요. 지금은 그저 날씨가 추운지 더운지, 안개가 끼는지 안 끼
는지, 비는 어느 정도 오는지 지역마다 일괄적으로 알려주고 있지
만 앞으로 맞춤형 일기예보가 나타날 것입니다. 사이버 기상 캐스
터의 등장과 함께 말이지요.

사이버 기상 캐스터는 1:1로 이용자가 알고 싶어하는 기상 정보
를 알려주는 것인데, 지금처럼 그저 주어진 정보를 읽고 나가는
수동적인 모습이 아니라, 앞으로는 원하는 시간에 원하는 곳의 일
기 예보를 볼 수 있을 것입니다.

가령 이런 형태가 되겠지요. 지금과 같은 사이버 기상 정보의
경우는 내가 직접 클릭해서 날씨를 보겠지만 그건 어디까지나 주
어진 정보를 가지고 나가는 수준입니다. 큰 지역권의 정보를 알아
갈 뿐이지요.

하지만 사이버 기상 캐스터가 있으면 좀더 작은 단위로 정확한
정보를 찾아줄 수 있습니다. 또 날씨와 관계된 여러 가지에 대해
서도 알려줄 수가 있겠지요. 정동진으로 여행을 가려고 할 때 어
느 정도 추위인지, 옷은 어느 정도로 입는 게 좋은지도 알려줄 것
이고, 캘리포니아 가는 비행기가 뜰 때 언제쯤 안개가 걷힐 것인
지, 11월에 늦은 가을 단풍 여행을 가려고 하는데 어디쯤 가면 가
장 좋은 모습을 볼 수 있을지, 첫눈이 내리는 날 들으면 좋은 음악
은 어떤 게 있는지 등등 기상 정보에서는 알 수 없었던 세세한 정
보까지 들을 수 있습니다.

사이버 기상 캐스터는 일반 기상 정보 사이트에서도 나타날 수
있지만 기상 정보를 전문으로 하는 인터넷 방송국에서도 등장할

것입니다. 외국에서는 벌써 사이버 기상 캐스터가 활동하고 있는 곳도 있으니까, 우리 나라도 아마 머지 않아 나타나게 될 것입니다. 혹시 모르지요. 인터넷이 워낙 속도전이다 보니까 이 책이 편집되는 중에 나타나게 될지도…

2. 웹 캐머 (지금은 동영상 시대)

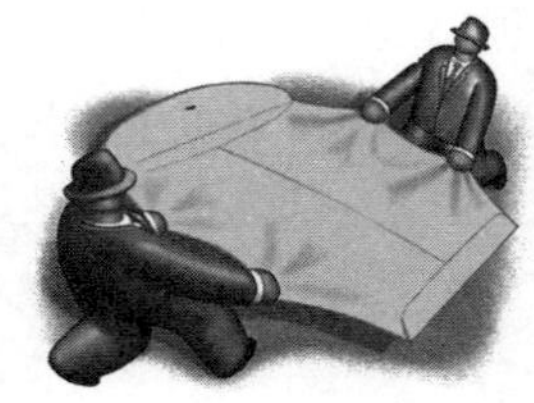

전자쇼핑몰을 이용하는 사람들이 가장 큰 불편 사항으로 꼽는 것이 무얼까요? 바로 상품을 제대로 확인할 수 없다는 것입니다.

요즘 전자상거래의 경우 옛날보다는 많이 발달해서 상품사진이 확대도 되고, 3D로 이곳저곳 둘러볼 수도 있지만 그것만으로는 좀 미심쩍어 하는 분들이 많은 건 사실입니다. 아무래도 우리가 직접 쇼핑하는 것과는 차이가 있을 테니까요.

우리가 직접 쇼핑을 나가 물건 하나 살 때도 무턱대고 "저거 주세요" 하는 경우는 그리 많지 않습니다. 이리 뜯어보고 저리 돌려보고 바느질은 제대로 됐는지, 질감은 좋은지 한참 고민하다가 다른 물건도 보고 비교도 하고 가격도 깎고 그렇게 한나절을 보내서 물건을 삽니다. 물론 다 똑같아 보이는데 뭘 하루 종일 돌아다니느냐고 한숨 쉬는 사람도 있겠지만요.

그러나 전자쇼핑몰의 경우에는 그런 게 불가능하니까 결정 기준을 다른 데 둘 수밖에 없습니다. 가격과 그에 따른 장점, 몸을 움직이지 않고 편하게 살 수 있다는 점에 포인트를 두는 거지요. 그런 점으로 위안을 하면서 전자상거래를 이용하기는 하지만 사진 속의 상품만을 보고 주문하기에는 뭔가 걸리는 게 많았을 것입니다.

문제는 그렇게 물건을 주문한 후에는 반품도 많다는 거지요. 사진에서 보던 거와는 달라서, 받아 보니 생각한 물건이 아니어서 반품이나 교환을 요구하는 경우가 많습니다. 그렇게 될 경우 그만큼의 비용이 낭비되는 거니까 반품이나 교환 케이스를 최대한 낮추는 것이 상책일 거예요.

그건 전자상거래의 어쩔 수 없는 점인데 어떻게 할 수 없지 않느냐, 지역마다 매장을 두지 않는 비용으로 생각해야지 별 수 없지 않느냐 하는 분들도 많으실 것입니다. 물론 웹 캐머라는 직업이 생기기 전까지는 당연한 말이었지요.

웹 캐머는 특히 오프라인 백화점에서 온라인 사업을 할 때 주로 고용하고 있는데, 대형 마트나 할인점에 가보면 갑자기 옆을 씽~ 하고 지나가는 사람들 본 적 있지요? 인라인 스케이트 타고 신나게 달리는 사람들 말이에요. 카운터에서 계산 중에 고객들이 잘못 가져온 물건이나 물건을 교환하고 싶어할 때 빠른 기동력으로 이곳 저곳을 누비는 사람들이지요.

웹 캐머는 이들이 하는 일과 거의 비슷한 일을 한다고 할 수 있는데, 한 가지 더 추가한다고 하면 디지털 카메라를 들고 다닌다는 것입니다. 그래서 고객이 상품을 주문했을 때 바로 그 상품으로 달려가서 상품의 이곳저곳을 샅샅이 찍어 보여주는 것이지요. 가방 내부 좀 보여주세요 하면 그대로 보여주고, 침대 스프레드 좀 펼쳐 주세요 하면 그대로 펼쳐 보여주는 것이지요.

전자상거래의 단점을 그대로 보완하는 것인데, 물론 자신의 눈으로 직접 보는 것보다는 못하겠지만 사진보다는 좀더 세밀하게 볼 수 있어서 웹 캐머가 고용된 이후로 반품률이 확실히 줄었다고

합니다.

웹 캐머는 웹에 대한 특별한 지식이 없이도 할 수 있고, 청소년들이 아르바이트로도 너끈히 할 수 있는 일입니다. 지금까지 전단지 돌리기나 주유소, 커피숍에서 일하던 청소년들, 신나게 인라인 스케이트도 타고 일도 하는 웹 캐머가 빨리 우리 나라에도 정착되었으면 좋겠지요?

3. 웹 모델 (전자상거래의 새로운 주역)

웹 모델은 전자상거래 사이트에서 웹 캐머와 함께 생겨난 직업 인데, 전자쇼핑몰에서 제일 판매가 부진한 것, 그리고 반품이 많 은 것이 바로 의류와 보석 등의 장신구류라고 합니다. 아무래도 옷이나 반지 등은 직접 해보지 않는 한 마음에 썩 드는 것을 고르 기는 힘드니까요.

이런 불편함을 해소하기 위해서 고객이 원하는 옷이나 장신구 를 즉석에서 입고 보여주는 일을 하는 사람들을 웹 모델이라고 합 니다. 고객이 말하는 사이즈의 옷을 입고, 이곳 저곳을 보여주고, 반지나 목걸이 등 장신구를 원할 경우 가장 예쁘게 보일 수 있도 록 코디해서 보여주는 것이지요.

백화점이나 의류 매장에 갔을 때 직원이 자사의 상품을 직접 입 고 있는 경우가 많지요. 그렇게 살아있는 사람이 직접 옷을 입고 있는 것은 마네킹에 디스플레이하는 것보다 더 높은 효과를 볼 수 있다고 합니다. 지나가다가 그 모습을 보고 매장에 들어가는 사람 들도 많다고 하니까요.

그런데 하물며 전자상거래 매장에서야 그 효과는 더 크다고 할 수 있겠지요. 모델이 입은 모습을 사진으로 보거나 옷만 보거나 해서는 그 옷이 어떨지 판단하기는 어려울 테니까요. 또 티셔츠와

가디건 같은 경우 사진만 보고서는 입었을 때 어떤 모습인지 상상하기 힘들고 앞모습만 나온 경우 뒷모습은 어떤지 상상하기 힘들 테니까요.

그래서 웹 모델은 이용자 대신으로 옷을 입었을 때의 모습을 보여주는 것입니다. 자기가 직접 입은 것만은 못하겠지만 그래도 자신의 체형과 비슷한 사람이 대신 입은 모습을 보면 훨씬 고르기 편하겠지요.

웹 모델은 디지털 카메라를 들고 다니는 웹 캐머가 같이 할 수 있는 일이기도 한데, 웹 캐머의 경우 이용자가 원하는 대로 여기저기 보여주면 끝나는 일이지만 웹 모델은 쇼핑 호스트처럼 매출로 연결될 수 있다는 데서 차이가 있습니다. 옷을 가장 맵시 있게 입어서, 액세서리를 가장 폼 나게 코디해서 매출로 연결할 수 있어야 하지요.

아무래도 옷의 맵시를 살려야 하는 일인 만큼 어느 정도의 외모를 지녀야겠지만, 그보다 더 중요한 것은 옷이나 액세서리를 코디하는 능력입니다. 백화점이나 의류 매장에서 디스플레이나 판매를 한 경험이 있는 경우 유리하겠지요.

인터넷 자격증에 관한 모든 것…

(1) 국제 자격증

1. 마이크로소프트(Microsoft) 공인 인증 제도

MCP (Microsoft Certified Professional)

컴퓨터 소프트웨어 업계의 세계 최고인 마이크로소프트사가 주최하는 시험으로 전세계에서 널리 통용되는 인증 제도입니다. 이 자격증을 가지고 있는 사람들에게는 마이크로소프트 데스크 탑 제품 사용자들의 제품을 설치하고 기술지원을 제공할 수 있는 자격을 부여하는데, 마이크로소프트사 주관하는 다른 시험들, 즉 MCSE, MCSD, MCDBA 등의 시작점이라고 할 수 있습니다.

다른 시험에 비해서 특이한 점은 자격 취득자에게 특전을 주는 것 외에 취득자가 2명 이상 소속된 기업에게는 마이크로소프트가 인정하는 MCSP(Microsoft Certified Solution Provider) 기업이 될 수 있는 권리를 제공한다는 데 있습니다. 하지만 무엇보다도 MCP 자격증을 가진 사람들이 누릴 수 있는 혜택 중에 가장 최고는 아무래도 MCP Web Site의 보안영역에 접근할 수 있는 권한이 주어진다는 것을 들 수 있는데, 첨단기술정보를 계속 얻을 수 있기 때문에 신기술을 익히기에 유리하다고 할 수 있습니다.

그 외에도 마이크로소프트가 주관하는 기술교육 세미나나 특별 이벤트에 초대되기도 하고, 인터넷 전용 포럼(partnering.one.

microsoft.com/mcp)에 액세스 할 수 있는 혜택을 부여받습니다.

MCP를 취득한 후에 MCSE(Microsoft Certified Systems Engineer), MCSD(Microsoft Certified Solution Developer), MCDBA(Microsoft Certified Database Administrator), MCT(Microsoft Certified Trainer)를 취득할 수 있는데, 이중에서 MCSE는 마이크로소프트 인증 엔지니어 자격증으로 특히 많은 혜택을 받을 수 있습니다.

▶ 관련 사이트

마이크로소프트 : http://www.microsoft.com/mcp

http://www.mcp.co.kr

2. 오라클(Oracle) 공인 인증 제도

오라클 공인 전문가 제도(Oracle Certified Professional)는 오라클 제품 사용자의 관련 업무에 따른 전문 기술 지식 정도를 측정하는 자격증인데, 이 자격증을 취득하면 오라클의 제품과 최신 기술을 활용해서 최적의 솔루션을 설계, 개발하는 역량을 인증해 주는 프로그램입니다.

오라클 공인 인증 제도의 자격증을 취득하면 전세계적으로 Oracle 전문가로 공인되고, 매년 개최되는 공인 전문가 컨퍼런스에 초대되고 오라클 제품 및 전략에 대한 최신 정보를 받아볼 수 있습니다. 또 이 자격증을 취득하면 취업까지 연계해 주기도 합니다.

DBA 업무를 수행하는 데 필요한 지식을 테스트하는 DBA 8.0 Track(Oracle8 Certified Database Administrator Track)과 Oracle Developer Release 2를 이용한 기술을 테스트하는 Application Developer R2 Track(Release2 Application Developer Track), DB 적용의 기술을 테스트하는 Oracle Database Operator 등의 시험이 있습니다.

▶ 관련 사이트

한국오라클 : http://education.oracle.co.kr/ocp/ocp_overview.html

오라클 : http://education.oracle.com/certification/index.html

3. Java 자격 인증 프로그램 안내(Sun Java Certification Programs)

최근 들어 대두되고 있는 Java 기술의 발전에 따라서 썬 마이크로 시스템즈 교육 사업부가 주관하는 자격증 시험입니다. 기본 기술과 프로그래밍 능력의 검증(SCJP), 개발 능력 및 실제 프로젝트 관리 능력을 검증(SCJD), architecture 기술 능력을 검증(SCAJ)해 주는 테스트를 실시하고 있습니다. 자격증을 부여하는 테스트는 다음과 같습니다.

@ Sun Certified Java Developer(SCJD)

1단계: SCJP (Sun Certified Java Programmer)

2단계: SCJD(Sun Certified Java Developer)의 Programming Assignment

3단계: SCJD(Sun Certified Java Developer)의 Written Test

@ Sun Certified Enterprise Architect for J2EE (SCEJ)

1단계: Architect 프로그램 Part I

2단계: Architect 프로그램 Part II

3단계: Architect 프로그램 Part III

문의: (02) 3453-6602 Fax: (02) 3453-6603

4. ASE(Associate Systems Engineering)

컴팩의 엔지니어 인증 프로그램으로 일정 수준 이상의 자격을 갖추고 컴팩이 요구하는 소정의 교육과정을 마친 후 테스트에 통과하면 얻을 수 있는 자격제도입니다. ASE를 취득하게 되면 Prestige Club의 회원이 되며 컴팩이 주관하는 SE포럼 및 기술 세미나에 강사로 초빙될 수 있고, 정기적으로 각종 기술지원 Tools를 무료로 받을 수 있습니다.

5. 노벨(Novell) 공인 인증 제도

노벨 공인 인증 제도는 고급 기술력에 대한 증명을 할 수 있는 최상의 자격증으로 최신의 네트워크 기술과 개인 생산성을 높일 수 있도록 되어 있습니다. 노벨 네트워크를 관리하고 Net Ware 클라이언트를 지원하는 기술에 대한 인증인 CNA(Certified Novell Administrator), 네트워크를 설치, 관리, 보수할 수 있는 능력에 대한 인증을 전세계적으로 받을 수 있는 CNE (Certified Novell Engineer) 등이 있고, 인증을 받으면 전세계적으로 뛰어난 기술자로 인정받는 동시에 노벨의 첨단 기술 정보를 받을 수 있게 됩니다.

▶ 관련 사이트
　한국노벨 : http://www.novell.co.kr/education

5. Sun 인증 자격 제도

Sun사의 Solaris 관리능력을 인증하는 CSA(Certified Solaris Administrator), Network 분야의 자격증인 SCNA(Sun Certified Network Engineer), 그리고 JAVA에 관련된 기술을 테스트하는 SCJP, SCJD, SCAJ 등이 있습니다.

▶ 관련 사이트

http://service.sun.co.kr/sunedu/

6. 그 밖의 자격 제도

현존하는 자격증 중 가치가 가장 높다고 하는 Cisco 인증 자격증, 다양한 자격증을 구비하고 있는 IBM 인증 자격증, HP, Lotus, Informix, Digital, Compaq, Intel, Adobe, Linux 등에서 인증해 주는 국제 공인 자격이 있습니다.

▶ 관련 사이트

http://www.cisco.co.kr

http://www.ibm.com/education/certify/

http://www.hp.co.kr

http://www.lotus.com/home.nsf/welcome/certification

http://www.Compaq.co.kr

http://www.adobe.co.kr

http://www.lpi.org

(2) 우리 나라 자격증

1. 한국능률협회 공인 자격증

인터넷 직업을 가지고 있는 사람들은 누구나 필수적으로 가지고 있는 자격증입니다. 이 자격증을 가지고 있다고 해서 꼭 정보 검색사가 될 수 있는 것은 아니지만 인터넷 업종에 취업할 때 많은 혜택을 받을 수 있는 자격증입니다.

3급, 2급, 1급으로 나뉘어져 있고 각 단계를 통과하면 다음 단계 테스트를 받을 수 있는 자격이 주어지거나 가산점이 주어집니다. 이와 함께 웹 페이지 전문가, 웹 마스터 전문가 자격증도 있는데, 이 자격증은 웹 마스터 실무 능력을 테스트 받을 수 있는 자격증으로 정보검색사 3급을 취득한 사람들이 응시할 수 있습니다. 2급과 1급으로 나뉘어져 있고 역시 각 단계를 통과하면 다음 테스트에서 가산점을 받을 수 있습니다.

문의: 한국능률협회 www.kma.or.kr   02-719-6241

2. 한국정보통신진흥협회 공인 자격증

웹 사이트를 기획, 디자인하고 서버를 운영, 관리하는 기술을 검증하는 자격증으로 정보설계 실기와 인터넷 일반 개념, 웹 서버 운영 및 관리, 웹 프로그래밍, 인터넷 정보설계기술 등 분야의 테스트에서 통과하는 사람들이 받을 수 있습니다.

이 자격증을 취득하면 정보통신에 대한 전문적인 기술자와 인터넷에서의 마케팅 기술의 고급 전문인력으로 인정받게 되며 기업 및 관련 기관에서 일할 때 유리하게 작용할 수 있습니다.

문의: 한국정보통신진흥협회
www.internet.ccpak.or.kr 02-580-0542~6

3. Web Programmer Certified (WPC).

웹 프로그래머 자격에 대한 인증 시험으로 3급(Beginner) / 2급(Intermediate) / 1급(Expert)으로 나뉘어져 있습니다.

인터넷 이용 활성화와 국내 인터넷 전문 인력 양성을 위해 정부

산하 기관인 한국정보기술연구원(KITRI)에서 신설한 것으로 이 자격증을 취득하면 입사 및 진급 시 가산점 혜택을 받을 수 있고, 시험 과목은 인터넷 기초 30%, 네트워크 10%, HTML 30%, Java Script 20%, OS 개념 10%의 다섯 가지이고 1차 온라인 시험과 2차 소집 시험을 봅니다.

문의: WPC 협회 www.wpc.re.kr

4. 웹 디자인 기능사 자격증

노동부와 산업인력공단에서는 2001년부터 '웹 디자인 기능사' 자격제도를 신설한다고 발표했습니다. 아직 확정적인 시험 일정이나 내용이 발표되지는 않았지만 처음 시행되는 시험인 만큼 이 자격증을 받으면 웹 디자이너로 일할 때 혜택을 받을 수 있으리라고 봅니다.

혼자 공부할 때 읽으면 좋은 책

- **성공적인 웹 사이트의 10가지 비결(데이비드 시걸 / 안그라픽스)**
  ⇨ 웹 기획을 하는 사람들에게 성공을 향한 비전을 제시합니다.

- **Being Digital(Nicholas Negroponte / 커뮤니케이션북스)**
  ⇨ 인터넷이 우리 생활에 어떤 영향을 끼치는지에 대해서 조목조목 설명한 책입니다.

- **가상사회와 전자상거래 (아더 암스트롱 외 / 세종서적)**
  ⇨ 원서 제목 Net Gain. 온라인 커뮤니티 운영에서부터 전자상거래까지 자세하게 서술하고 있습니다.

- **E-고객 시대의 웹 경영(데이비드 시걸 / 더난)**
  ⇨ 웹 사이트 구축과 컨설팅을 하는 사람들에게 효과적인 웹 사이트에 대한 해답을 알려주고 있습니다.

- **E- 마케팅에 성공하는 웹 사이트 전략**
  (수잔 스위니 / 청아출판사)
  ⇨ 웹 사이트를 구축하는 데 있어 실례를 많이 제시하고 있습니다.

■ 웹 시대의 인터페이스 디자인(앨리슨 헤드 / 길벗)
  ⇨ 실무자와의 인터뷰를 통해서 성공할 수 있는 웹 디자인을 알려 줍니다.

■ 자세히 설명한 HTML&Java Script 사전
  (Ryuichi Okakura, Mashito Hamba / 영진 닷컴)
  ⇨ 웹 디자인의 기초, 디자인 작업, 문제점 해결하기 3부분으로 나뉘어 있어 기초에서부터 실무까지 잘 일러주고 있습니다.

■ 웹 디자인 마스터(존 맥코이 / 성안당)
  ⇨ 전문가들이 쓴 웹 디자인 기법과 도구의 요약서입니다.

■ 웹 사이트 디자인(로이 맥클비 / 안그라픽스)
  ⇨ 웹 사이트 디자인을 막 시작하는 사람에게 웹 디자인의 기본 원칙들에 대해서 설명하고 있습니다.

■ Running Linux(권순선, 이만용 번역 / 한빛 미디어)
  ⇨ 리눅스의 세계에 첫발을 내딛는 사람들은 꼭 읽어야 하는 참고서격인 책입니다.

■ 김석주의 자바 스크립트 이제 두렵지 않다(김석주 / 기남사)
  ⇨ 자바 스크립트에 대해 자세하게 예를 들어서 설명하고 있습니다.

■ PHP Web-DB Programming Guide(정진호 / 동일출판사)
  ⇨ PHP 스쿨을 운영하면서 얻은 노하우를 집약해 놓은 책으로 웹 프로그래머를 꿈꾸는 사람들에게 필요한 책입니다.

■ 웹 디자인 바이블(Jennifer Niederst / 한빛 미디어)
 ⇨ 웹 페이지 디자인에서 발생할 수 있는 문제점에 대한 해결책을 제시하고 있습니다.

■ Web Site Engineering(David L. Jones 외 / Prentice Hall)
 ⇨ 엔지니어 관점에서 웹 사이트 기획과 운영에 대한 관점을 제시합니다.

■ HTML 토탈 가이드(Sybex Press / 삼각형)
 ⇨ HTML에 대한 모든 것이 나와 있는 책입니다.

웹 직업의 최고에는 누가 있을까?

직장인들이 일반 기업에 들어가서 최고로 올라갈 수 있는 자리는 어디일까요? 사장님? 회장님? 하지만 대부분 이사 정도까지 올라가도 내 인생 후회없이 살았노라는 말이 나올 것입니다.

그렇다면 웹 직업에서는 어디까지 올라갈 수 있을까요? 다들 하나 정도는 말씀하실 수 있을 것입니다. 벤처 열풍이 불면서 누구나 들어본 개념. 바로 CEO가 있으니까요. 그렇다면 단지 CEO만이 웹 직업의 최고냐 하면… 아니지요. 최고 자리도 이미 분화가 이루어져 있답니다.

외국은 이미 웹 직업이 상당히 많이 분화되어 있습니다. 우리 주위를 보면 기껏 꼽아봤자 서른 개 남짓의 웹 직업이 있고 그나마 서로 하는 일이 비슷비슷한 경우가 많지만 미국의 경우는 80개 정도의 웹 직업으로 나뉘어져 있다고 하니까요.

Web Director의 경우도 Business Development와 Industry Relation, Marketing & PR로 나뉘어져 있는 것처럼 각 내용에 따라 영역의 구분이 이루어지고 있다고 합니다. 그렇기 때문에 가장 최고위직도 우리가 요즘 자주 듣는 CEO라는 개념에서 한 걸음 더 나아가서 CTO, CWO, CIO, CSO 등으로 구분되고 있습니다.

그럼 우리에게 낯선 저 높이 있는 직종들에 대해서만 몇 가지

살펴보도록 할까요?

❶ CWO (Chief Web Officer)

최고 웹 관리자라고 할 수 있습니다. 지금 우리의 개념으로는 웹 마스터라고 보면 될 것 같은데, 미국의 경우 웹 마스터는 이미 운영을 담당하는 하나의 직급으로 규정되었습니다. 벤처의 모든 것, 기술에서부터 전략, 재정, 운영까지 모든 것을 책임지는 사람입니다.

❷ CTO (Chief Technology Officer)

최고 기술 관리자라고 할 수 있습니다. 프로그래밍이나 디자인, 코딩, 엔지니어링과 같은 기술 분야의 최고라고 할 수 있지요. 웹 사이트 구축에 있어서 실질적인 부분을 책임집니다.

❸ CIO (Chief Information Officer)

최고 정보 관리자라고 할 수 있습니다. 인터넷은 정보의 바다라고 불릴 만큼 정보의 공유에 큰 역할을 해왔지요. 하지만 앞으로는 그 정보를 어떻게 유통시키는지의 문제가 중요시되고 있는데, 그런 정보에 관한 부분을 담당하는 것입니다.

❹ CSO (Chief Strategy Officer)

최고 전략 기획 관리자라고 할 수 있습니다. 인터넷 기업이 어떻게 사업을 유지해 나갈지, 사이트가 어떻게 이용자들의 관심을 끌지 등에 대해서 끊임없이 전략을 짜야 하지요. 인터넷 기업의 존폐는 바로 이용자들에게 달려있기 때문이에요.

❺ CFO (Chief Finance Officer)

최고 재정 담당 관리자라고 할 수 있습니다. 인터넷 기업이 어느 정도 위치에 이르기까지는 재정적인 지원이 필요하지요. 재정이 여의치 않아서 중도에 사업을 포기하고 마는 기업도 있으니까요. 그런 경우를 막기 위해서 재정에 대한 부분, 즉 주식 상장을 한다든지 사업 설명회를 통해서 자금을 유입한다든지의 일을 전문적으로 담당합니다.

❻ CEO (Chief Executive Officer)

최고 운영 관리자라고 할 수 있습니다. 우리 나라에서도 CEO에 대한 인식이 점차 확산되고 있는데, 아직까지는 최고 경영인을 CEO라고 말하는 경우가 많습니다. 물론 회사를 운영하는 것이 가장 중요한 일이기는 하지만 최고 경영인을 CEO라고 하기에는 약간의 무리가 있습니다. 최고 관리자만 해도 각자의 영역에 따라 구분되기 때문이지요.

어떠세요? 시간이 가고 자리를 잡을수록 점점 더 분화되는 웹 직업에서 최고위직도 예외는 아니지요. 아마 모르긴 몰라도 앞으로 인터넷이 발달하면 발달할수록 새로운 직종은 계속 나타날 것이고 그때마다 그 새로운 일에 뛰어드는 사람들도 나타날 것입니다. 아직까지는 익숙하지 않은 웹 직업이라고 해도 앞으로는 전문화된 웹 직업이 우리 곁에 많이 찾아올 것입니다.

웹 직업 다 모여라

초판 1쇄 발행일 2001년 12월 3일

지은이 김나영
기획 한성인텔리전스
만든이 이정옥
만든곳 평민사

서울시 서대문구 남가좌동 370-40
전화/영업(02)375-8571(代) 편집(02)375-8572
팩스/(02)375-8573
E-mail: pms1976@korea.com
http://www.pyungminsa.co.kr

값 8,000원

ISBN 89-7115-347-4 13000

※ 잘못 만들어진 책은 구입한 서점에서 교환해 드립니다.

아름다운 영시 감상

김인성

내 그대 얼마나 사랑하는지

신국판/192쪽/값6,500원

사랑에 관한 월리엄 셰익스피어, 로버트 브라우닝, 윌리암 버틀러 예이츠, 칼리 지브란 등 유명한 영시 작가들의 작품을 싣고, 그것을 자세하게 해석한 책이다. 영어 원문을 실은 후 그 연과 단어를 어떻게 해석하는지를 한 편의 이야기처럼 써 내려갔다. 셰익스피어의 소네트 116 「진정한 두 마음의 결혼에」, 크리스티나 로제티의 「생일」, 존 베츠먼 경의 「바스의 찻집에서」를 비롯해 31편의 영시가 실려 있다.

그대 날 떠나려나 이렇게

신국판/168쪽/값6,500원

이별에 관한 마이클 드레이튼, 윌리암 위즈워드, 엘리자베스 비숍 등 유명한 영시 작가들의 작품을 싣고, 그것을 자세하게 해석한 책이다. 로버트 그레이브즈의 「희망 없는 사랑」, 마이클 드레이튼의 「수줍은 사랑에게」, 엘리자베스 비숍의 「한 가지 기술」을 비롯해 26편의 영시가 실려 있다.

평민신서

중국의 어제와 오늘 | 왕순홍 지음/정차근 옮김

중국은 오랜 문화적 유산, 방대한 영토, 세계 인구의 4명 중 1명이 중국인이라는 사실만으로도 전세계의 관심의 대상이 되고 있다. 그러나 중국인의 시각에서 본 중국의 총체적 모습을 다룬 것은 그리 흔치 않다. 이 책에는 중국의 국토 · 역사 · 인구 · 민족 · 정치제도 · 경제 · 과학기술 · 교육 · 전통사상 · 문학 · 예술 · 풍속 · 관광 · 국제교류 등 전반적인 부분에 걸쳐 중국의 어제와 오늘을 한눈에 볼 수 있도록 중국에 관한 것이면 무엇이든 담겨 있다. 이 책은 중국에 대해 관심을 가지고 있는 학생들과 일반인들에게 중국을 이해하는 데 도움이 될 것이다.

신국판/384 쪽/값11,000원

역사속의 페미니스트 | 거다 러너 지음/김인성 옮김

미국의 역사학자 거다 러너의 『여성과 역사』중 제2권을 번역한 것이다. 이 책에서 러너는 여성들이 역사와 어떤 관계를 맺고 있는지 알게 되면 여성의 의식 발전상을 알게 된다는 전제로 출발하여, 중세에서 1870년까지의 서구 유럽과 미국의 여성 활동을 연구하여 19세기에 정치적인 여권 운동이 일어나기 훨씬 이전부터 개별 여성들이 치열한 여권 의식을 개진하고 있음을 보여준다. 더불어 그런 개별적인 노력이 무위와 조롱으로 끝나며 심지어는 고문과 죽음의 고통을 겪게 되는 역사를 드러낸다.

신국판/368 쪽/값11,000원

선생님이 가르쳐 준 거짓말

| 제임스 로웬 지음/이현주 옮김

미국 역사의 신화와 잘못된 정보에 관한 놀랄 만한 진실! 로웬 교수는 이 책에서 그 이유를 제시한다. 그는 12권의 미국 주요 역사 교과서를 개관하면서, 어떤 한 권도 역사를 흥미 있거나 기억할 만한 것으로 서술하지 않았다고 결론짓는다. 맹목적인 애국주의, 생각 없는 낙관주의, 편협하게 잘못된 정보, 명백한 거짓말들이 합쳐져서 이 교과서들은 모든 모호함, 열정, 갈등, 드라마와 같은 극적 요소를 생략했다.

신국판/448 쪽/값13,000원

미국패권의 이해 | 정항석 지음

세계질서의 흐름 속에서 미국패권의 역사와 의의를 고찰한 책. 미국패권 전문가인 정항석 박사의 이 책은 '미국이 과연 패권을 지속시킬 수 있는가' 그리고 '다른 국가들이 미국을 얼마나 인정할 것인가' 하는 질문에 대한 충실한 길잡이가 되어준다.

신국판/288 쪽/값10,000원

한 권으로 읽는 아랍 | 김중관 지음

중동 경제 전문가 김중관 박사가 쓴 〈한 권으로 읽는 아랍〉은 서구중심의 고정된 시각에서 벗어나 아랍 문명에 대한 대략적 이해를 돕고 있다.
아랍 이슬람 지역의 고대 문명에서부터 석유 문제, 팔레스타인 문제 및 아랍인의 정서를 알기 쉽게 곁들인 사진과 함께 설명해 주고 있고, 아랍지역 경제의 가능성과 상거래 문화에 대해서는 저자 특유의 전문 지식을 발휘하여 상세히 안내해 주고 있다. 이밖에 아랍 지역 19개국에 대한 설명들도 요약되어 있다.

신국판/384 쪽/값11,000원

모택동 자전 | 에드가 스노우 記/신복룡 역주

모택동은 시대가 낳은 영웅이었으며, 어쩌면 운명적이었다고 말할 수 있다. 그러나 아무리 난세라 하더라도 그만한 대업을 이룰 수 있는 영웅이 없으면 천하는 다스려지지 않는다. 그리고 그 숱한 영웅 중에서 온갖 고난을 극복하고 끝내 통일 과업을 이룩했다는 것이 또한 장한 일이다. 모택동의 일생에는 시류나 운명으로 설명될 수 없는 극적 요인이 담겨 있다.

신국판/286 쪽/값9,000원

평민지식마당

1. 오비디우스 (Ovidius) | 이현주 著 | A5신/208쪽/5,500원

기간 출판된 '오비디우스' 번역판들이 신화를 소재로 하여서 재미있고 번역이 잘 된 작품들이라 할지라도 책의 양이 워낙 방대하여 읽기를 주저하는 독자들도 이 책을 통해서 오비디우스의 방대한 본문을 쉽고 재미있게 이해할 수 있다. 작품 및 해설, 생애와 작품세계가 일목요연하게 정리되어 있다.

2. 셰익스피어 · 1 (Shakespeare) | 홍유미 著 | A5신/232쪽/6,000원

영문학 최고의 대가 셰익스피어의 인간과 세상에 대한 폭넓고 단면적이지 않은 포용성, 인간에 대한 따스한 시선과 용서와 화해의 정신을 주요작품 해설과 작품 세계 분석, 생애 등을 통해서 아주 쉽고 간단하게 재미있게 접할 수 있도록 엮어져 있다.

4. 토니 모리슨 (Toni Morrison) | 이승은 著 | A5신/224쪽/6,000원

노벨상 수상자로 미국의 여러 흑인 여성 작가들 중에서 가장 주목받는 토니 모리슨의 작품 『새파란 눈』, 『술라』, 『솔로몬의 노래』, 『비러비드』의 줄거리 및 해설과 그녀의 생애와 작품 세계를 한 권으로 엮어, 심도 있는 사회 문제를 섬세한 기교로 표현한 그녀의 예술성과 문학성의 진수를 느낄 수 있도록 하였다.

5. 제인 오스틴(Jane Austen) | 김희선 著 | A5신/252쪽/7,000원

18세기 영국의 여성작가 중 가장 유명한 제인 오스틴의 작품 『센스 앤 센서빌러티』, 『오만과 편견』, 『엠마』, 『설득』의 줄거리 및 해설과 그녀의 생애와 작품 세계를 한 권으로 엮어, 당시 여성들의 고민과 생활, 생생한 풍습들을 잘 알 수 있도록 하였다.

6. 셰이머스 히니 | 정영희 著 | A5신/192쪽/6,500원

1995년 노벨상을 수상한 셰이머스 히니의 시를 보다 자연스러운 번역으로 소개하면서, 그의 문학적 특징인 감각적이고(때로는 관능적이며) 사실적인 표현과 은유와 상징으로 함축된 깊은 의미를 그가 사는 북아일랜드의 정치 환경과 관련지어서 설명하고 있다.

7. 슘페터 | 이택면 著 | A5신/182쪽/6,500원

영국의 케인즈와 더불어 20세기 대표적인 경제학자로 꼽히는 슘페터의 생애와 사상에 대하여 쓴 책이다. 크게 그의 생애를 다룬 부분과 학문세계를 다룬 부분으로 나누었으며 학문세계는 다시 경제학적 업적과 사회학적 업적으로 나누어서 살펴보고 있다.
1883년 현재 체코슬로바키아의 영토인 모라비아의 트리쉬에서 태어나 비엔나 대학을 졸업하고 오스트리아-헝가리제국 최연소 경제학교수로 『경제발전의 이론』 『경기순환론』 등을 출간하였으며 다양한 학문적 편력과 삶의 방식으로 전통적인 관심 영역을 벗어난 독특한 그의 사고방식이 경제학의 발전에 미친 영향을 살펴볼 수 있을 것이다.

평민기행

1. 발 큰 여자 지구가 좁다 | 나운영 著

여대생 혼자 120만원을 들고 65일간 유럽 여행을 다녀왔다. 잠자리의 불편함, 익숙하지 못한 먹거리, 언어의 장벽, 넉넉하지 않는 경비에도 불구하고, 이것들을 극복하고 해결해 가는 저자의 눈물겨운 체험이 담겨 있다. 또한 저자 특유의 신세대 감각이 톡톡 튀는 문체와 천부적인 유머는 시종일관 폭소를 자아내게 해준다.

A5신/368쪽/7,500원

2. 발 큰 여자와 함께 준비하는 배낭여행

이모저모 | 나운영 著

발 큰 여자 나운영의 폭소 여행 제2탄!
실제로 해외여행을 떠날 때 꼭 필요한 정보가 모두 수록된 책이다. 비자 신청법부터 혼자 갈 때, 호텔 패키지를 이용할 때의 장단점, 비용, 일정에 따른 코스, 여행시 환전법, 카드사용시 주의점 등 작가의 경험을 정리하여 친절히 알려주는 안내서. 보너스로 감칠맛 나는 동남아와 일본 여행기도 함께 실려있다.

A5신/320쪽/7,500원

3. 우리 가족 미국 여행기 | 구영란 著

플로리다 대학 교환 교수로 떠나게 된 남편과 함께 온 가족이 1년간 미국에 살면서 자동차로 드넓은 미국의 남부, 서부, 동부, 플로리다를 일주하며 겪은 경험담과 미국의 박물관과 유서 깊은 유적을 돌아본 소감들이 솔직하게 담겨져 있다.

A5신/224쪽/7,000원

4. 하늘이 감추어 둔 땅을 찾아서 | 김낙영 著

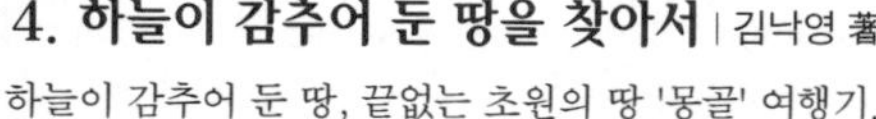

하늘이 감추어 둔 땅, 끝없는 초원의 땅 '몽골' 여행기. 잘 알려져 있지 않던 몽골의 생활상과 풍습, 그들의 문화를 자세하게 소개한다. 저자가 배낭 하나 둘러메고 다니며 평범한 시각으로 본 몽골의 모습들을 책에 담았다. 순록과 함께 자연 속에서 살아가는 순수한 사람들의 생활 모습이 신비스럽기까지 하다.
저자가 여행 중에 직접 찍은 사진들에는 쉽게 볼 수 없는 진귀한 풍경들이 가득 담겨있다. 어설픈 문명에 물들지 않은, 때묻지 않은 사람들의 이야기를 전해준다.

A5신/302쪽/8,000원